中學語法

林士敦 ❖ 著

謹將本書獻給

家父　林正剛先生
家母　蔡靜枝女士
內人　吳金柳小姐
兒女　彥彤、彥廷

感謝他們對我的栽培與期待，奉獻與忍耐

【目　　錄】

第一章　序論　*1*

第二章　中學語法教學探索　*21*

第三章　中學教學語法體系研究　*65*

第四章　中學語法評量分析　*113*

第五章　　中學教學語法芻議　209

第六章　　中學語法教學的實際　281

第七章　　結論　337

參考書目　355

王　序

　　科技進步了，時代進步了，國語文程度卻低落了。在過去，或許只是國文老師的感覺，現在卻是眾所周知的事實。有人認為科技文明進步，學生要學的東西很多，學習時間和份量減少了，是學生國語文程度低落的主要原因。但我們也可以看到，很多學校延長了授課時間，增加了課業份量，學生程度不但沒有提升，反而學習興趣更加低落。

　　教學目標不明確才是語文能力低落的原因。國語文教育一直以人格陶冶和文藝欣賞為導向，使語文教學退到不重要的地位。有怎樣的教學目標就有怎樣的教材內容。教科書的內容，幾乎不把語文教學當一回事，不是充滿生命智慧，就是飽含道德情操。而範文的選讀，在語言方面，多求其工，求其巧，就是不求其正確。這樣就想提升學生語言能力，無異緣木求魚。

　　語音、詞彙和語法是語言的三個要素，是語文教學的主要內容。人們對語法的認識不清，會使語言發展趨於混亂，增加了理解與傳達上的困難，對科學發展有不利的影響。因此，語法教學應是當前國語文教學的重要目標之一。

　　可是，當前語法教學有很多不利因素。

　　首先語法系統分歧：語法是語言結構的規律，這種規律只能有一個，但人們研究語言歸納出來的語言結構的規律，就不只一個，造成語法系統的分歧，語法系統的分歧極不利於語言教學。

　　這種分歧的現象，最明顯的表現在理論語法與教學語法沒有

區隔。理論語法是針對語言結構多角度，多面向的進行探討，隨時都有新的理論產生。而教學語法是有教學限制的，主要在指導學生正確運用語法，要求規範統一。如用理論語法進行教學，不免教法分歧，無法讓學生形成概念。目前我們在一些中學文法教科書裡，更看到一些術語及其概念的分歧的現象，非常嚴重。

其次，歷時語法與共時語法混為一談，也是嚴重的問題。古代漢語語法和現代漢語語法有很大的差別，現有語法教學並沒有加以區隔，以至學習者文白交雜，歧義橫生，造成語言的混亂。

語法教學更是問題嚴重，除教學目標不明確，教師學養不足更令人觸目驚心。本國語文教學師資多來自中國文學相關科系，許多學校都沒有語法課程的開設，而教師甄試又不重視語言專業科目，造成語文教師之語法學養嚴重貧乏。

在這些情況下，語法教學謬誤是免不了的，教學評量不但沒有重點，而且造成概念的迷失。

林士敦先生曾任教龍井國中，現任教台中一中，長年擔任中學國文教學任務，深感當前國文語法積弊已重，毅然投入中學語法教學研究，在教科書裡的語法練習和升學考試試題裡，發現不少嚴重問題，除了指出現行教學的缺失之外，更提出許多積極的作法，論據翔贍，論證清晰，說服力極強，提供評量設計的最佳指導。

難得的是，作者體認到教學語法體系的重要性，進一步為中學教學語法提出系統性的語法架構，可以視作本國語文語法教學系統的雛型。教學設計是作者的創意，語法教學被認為是枯燥無趣，往往不是材料無趣，而是教法無趣，在推動語法教學時，提出具體有效的教學法，使理論與實際結合，可謂相得益彰。

在此國家教育改革走向高潮，語文教學面臨轉型之際，很高興能看到這本總結過去，前瞻未來的著作出版，以作者的研究潛力，相信還會有相關著作陸續推出來的。

王年雙
序於 2003 年 2 月

自　序

　　國文教學過程中，筆者發現以「語法」的教學最為吃力，一方面相關的書籍很少，二方面現行體系語焉不詳，以致教學上經常出現捉襟見肘的窘境。因此，筆者想透過這次的研究，針對中學語法教學中所遇到的問題，作一清楚地釐清與解決。

　　身為第一線的國文教師，筆者一直認為語法教學的理論與實際是可以結合。本文除第一章「序論」、第七章「結論」外，正文部分共分五章。筆者從現有的中學教學語法體系出發，逐步建構出一套適合中學生的教學語法，希望透過中學教學語法理論的建立，來規範並落實中學語法教學的進行，藉此印證法教學在中學國文教學中的可行性。

　　在台灣，語法教學向來在國文教學中缺席，教師如何教與學生為何學，是語法教學時最常碰到的問題。很多人認為，學習語法是困難的，是沒用的，這是一種似是而非的看法。比如說學數學，數學中也有許多抽象、深奧的學問，學習起來也很困難，學會後在日常生活也沒什麼大用途，但是為什麼又要學呢？原因是學了它，可以提高一個人的素質，增加他對於抽象的感悟力。學習語法也是相同的道理，學生可以經由語法的訓練，學會正確有條理的表達，不正也是一個人高素質的具體表現嗎？

　　語法的學習固然困難，但那是教學上表達的問題，經由教學準備是可以克服的。如果說教學語法沒有用，那便絕對是教師錯誤的心態所使然了，教師上課時不談語法，面對問題時不以語法

嘗試解決問題，自然對於學生無法產生說服力。因此，筆者認為要讓語法在中學紮根，其先決條件是教師要先具備足夠解決問題的語法能力，其前提是要有一套作為典範標準的〈中學教學語法體系〉，如此教與學才有依據，而對於語法教學的研究工作才能據此展開。

目前，關於中學國文教學的各種支援學科的研究中，以語法教學的研究最為貧乏，這是不爭的事實。市面上關於語法的相關著作並不多，其中大多以理論語法為主，專以中學教學語法作考量的雖有甚稀。因此，對於中學教學語法與語法教學的研究工作，還有一條很長的路子要走。願本文能善盡拋磚引玉的功效，並期待博雅君子多方指正。

筆者要感謝恩師王年雙教授以及李威雄教授、呂光華教授在寫作期間毫無保留地傾囊相授；另外，前彰化師大國文系系主任耿志堅教授以及現任主任黃忠慎教授、台中一中國文科王芳彥老師、林義勝老師、陳金玉老師、李飛老師與趙南華老師等諸位先生無私地指導，亦為本文增色不少。也感謝萬卷樓陳滿銘教授允以出版的機會以及余月霞小姐辛苦地協助。

第一章

序　論

一、動機與目的

　　對於中學語法萌生研究的動機是來自中學語法教學上的困擾。

　　民國八十年，筆者自國立台灣師範大學畢業，分發至台中縣龍井國中實習一年，正式的成為國文教師，開始所謂的「傳道、授業、解惑」的生涯。在國文教學的過程中，筆者發現以「語法」的教學最為吃力，一方面是相關的書籍很少，二方面現行體系語焉不詳，以致教學上經常出現捉襟見肘的窘境，比如說講到句型分析時，舉判斷句為例，舊版《國民中學國文教科書》（以下稱舊版《國中國文》）在第五冊中，如此說明：

　　　判斷句：解釋事物的涵義，或判斷事物同異的句子。它
　　是以一個繫詞（白話文用「是」，文言文用「乃」、
　　「為」、「即」等）作中心，來連接主語與謂語。它沒有
　　動詞作述語，也不用形容詞或形容詞化的動詞作謂語，
　　它的謂語一定是名詞或代詞。
　　基本句型是：
　　主語 — 繫詞 — 謂語
　　例如：「我們是一列樹。」（張曉風〈行道樹〉 見第一

冊）

　　「我們」是主語，「是」是繫詞，「一列樹」是謂語。[1]

　　在這個說明教學完畢後，學生提出了兩個問題。第一個問題是：「在表態句中，把謂語解釋為『通常是形容詞或形容詞化的動詞』，為何判斷句中卻說『它的謂語一定是名詞或代詞』，謂語到底是什麼？」第二個問題是「從課本中四個基本句型定義中，對於主語都不作詞類的說明，而從其所舉的例子[2]來看，主語是不是就是『名詞或代詞』呢？那麼『美就是心中有愛』的主語『美』該如何解釋呢？」這兩個問題其實都牽涉到分類的問題，第一個問題是句子成分的分類產生混淆，第二個問題是句子成分與詞類的混淆。

　　諸如此類的問題，在教學中是層出不窮。以下是筆者在教學過程中最常碰到的困擾：

　　（一）國中版本僅止於「詞類」與「句子」的介紹，忽略「詞」與「短語」的結構剖析，造成中學師生普遍將「詞」與「短語」混淆，特別是面對「複合詞」的時候，教學上倍感困難。比如說「圖書館」，究竟是「詞」還是「短語」，對學生來說，二者很難辨別。又比如說「橋上」、「身邊」、「家裡」中「上」、「邊」、「裡」該如何解釋呢？

　　（二）中學有升學的考量，為了應付考試，中學的語法教學過度重視「詞性」教學，經常混淆了詞類與句子的成分。比如說，現今國中教師普遍把「物外之趣」（沈復〈兒時記趣〉）中的「之」字解釋為介詞[3]，作「的」使用，但是我翻查各種語法相關書籍，對於介詞普遍定義為：「凡是把名詞或代詞介紹給形

容詞或動詞,而發生聯絡關係的詞,都是介詞。例如:在、因、用、從等。」[4]如此來看,當「之」字解釋作「的」時,很明顯得並不具有介詞的功能。我認為這個「之」字應該是結構助詞才是,可是積病已深,很難扭轉。

(三)現今體系中缺乏句型的系統介紹。中學生對於本國語文的學習,以白話文及文言文為主,而且大多為散文,光是介紹幾個簡單句型,絕對無法用來解釋散文中繁複的句型變化。於是語文教學淪為形、音、義的教學,所謂欣賞也僅止於情意或者義理上的欣賞。

(四)語法未能與修辭及邏輯思維產生繫連,無法用語法來規範寫作,無法客觀地辨識句子的正誤,語法似乎只存在於升學考試之中。

基於以上的困擾,筆者想透過這次的研究作一清楚的釐清與解決,這就是本文的研究目的。

二、研究方向的確定

在研究方向確定之前,必須先確定所研究問題是什麼?何秀煌先生在《思想方法導論》[5]一書中,提到問題可分為「理論問題」與「實際問題」兩種。他的看法如下:

> 假如信念一經建立,則問題就算解決,那麼該類的問題,可以稱為「理論問題」(theoretical question)。可是,如果信念的建立,只是進一步採取行動的基礎或依據;必須等到明瞭如何採取行動之後,問題才算解決。

那麼那樣的問題，可以稱為「實際問題」（practical question）。[6]

比如說，我們想要了解造成交通阻塞的原因為何？那麼只要一經由研究發現造成交通阻塞的主要原因之後，這個問題就算解決，因此「造成交通阻塞的原因為何？」這一個問題是屬於「理論問題」。可是，如果我們的目的，是要改善交通阻塞的現象時，當然我們必須先了解造成交阻塞的原因，但是了解了造成交通阻塞的原因並不足以幫助我們解決交通阻塞的問題，我們勢必採取相應的行動、措施，方能解決該問題。很明顯得「改善交通阻塞的現象」是一個實際問題，我們可以表述為「如何改善交通阻塞的現象？」。

何秀煌先生對於「理論問題」與「實際問題」二者關係界定如下：

> 我們應該注意的是，每一個實際問題，都預先假定一個（主要的）理論問題。因此，要解決某一實際問題，必須先解決該一相應的理論問題。這就是說，某一（主要）信念的建立，成了解決某一實際問題的必要條件。當然信念的成立，不是解決實際問題的充分條件。相反地，對於理論問題而言，（主要）信念的建立，就是解決某一問題的充分條件。[7]

本研究的目的在解決中學語法教學上的困擾，依據何秀煌先生的看法，我們可以把問題表述為「中學教學語法如何用來教

學？」這是一個實際問題，而其相應的理論問題則是「中學教學語法是什麼？」。後者為理論問題，只要我們建立起對於「中學教學語法」的信念，就解決了問題；前者為實際問題，我們必須在「中學教學語法」的基礎上，提出有效、合理的教學策略，才算解決問題。

因此，本文研究的方向可以確定為：

1.研究出一套適合中學生的教學語法。

2.嘗試將這套中學教學語法落實在語法教學中。

三、研究的主客觀背景

民國八十年起，筆者在台中縣龍井國中任教七年，其中適逢國中教材於民國八十五年改版，因此，本人對於新舊教材上的差異頗有感受。民國八十七年夏天，筆者經由甄試考進了國立台中第一高級中學，又適逢高中教材於八十八年改版，因此對於高中新舊教材的差異亦略有體會。目前台灣中學可見的中學教學語法有六種版本，分為國中兩種以及高中四種，如下：

1.舊版《國中國文》（第五冊）〈語文常識一、文法簡介〉[8]

2.新版《國中國文》（第四冊）〈語文常識（上）、語法上篇〉[9]及〈語文常識（下）、語法下篇〉[10]

3.國立編譯館版高級中學《文法與修辭》上冊[11]

4.大同版高級中學《文法與修辭》上冊[12]

5.三民版高級中學《文法與修辭》上冊[13]

6.翰林版高級中學《文法與修辭》上冊[14]

　　在對於教學語法的期待與實踐中，筆者總是失望多過於喜悅。這些由學者專家所寫成的教學語法，理論性大多強過務實性，在實際教學上總是無法落實。當然，身為教師也必須負相當的責任，不能將責任全推給學者專家，把學生教會本來就是教師的本分。於是筆者盡量蒐集國內所能找到的語法書籍，從開始的機械化系統介紹，到製作重要語法點的學習單，到能夠靈活的運用一些有趣的語言現象來幫助教學，一路走來，筆者發現「語法」教學是可行的，學生學會簡單的語法常識，對其「閱讀」以及「寫作」都有立竿見影的效果；特別是作文方面，病句減少了，文意溝通了，這真是叫人欣慰的一件事。

　　民國八十八年夏天，筆者有幸進入彰化師範大學就讀研究所課程，八十九年研究所二年級，接觸到王年雙教授所教授的「國語語法研究」課程。王教授的語法體系從短語切入，溝通詞法與句法，形成一套分析性很高的語法。從屢次課堂討論中，筆者意識到中學教學語法研究的可行性。

　　九十年夏天，王年雙教授提示應先看看中國大陸的《中學教學語法提要》，筆者突然萌生念頭，心想除了現行的國高中語法教科書外，台灣有沒有類似的語法體系呢？於是筆者打電話到位於台灣師大的「國中基本學力測驗中心」詢問，答案竟然沒有，這叫人覺得驚訝，這兩年來國中學測中關於語法的考題還真不少，竟然沒有一套支持的理論體系，這更加確定了筆者研究中學教學語法的決心。

　　因此，在本研究中，我將針對國、高中不同版本間的差異變化，進行全面性的檢討，藉以尋找出最適合於中學生的教學語法，以利中學語法教學的進行。

四、研究的範圍與限制

林語堂先生認為語法依據其研究的範圍,可分為「描寫性的」語法與「規範性的」語法兩種[15]。

描寫性的語法偏向於「理論語法」(專家語法),它著重於把一種語言的實際描繪出來,並進行歸納整理分析,至於是錯、是對,則不加以是非的判斷。而在學校中所用的教學語法,因應教學指導上的需要,必須規定什麼是對的,什麼是錯的;怎麼寫合乎語法,怎麼寫不合乎語法,因此教學語法,特別是中學的教學語法都是屬於規範語法[16]。

在這個前提之下,中學教學語法的建構有以下限制:

首先,它必須具有指導的功能。所謂指導,是指語文教師能藉之告訴學生何謂合乎語法,何謂不合語法。換言之,它的實務性要強,並盡量減少不必要的學理分類。

其次,它必須結合中學生的學習歷程,因此在體系的建構上必須循序漸進。所謂循序漸進是指由淺而深,由片面的語法點的介紹,進而統整為一系列語法知識。

再者,它必須考慮到中學生現有的語文能力[17]。因此,在講解上必須減少專業的術語,特別在例證上盡量採用中學生熟悉的語文環境,以免造成學生學習語法上的障礙。

最後,它具有「共時性」的特點。中學教學語法所服務的對象是中學生,在中學生的觀念中,對於所學習的文本,僅有白話與文言的區分;對中學生而言,區分不同時代的用詞及造句的規律是不必要的。因此,中學教學語法不應將重心擺在「歷時性」

的介紹上。

　　基於以上四點，本文盡量摒除「專家的」、「歷時性的」的分析態度，純粹考量中學生的認知能力，減少瑣碎抽象的敘述描寫。另外，在教材的選擇上，主要以現行新版「國中國文」一到四冊的範文（白話文）為主，少數在課本中找不到的例證，才向第五、六冊延伸尋找或者自行設計。在例證的說明上，加重對於該例證的語法現象以及功能的說明，藉以呈現出中學教學語法對於學生的指導功能。

五、研究方法

　　本文的研究方法主要為歸納法。

　　凡是從個別的、特殊的知識概括出一般性知識的方法，就是歸納法。語法學是一門經驗科學，是以繁複的語言現象為其研究對象，為了獲得繁複的語言現象背後的規律，我們勢必透過「歸納法」的協助。它的步驟如下：

　　首先，必須先蒐集相關的語言資料，觀察並分析語言現象。

　　其次，就其中某一種語言現象的觀察與分析所得，提出假說（結論）來解釋這種語言現象。

　　第三，針對所提出的假說（結論）找反證，如果確實有反證的存在，則必須修正該假說（結論），以力求符合語言現象。

　　最後，修改假說（結論），以力求內容的精確與清晰。[18]

　　在歸納的過程中，有幾點必須加以說明，否則會造成不必要的誤解。

（一）假說（結論）

歸納法可分為「完全歸納」與「不完全歸納」兩種。

所謂完全歸納是指作為前提的蒐集觀察的對象即是全部的對象，而且從歸納中所獲得的假說（結論）知識沒有超過作為前提的對象，那麼這個假說（結論）是真的。不過，如果要知道那個作為前提的對象即是全部對象，很明顯得，它必須是有限的，從這一點就可以知道完全歸納作為語法的研究法是不能勝任的。

語法研究一定是採用不完全歸納來進行的。所謂不完全歸納是根據所蒐集觀察的部分對象，發現它們都具有或不具有某種屬性，然後一種假說（結論）才得以成立。不完全歸納的理論依據在於作為前提的不完全對象中皆具有或不具有的某種屬性，在經驗中尚未發現相互矛盾的對象。嚴格來說，從不完全歸納中所獲得的假說（結論）僅具有或然性。本文研究對象以中學生語文知識為主體，研究範圍僅侷限於中學生在中學本國語文課程中所學習的相關文本，在蒐集觀察的資料上是局部的，因此所得到的假說（結論）也僅止於用來規範中學生的語法學習。

（二）統計的方式

如上所言，本文無法對於所有的現象作全面性的蒐集觀察，因此在統計上僅能作抽樣的統計。所謂抽樣，是從全部的考察對象中，抽取出部分的樣本，其目的是為了對於無法掌握的全部對象做出較為可靠的假說（結論）。一個有效的抽樣必須滿足以下三個條件[19]：

首先，樣本數越多，代表性越高。

其次，從越細緻的分類中所得到的假說（結論）越具有可靠性。

最後，必須是隨機抽取，而不能專在特定範圍中抽取。

必須說明的是，統計亦屬歸納法的一種，換言之，透過統計所得到的假說（結論）僅具有或然性。

本文在第四章「中學語法評量分析」中，大抵是運用了抽樣的方法來考察目前中學生所遇到的語法試題。在抽樣的過程中，先作四大類的區分，分別是「國中教科書的語法練習」、「高中各版本教科書的語法練習」、「升高中聯考試題中有關語法的試題」、「升大學聯招有關語法的試題」；接著再將各類從語法的角度在進行更細部的分類，如「國中課本內的語法試題」又細分成「詞法」、「句法」、「語氣」三小類；然後又再針對各小類進行更小的分類，如「詞法」又分「疊字的使用」、「文言詞彙」，「句法」又分「造句法」、「語序的改變與辨識」等；最後才對樣本提出分析說明。

（三）類比法

類比法是我們接受某一種假說（結論）的重要依據之一。所謂類比，是根據兩個對象在某些屬性上的相同，進而推斷出它們在另一種屬性上也會相同的結論。依據歸納與統計的觀點，類比在蒐集、觀察的樣本只有兩個，因此，透過類比法所得到的結論也僅具有或然性。為了要獲得更有效的假說（結論），類比在推理上更講究抽樣的客觀性，其客觀性表現在三方面[20]：

首先，盡可能的確定抽樣對象間的相同屬性，相同屬性越多，其所建立的假說（結論）的可靠性也就越高。

　　其次，這些所謂的相同屬性必須是具有規律性的屬性，而非偶然相似性的。

　　最後，所得到的假說（結論）不能與其他非相關的屬性產矛盾。

　　類比法是教學上一種重要的推理方式。教學固然注重真理的探索，但在教學的進行中，關於知識的傳授通常是類比推理的，教師往往是藉由一個樣本提出一個命題，接著說明這一個命題的相關屬性，隨即指出另一個樣本，透過它來證成命題，接著就是學生操作命題去解決問題。只要教師所選擇的樣本間具有可靠性，那麼所建立的假說（結論）也就相對的具有可靠性。本文在第五章「中學教學語法芻議」大抵是採用這個觀點所寫成，因為本章目的在提出一套新的教學語法體系，是語法知識的建構，而非語法問題的討論。

　　（四）比較法

　　本文第三章「中學教學語法體系研究」是透過比較法[21]來進行。採用比較法來研究的理由是因為這些體系皆遵循著教育部所公佈的課程標準[22]，針對中學生所寫成。雖然如此，各個體系之間仍存在著許多差異，諸如對於語法層級的態度、分類的看法、區分的界定、分析的過程……等等，不一而足。這些差異點就使得比較產生了意義，倘若能透過比較，尋找出不同的學者專家間相同的看法，再經由合理的分析，便是中學教學語法的定論；同樣的，假如能透過比較，尋找出不同學者專家之間，對於某一個語法點的不同看法，分析其歧異之處，了解其如此說明的因由，再做出有益於中學生語法學習的判斷，對於架構一套新的中學教

學語法也是有很大的幫助。[23]

（五）溯源推理

溯源推理，是一種由結果推斷原因的歸納推理，這是人們經常使用的一種推論方式。比如說，某某學生沒有到校上課，在沒有其他資訊提供下，教師會有如下推斷，「缺席的原因有：生病，逃課遊蕩，臨時有要事，上學途中發生意外，……等。」上述的推斷過程就是使用了溯源推理。過程如下：

如果學生生病，那麼學生會缺席；某某學生缺席，所以某某學生生病了。

如果學生逃課遊蕩，那麼學生會缺席；某某學生缺席，所以某某學生逃課遊蕩。

如果學生臨時有要事，那麼學生會缺席；某某學生缺席，所以某某學生臨時有要事。

如果學生上學途中發生意外，那麼學生會缺席；某某學生缺席，所以某某學生上學途中發生意外了。

……

溯源推理貌似演繹法，而實則仍為歸納法。推理過程如下：

$$(P \rightarrow Q) \wedge Q1 \rightarrow P1$$
$$(P \rightarrow Q) \wedge Q2 \rightarrow P2$$
$$(P \rightarrow Q) \wedge Q3 \rightarrow P3$$
$$(P \rightarrow Q) \wedge Q4 \rightarrow P4$$

……

　　從溯源推理的形式來看，它是由一事件的必要條件逆推該事件充分條件的方式，因此所得到的結論並非全然可靠[24]，它僅具有或然性。但我們並不能因此就推翻了它作為一種推理方式的存在，其實一般所謂的「分析法」大都是採用溯源的推理方式來進行的。我們應該注意的是，在採用「溯源推理」作為分析的時候，其前提必須要多而且合理客觀，符合目前的經驗，而不是一種臆測、猜想。本文在某些章節中用到了溯源推理作為分析的方式，其基本心態便是以現有的教學經驗、理論作為推理的前提，藉以提高假說（結論）的合理性。

六、內容架構

　　本文除「序論」、「結論」外，正文部分共分五章。其中第二章至第四章為理論部分，第五、六兩章為實務部分，希望透過中學教學語法理論的建立，用以規範、指導中學語法教學的進行。今將內容架構簡介如下：

　　第二章「中學語法教學探索」。本章從語文教學的基本理念出發，說明中學語法教學在語文教學中的角色及其目的，最後並探討了現今台灣中學語法教學的問題。

　　第三章「中學教學語法體系研究」。本章針對台灣現有的中學教學語法體系進行橫向的比較，其目的在嘗試經由不同體系間的比較，觀察出彼此的不同差異，並針對其差異做出適合中學生能力的選擇。

　　第四章「中學語法評量分析」。在本章中，筆者務實地整理了中學生在現行升學考試中所碰到的語法觀念，透過宏觀的角度

爬梳出中學生面對考試所應具備的能力，以作為語法教學時重要的參考依據。

第五章「中學教學語法芻議」。在本章中，筆者嘗試從各家說法中篩選出必要的語法點，重新建構一套適合中學生學習的語法體系。在這個體系裡，筆者試著減少理論性的抽象敘述，以最有限的文字描繪，最扼要的分類，透過《國中國文》一至四冊中的範文為例證，期能使中學生學的輕鬆，學的有用[25]。

第六章「中學語法教學的實際」。在本章中，筆者從白話文與文言文兩個角度，實際的演練語法教學對於語文教學的支援，希望透過實際的教學演練，用以印證語法教學在語文教學的可行性，並尋找出教學語法的務實性與不足之處，以為來日教學上的參考與借鑑。

七、研究的價值

在台灣，語法教學向來在語文教學中缺席，教師如何教與學生為何學，是語法教學時最常碰到的問題。很多人認為，學習語法是困難的，是沒用的，這是一種似是而非的看法。比如說學數學，數學中也有許多抽象、深奧的學問，學習起來也很困難，學會後在日常生活也沒什麼大用途，但是為什麼又要學呢？原因是學了它，可以提高一個人的素質，增加他對於抽象的現象的感悟力。學習語法也是相同的道理，學生可以經由語法的訓練，學會正確有條理的表達，不正也是一個人高素質的具體表現嗎？

語法的學習固然困難，但那是教學上表達的問題，經由教學準備是可以克服的。如果說教學語法沒有用，那便絕對是語文教

師錯誤的心態所使然了，語文教師上課時不談語法，面對問題時不以語法嘗試解決問題，自然對於學生無法產生說服力。因此，筆者認為要讓語法在中學扎根，其先決條件是語文教師要先具備足夠解決問題的語法能力，而中學語文教師所應具備的語法能力的前提，是要有一套作為典範標準的中學教學語法體系，如此教與學才有依據，對於語法學的研究工作才能據此展開。本文的研究目的在此，而價值也在此。

註 釋 ─────────────

1 《國民中學國文教科書》，第五冊（台北：國立編譯館，1993 年 8月，改編本三版），頁 36。此處稱本版本為「舊版」，並不寓含褒貶之意，主要是為了與後來改編的新版本作區別。

2 舊版《國中國文》對於四種句型所舉的例子如下：①敘事句：我讀古今中外的歷史。（孫文〈立志作大事〉見第二冊）②有無句：宅邊有五柳樹。（陶淵明〈五柳先生傳〉見第二冊）③表態句：山川壯麗。（戴傳賢〈國旗歌歌詞〉見見第二冊））④判斷句：我們是一列樹。」（張曉風〈行道樹〉見第一冊）。參見舊版《國民中學國文教科書》，第五冊，頁 36。

3 筆者試著去了解「之」的詞性，發現「之」字有以下三種說法：①作「關係詞」解，見許世瑛先生：《中國文法講話》（台北：台灣開明書局，1988 年 10 月，修訂 19 版），頁 38。②作「介詞」解，見舊版《國民中學國文教科書》，第五冊，頁 90。③作「連詞」解，見李炳傑先生：《國語文教材文法解析》（台北：益智書局，1982 年 9月，初版），頁 19。

4 同註 1，頁 34。

5　何秀煌：《思想方法導論》（台北：三民書局，1974 年 2 月，初版）。

6　同前註，頁 6。

7　同註 5。

8　同註 1，頁 33-37。

9　新版《國民中學國文教科書》，第四冊（台北：國立編譯館，2001 年 1 月，正式本，再版），頁 23-27。

10　同前註，頁 51-54。

11　《高級中學文法與修辭教科書》，上冊（台北：國立編譯館，1997 年 8 月，三版），頁 1-84。

12　楊如雪：《文法與修辭》，上冊（台北：大同資訊企業股份有限公司，2001 年 2 月，初版），頁 1-120。

13　何永清：《文法與修辭》，上冊（台北：三民書局，2000 年 8 月，初版），頁 1-139。

14　黃春貴：《文法與修辭》，上冊（台北：翰林出版事業股份有限公司，2002 年 8 月，初版），頁 1-115。

15　林語堂：《中國話的語法》（台北：台灣學生書局，1994 年 9 月，學一版），頁 1-2。

16　學校語法就是教學語法，這是無庸置疑的事，因此，大學的教學語法也可以歸屬於規範語法當中。但是，在大學中，語法的教學目的與中學不同，大學大抵以研究為主，更講究系統化、全面化，是故大學中的語法比較偏向理論語法（專家語法）。參見張先亮：《理論語法研究與比較》（浙江：教育出版社，1998 年 4 月，第一版），頁 10-11。

17　《國民中小學九年一貫課程暫行綱要》曾對此提出說明：「文法的指

導，宜採教材中的詞句為教材，提示文法概念，並提供相關語言情
境，練習應用，使臻精熟。」見國民教育各學習領域綱要研修小組
研定：《國民中小學九年一貫課程暫行綱要》，（台北：教育部，2001
年 1 月），頁 53。

18　胡適、湯廷馳二人分別對於「歸納法的進行步驟」作了相關說明。
參見胡適：《國語文法概論》，列於《胡適學術文集概論.語文文字研
究》一書（北京：中華書局，1988 年 2 月，第一版），頁 22。湯廷
池：《語言學與語文教學》（台北：台灣學生書局，1993 年 9 月，初
版），頁 86。

19　參見何英燦、彭漪漣主編：《邏輯學引論》（上海：華東師範大學出
版社，1988 年 8 月，第一版），頁 259-263。

20　參見 Irving M. Copi 著　張身華譯：《邏輯概論》（台北：幼獅文化
事業公司，1981 年 10 月，12 版），頁 171-179。

21　周法高先生認為：「所謂比較的語法，在語言學上，通常只限於兩個
（或兩個以上）有同源關係的方言或語言──就是他們的來源是同
一個來源的。」參見周法高：〈漢語研究的方向－語法學的發展〉一
文，列於《高級中學文法與修辭教師手冊》（上冊）一書（台北：國
立編譯館，1997 年 8 月，三版），頁 469-470。呂叔湘先生也說：
「要明白一種語文的文法，只有應用比較的方法。拿文言詞句與文
言詞句比較，拿白話詞句與白話詞句比較，這是一種比較。文言裡
一句話，白話裡怎麼說；白話裡一句話，文言怎麼說，這又是一種
比較。一句中國話，翻成英語怎麼樣；一句英語，中國話裡如何表
達，這又是一種比較法。只有比較法才能看出各種語文表現法的共
同之點和特殊之點。」參見呂叔湘：《中國文法要略》上冊（台北：

台灣商務印書館，1977 年 3 月，台一版），例言，頁 1。

22　《國民中學課程標準》歷經多次修正，其中對於「語法」的修正甚少，一直是將「語法」列於語文常識之中，不過對於「語法」的內容並不作具體的規範，迨至民國 83 年 10 月所修訂的《國民中學課程標準》將「語法」分為（上）、（下）兩篇。見教育部國民中學課程標準編輯審查小組：《國民中學課程標準》（台北：教育部，1995年 5 月，初版），頁 22。在《高級中學課程標準》方面，將「文法與修辭」列為選修科目，在其課程標準中對於「課程目標」、「教材內容」、「教學方法及過程」與「教學評量」皆作明文的規定。見教育部高級中學課程標準編輯審查小組：《高級中學課程標準》（台北：教育部，1996 年 6 月，初版），頁 425-430。

23　胡適先生對於「比較的研究法」做過如下說明：「①遇著困難的文法問題時，我們可尋思別種語言裡有沒有同類或大同小異的文法。②若有這種類似的例，我們便可拿他們的通則來幫助解釋我們不能解決的例句。③若各例彼此完全相同，我們便可以完全採用那些通則。④若各例略有不同，我們也可以用那些通則來做參考，比較出所以同和所以不同的地方，再自己定出新的通則來。」參見胡適：《國語文法概論》，頁 34。

24　國立台灣大學理則學教學委員會所編著的《理則學新論》一書，把這種由必要條件推導出充分條件的論證稱為「肯定後件的謬誤」，因此稱為「無效的論證形式」。不過，在本書中也說到：「前提與結論的真、假，並不和論證的有效與無效相關」，因為「一個（演繹）論證的是否有效，並不與論證的『內容』有關，相反的，只與論證的『形式』有關。」也就是說，雖然論證可能是無效的，但是前提和

結論卻有可能是真的，這就是「溯源推理」的理論基礎所在。參見
國立台灣大學理則學教學委員會編著：《理則學新論》（台北：正中
書局，1990 年 11 月，初版），頁 19-24。

25 張志公先生對於教學語法的性質曾經如此說過：「教學語法是偏於實
用性的，而不是理論性的；帶有一定的規範性，不是單純描述性
的。」參見張志公：〈漢語語法研究與漢語教學語法〉，列於《張志
公文集》第一卷（廣東：教育出版社，1991 年版），頁 640。

第二章
中學語法教學探索

第一節　語文教學的基本理念

　　中學國語文課程的核心便是語文教學。對於語文教學的內涵，向來說法並不一致，簡述如下：

　　有人認為「語文」便是「語言和文字」的簡稱，語文教學就是教導學生說與寫的教學。有人認為「語文」是指「語言和文學」的簡稱，語文教學便是教導學生說話與閱讀的教學。也有人認為「語文」應該是「語言和文章」的簡稱，語文教學的使命便是傳授學生恰當使用口語及書面語的能力。還有人認為「語文」就是「語體和文言」的簡稱，語文教學就是兼顧白話文與文言文的教學。

　　筆者認為這些的說法都對，但也各有所偏。其實，語文教學的涵蓋面相當廣泛，舉凡語文知識、語文表達、道德陶冶、思想訓練以及人生價值的確立等，不一而足。因此，語文教學到底要教些什麼，是一個相當複雜的問題。

　　在最新出爐的《國民中小學九年一貫課程暫行綱要》[1]中，對於本國語文（國語文）的教學理念提出以下的說明：

　　　　旨在培養學生正確理解和靈活應用本國語言文字的能
　　　　力。期使學生具備良好的聽、說、讀、寫、作等基本能

力，並能使用語文，充分表情達意，陶冶性情，啟發心智，解決問題。及培養學生有效應用中國語文，從事思考、理解、推理、協調、討論、欣賞、創作，以擴充生活經驗，拓展多元視野，面對國際思潮。並激發學生廣泛閱讀的興趣，提升欣賞文學作品的能力，以體認中華文化精髓。同時引導學生學習利用工具書，暨結合資訊網路，藉以增進語文學習的廣度和深度，培養學生自學的能力。[2]

從以上的說明，我們可以理解到語文教學兼顧以下四個面向：

第一，語文教學是一種「工具性」的教學。語文是一種工具，它是理解的工具，也是表達的工具，人際之間的訊息交流都依賴它。

第二、語文教學是一種「思考性」的教學。語文是一種理解的工具，如何正確的接收訊息，辨識訊息的正誤，有賴語文教學中所提供的思考訓練。如語意學、語法學、邏輯學便是。

第三、語文教學是一種「技能性」的教學。語文是一種表達的工具，為了進行更有效的表達，學習有效表達的一些技能，也是語文教學課題之一。如書法、演說、朗讀、寫作、修辭學便是。

第四、語文教學是一種「知識性」的教學。人類超越禽獸成為萬物之靈是因為有文明，人類的文明是透過知識累積而來，而語言文字正是人類知識的載體。換言之，唯有透過語文教學，知識才能順理成章的被繼承，人類文明才得以延續下去。

　　從以上的說明，我們可以了解到語文教學的確是一門屬性複雜的學科，如果教師對於教學理念、教學目標或者課程標準缺乏一定的認識，那麼就容易造成教學上的步調不一，進而影響到學生的學習。因此，在中學的語文教學需要一套共同的遵循途徑[3]，教學才能收到實際的效果。

第二節　語法教學與語文教學

　　語法教學對於語文教學是一種支援關係，語法雖然重要，畢竟只是我們學習語文的一種工具，而不是語文教學的全部。語法教學不宜要求學生記誦過多的語法術語，只要透過教師的指導，學生能從中獲得解決、分析語文問題的能力，便算是達到語法教學的目標了。

　　語文教學在聽、說、讀、寫的教學歷程中，最常遇到的問題不外乎「詞彙的辨識」與「句意的掌握」，而這兩個問題都可以借助語法獲得解決。以下略作說明：

一、詞彙的辨識

　　在「詞彙的辨識」上，經由語法的協助，我們可以得知詞有分「單詞」與「複詞」；「複詞」又可分為「衍聲複詞」與「合義複詞」；「衍聲複詞」又分為「聯綿詞」、「疊字詞」、「譯音詞」等；合義複詞又分為「並列的」、「主從的」與「造句的」等構成方式。透過語法的分析，可以讓語文教學更準確的掌握詞彙的真正意涵。比如說：

①先帝不以臣卑鄙，猥自枉屈，三顧臣於草廬之中。（諸葛亮〈出師表〉）

①句中「卑鄙」一詞，在今日的用法中是一個「聯合式」的複詞，如「張三是一個卑鄙的小人。」，句中的「卑鄙」一詞，是指一個人行為惡劣，專幹害人的行徑。但在①中，「卑鄙」並不是複詞，並不是指行為惡劣的意思，它是兩個單詞，「卑」意謂地位卑下，「鄙」意謂粗野不文，在句中是諸葛亮用來謙稱自己又沒有地位，又沒水準的意思。

再舉一個例子：

②神定，捉蝦蟆，鞭數十，驅之別院。（沈復〈兒時記趣〉）

②句中「驅之別院」的「之」字的說法歷來不一：有人認為它是動詞，有「趕」、「往」的意思；有人認為是代詞，指「癩蝦蟆」；也有人認為是介詞，作「於」解。觀察「之」字用法，或有這三種可能性，究竟何者正確？

如果說「之」字是動詞，解釋作「趕」，明顯是不合語法的。首先，把「驅之」視為「驅趕」便違背了文言慣用單詞的習慣，因為「驅」本身就具有「驅趕」的意思。其次，把「之」字解釋作「往」，將「驅」、「往」視為兩個動詞相連，便成了所謂的「連動句」。「連動句」的定義是指兩個動詞相連在一起，和後面的賓語構成句子的謂語。比如說：「小強跌坐在椅子上」，「跌」在先，「坐」在後，兩個動詞相連，「跌」與

「坐」的主語都是「小強」，這是「連動句」的特點。我們試著觀察「神定，捉蝦蟆，鞭數十，驅之別院。」，這四個分句的主語都是「沈復」，如果把「之」當作「往」解釋，如此，這句便翻譯成「（沈復）驅趕了癩蝦蟆（然後沈復便）往別的院子去了。」這樣就造成了語意上的錯誤，因為被趕往別的院子去的是癩蝦蟆，而不是沈復。

把「之」字解釋為介詞「於」，似乎在翻譯上說的過去，實際上將「之」直接與介詞「於」等同，是犯了把翻譯當作解釋的毛病。一來，「之」字並不具有介詞的功能，它並不能帶上賓語構成介賓短語來修飾或限制動詞、形容詞。二來，把「之」字作介詞「於」解釋，然後才在其上加上代詞「之」字似乎多此一舉。因此，把「之」字視為介詞「於」也是不合語法的。

把「之」解釋作代詞「癩蝦蟆」是合乎語法的說法。如果解釋為代詞，那麼其後省略了介詞「於」[4]。這種說法可以把該句調整成「驅之於別院」，翻譯做「驅趕蝦蟆到別的院子去」便相當的恰當。

從以上①、②兩個例子可見，只要能正確的操作語法，透過語法的分析，便足以讓詞彙顯豁，無法遁形。

二、句子的分析

在「句子的分析」方面，透過語法，只要掌握基本語序，如「主語在前，謂語在後」、「定語、狀語在前，中心語在後」、「中心語在前，補語在後」等，我們就可以簡馭繁，迅速提煉句子的核心，了解句子的意思。比如說：

③小草偷偷地從土裡鑽出來，嫩嫩的、綠綠的。園子
裡、田野裡，瞧去，一大片一大片滿是的。（朱自清
〈春〉）
④野花遍地是：雜樣兒，有名字的、沒名字的；散在草
叢裡，像眼睛、像星星，還眨呀眨的。（朱自清〈春〉）

朱自清在〈春〉一文中，為了達到修辭美化的目的，③、④
兩句很明顯得調動了許多詞語的位置，初次閱讀不容易掌握句子
的主幹。如果能掌握正確的語序觀念，我們便可以將它還原，然
後進行提煉。還原語序如下：

⑤園子裡、田野裡，瞧去，一大片一大片滿是（的）嫩
嫩的、綠綠的小草偷偷地從土裡鑽出來。（朱自清
〈春〉）
⑥遍地是散在草叢裡，雜樣兒，有名字的、沒名字的野
花，還眨呀眨的像眼睛、像星星。（朱自清〈春〉）

接著將句子的修飾成分－「定語」、「狀語」、「補語」－
去掉，便可以得到句子的主幹。如下：

⑦草鑽出來。
⑧遍地是野花。

只要掌握了句子的主幹，句子的意思也就清晰了。這是語法

對於「句子的掌握」的第一種功用。

　　其次，透過古今語法的比較，可以更進一步掌握古今語序的差異，我們可以跨越時空，毫無阻礙的通讀古文。常見的古今語法差異如：「互文見義」、「錯綜句型」、「語序的改變」等等，這些原則的獲得都是經由古今語法比較而得。

　　舉「語序的改變」為例。透過古今語法的比較，可以得到以下語序改變的原則[5]：

　　（一）帶有否定詞「不、莫、未、無……」的否定句，以代詞作為賓語時，古人一般將該代詞置之於述語之前。如：

　　　⑨然以功業大，人莫之非。（司馬光〈訓儉示康〉）
　　　⑩碩鼠碩鼠，無食我黍；三歲貫女，莫我肯顧。（《詩經・碩鼠》）

　　⑨句中「人莫之非」宜調整為「人莫非之」，便符合正常語序。⑩句中「莫我肯顧」宜調整為「莫肯顧我」，便符合正常語序。

　　（二）在疑問句中，疑問代詞「焉、安、孰、何……」作賓語，古人一般置之於述語之前。如：

　　　⑪吾誰欺？欺天乎？（《論語・子罕》）
　　　⑫泰山其頹，則吾將安仰？梁木其壞，哲人其萎，則吾將安放？（《禮記・檀弓》）

⑪句中「吾誰欺」宜調整為「吾欺誰」，便符合正常語序。⑫句中「則吾將安仰」、「則吾將安放」宜調整為「則吾將仰安」、「則吾將放安」，便符合正常語序。

（三）肯定句中，為了強調賓語，用助詞「之、是」作標誌，把賓語提前。如：

⑬及長，不省所怙，惟兄嫂是依。（韓愈〈祭十二郎文〉）
⑭鬼神非人實親，惟德是依。（〈宮之奇諫假道〉《左傳・僖公五年》）

⑬句中「惟兄嫂是依」宜調整為「惟依兄嫂」，便符合正常語序。⑭句中「惟德是依」宜調整為「惟依德」，便符合正常語序。

（四）反問句中，為了強調賓語，加強否定語氣，往往用助詞「之」作標誌，把賓語提前。如：

⑮孔子云：何陋之有？（劉禹錫〈陋室銘〉）
⑯子曰：由也果，於從政乎何（難之）有？（《論語・雍也》）

⑮句中「何陋之有」宜調整為「有何陋」，便符合正常語序。⑯句中「於從政乎何（難之）有」宜調整為「於從政乎有何

（難）」，便符合正常語序。句中「難之」因上下語境而省略，今補上。

（五）為了強調介詞「以」字的賓語，常直接將此賓語放於介詞「以」前。如：

⑰詩三百，一言以蔽之，曰：「思無邪」。（《論語‧為政》）
⑱是以太山不讓土壤，故能成其大。（李斯〈諫逐客書〉）

⑰句中「一言以蔽之」宜調整為「以一言蔽之」，便符合正常語序。⑱句中「是以太山不讓土壤」宜調整為「以是太山不讓土壤」，便符合正常語序。

（六）以介詞「以、於」所組成的介賓短語，常置於動詞、形容詞之後。如：

⑲振之以清風，照之以明月。（蘇轍〈黃州快哉亭記〉）
⑳董之以嚴刑，震之以威怒。（魏徵〈諫太宗十思疏〉）

⑲句中「振之以清風，照之以明月」宜調整為「以清風振之，以明月照之」，便符合正常語序。⑳句中「董之以嚴刑，震之以威怒」宜調整為「以嚴刑董之，以威怒震之」，便符合正常語序。

（七）為了強調或加強語氣，常把謂語提到主語之前。如：

　　㉑異哉！此人之教子也。（顧炎武〈廉恥〉）
　　㉒甚矣！汝之不慧。（《列子·愚公移山》）

　　㉑句中「異哉！此人之教子也」宜調整為「此人之教子也，異哉！」，便符合正常語序。㉒句中「甚矣！汝之不慧」宜調整為「汝之不慧，甚矣！」，便符合正常語序。

　　（八）詩歌中常因平仄、押韻或對偶的緣故而調整語序。如：

　　㉓苔痕上階綠，草色入簾青。（劉禹錫〈陋室銘〉）
　　㉔憶昔封書與君夜，金鑾殿後欲明天。（白居易〈與元微之書〉）

　　㉓句中「苔痕上階綠，草色入簾青」宜調整為「綠苔痕上階，青草色入簾」，便符合正常語序。其中「青」字因配合押韻規定而調整語序，「綠」字因對偶規定而調整語序。㉔句中「金鑾殿後欲明天」宜調整為「金鑾殿後天欲明」，便符合正常語序。其中「天」字也是因配合押韻而調整語序。

　　詞是語言中能夠獨立運用的最小單位，句子則是人際間語言溝通中的最小單位，因此，詞與句的教學是語文教學中最重要的

一環。從以上的說明可以證明透過語法的支援，語文教學將更加得心應手。

第三節　中學語法教學的目的

在說明中學語法教學的目的之前，有一點必須特別強調，那就是教學語法並不等於理論語法。

王年雙教授曾對於「理論語法」與「教學語法」二者間的不同，作如下的表列說明[6]：

	理論語法	教學語法
目　標	明語法的理	致語法的用
分　類	要求有概括性和排他性	不要求十分嚴格，以說明用途為主
舉　例	以最少而又足夠的例子說明類別	力求詳實，例子本身就是學習材料
對　象	語言的研究者，他們具有比較一致的學術興趣	語言的學習者，他們的學習條件不盡相同

理論語法是一種專家語法，又叫科學語法、專家語法。它著重於語文現象的全面描繪，把語言作為一種規則體系來研究，目的是揭示語言中的語法結構規律，建立符合該語言結構的語法體系。因此，理論語法講究的是「理論」、「詳盡」與「創新」[7]。

而教學語法是一種規範性質的語法，也稱為學校語法、課堂

語法、規範語法。教學語法是在語法教學的目的下所制訂的語法體系，把語言當作供運用的工具來學習，目的是學會並恰當的使用語言。所以，教學語法講究的是「實用」、「簡明」與「穩定」[8]。

首先，在「實用」的前提下，是否具有實用性可以說是檢驗教學語法體系好壞的一個重要標準。凡是對於分析語言，對於閱讀、寫作有用的語法點就必須給予更多的關注，作用不大或很少的便不講。其次，在「簡明」的前提下，如何提綱挈領，掌握重點，作深入淺出地介紹非常重要；中學的語法教學並不須面面俱到，如果為了詳盡而把語法講的太過瑣碎，不僅引不起學生的學習興趣，也失去教學語法的意義。最後，在「穩定」的前提之下，教學語法重視既有體系的傳承，所以對於一般的理論問題及一些複雜的問題頂多略加簡單介紹，並不作深入的探討。

做為一種教學性質的語法，中學語法教學的目的相當明確，約有下列四點：

一、提高閱讀與理解能力

王力在《古代漢語》中提到：

> 我們認為，古代漢語的問題，主要是詞彙的問題，語法的關係不大，因為語法富於穩定性，古今語法的差別是不大的。[9]

這是針對文言文而言；在白話文方面，透過語法的學習，可以更正確的掌握句子的結構規律，進而讀通文句的意旨，以達到

語文教學中對於閱讀與理解的要求。

二、規範並指導說話及寫作能力

舊版《國中國文》（第五冊）在〈語文常識一、文法簡介〉中說：

> 一篇文章是由「詞」構成「句子」，再由「句子」構成
> 「段落」，最後由「段落」構成「篇章」而完成的。如
> 何正確地使用「詞」和「句子」是屬於文法的範圍。如
> 何適當地透過「詞」和「句子」的組織，形成有條理的
> 「段落」和「篇章」是屬於作文的範圍。由此可見
> 「詞」和「句子」是「段落」、「篇章」的根本，要提高
> 「閱讀」與「寫作」的能力，最好先學習文法。[10]

語法是語文的結構方式。中學生在既有的母語學習中，已經具備一定程度的聽、說、讀、寫的能力。學習語法，接受語法的規範與指導，可以幫助他們正確使用語文，表達情意；也可以幫助他們掌握語句的意義，增進說話及寫作的能力。

三、訓練抽象的邏輯思維

「邏輯」是一個外來語，它是從英文 "logic" 一詞音譯而來，原意是指思想、言辭、理性、規律性等，這幾個要素都與語文的表達有關。因為表達自己的思想要靠語言，透過說話和寫文章。話是說給別人聽的，文章是寫給別人看的，所以光是自己懂還不行，還要使人家懂，要把思想傳達給別人，自己便先要有明

確的概念和恰當的判斷，然後還要合乎邏輯地表達出來。

學習語法正可以提供這種邏輯思維的訓練，因為語法最重要的特點之一，便是它具有普遍性與類推性，這個特點正是構成邏輯思維的要件。例如：

⑧我看書。

⑨老牛吃嫩草。

⑩中國大陸與台灣一起加入 WTO。

⑪王教授的論文一針見血地指出當今美、中、臺三方看法的歧異點。

以上這四個句子有長有短，意思並不相同，但如果受過語法訓練的人，一定可以看出，雖然四句長短不一，實際上都是相同的句型，只是各個成分的修飾語有所不同而已。表列如下：

	主語	謂語	賓語
⑧	我	看	書
⑨	（老）牛	吃	（嫩）草
⑩	中國大陸與台灣	〔一起〕加入	WTO
⑪	（王教授的）論文	〔一針見血地〕指出	（當今美、中、臺三方看法的）歧異點

⑧以代詞「我」做主語，動詞「看」做謂語，名詞「書」做賓語。⑨以定心式名詞短語「老牛」做主語，動詞「吃」做謂語，以定心式偏正複詞「嫩草」做賓語。⑩以聯合式名詞短語

「中國大陸與台灣」做主語，狀心式動詞短語「一起加入」做謂語，以外來語「WTO」為賓語。⑪以定心式名詞短語「王教授的論文」做主語，狀心式動詞短語「一針見血地指出」做謂語，以定心式名詞短語「當今美、中、臺三方的歧異點」做賓語。

　　再舉一個例子。《戰國策・楚策》有一則「食不死之藥」的故事：

> 有獻不死之藥於荆王者，謁者操以入。中射之士問曰：「可食乎？」曰：「可」。因奪而食之。王怒，使人殺中射之士。中射之士使人說王曰：「臣問謁者，謁者曰『可食』，臣故食之。是臣無罪，而罪在謁者也。且客獻不死之藥，臣食之而王殺臣，是死藥也。王殺無罪之臣，而明人之欺王。」王乃不殺。[11]

　　這個故事從邏輯的角度來看，中射之士採用的是「偷換概念」的詭辯策略，他把謁者的「可食」故意扭曲成「你可以吃」來進行詭辯。從語法的角度來看，中射之士的用語明顯犯了「不當省略」的毛病，他說「可食乎？」可以有兩種解釋：其一、「『這個藥』是可以吃的嗎？」，其二、「『我』可以吃這個藥嗎？」，謁者是就第一種意思來回答的，而中射之士卻是選擇了第二種說法來為自己辯解。中射之士故意含糊其辭在先，造成謁者想當然爾的回答，事後又強詞奪理，選擇對自己有利的方式狡辯，的確不夠厚道。

　　從以上兩個例子，可以看出語法與邏輯思維有著密切的關係。

四、豐富文化素養

新版《國中國文》的編輯例言提到：

> 本書旨在增進學生學習國文的興趣，加強閱讀與寫作的
> 能力，同時培養倫理觀念、民主風度與科學精神，並體
> 認中華文化，激發愛鄉愛國的思想。[12]

在〈高級中學國文課程標準〉的目標中也提到：

> 培養閱讀文言及淺近古籍之興趣，進而吸收優美傳統文
> 化之能力。[13]

二者不約而同的提及中華傳統文化，足見提升中學生的文化
素養，是當前中學國文教學中重要的一環，而語法教學正可以提
供這方面的助力。楊如雪說：

> 國文課裡的文法教學，可能使人覺得枯燥，因為有關文
> 法的講解，往往涉及許多理論和術語，的確是比較繁雜
> 而又缺少趣味的。不過如果同學能透徹的理解我們的文
> 法系統，不只是能把話說的不錯，還可以了解古今語言
> 在構詞、造句上的演變，讓他們能更容易讀懂古書；同
> 時我們的文化有很多是保留在浩瀚的文獻裡，學生能讀
> 懂古書，就更能了解我們的文化。[14]

這段文字很精闢地點明語法教學對於豐富文化素養的必要性。

第四節　台灣中學語法教學的現況

自一八九八年，馬建忠引進西方語法系統寫成中國第一部漢語語法專著《馬氏文通》起，漢語語法的研究開始受到學者的重視，漢語語法教學也正式的走入課堂之中。

在台灣，語法教學向來不被重視，除了在國中、高中的國文課程及師範院校的國文系所中稍作介紹外，幾乎是一塊荒涼寂寞的領域。造成這種結果的原因很多，最主要的有以下兩點：

從理論的角度來看，一直到現在，漢語語法的研究仍然或多或少的受到西方語法理論的影響。從最早的套用、模仿，到部分的參考，雖然都能自成體系，卻仍未能找到真正符合漢語特點的漢語語法。因此，在漢語語法教學上，最常遭遇到的問題便是與英語語法系統的混淆，甚者為之所取代。

再從實際應用的角度來看，學習語法的最終目的便是為了提升語文能力，包括閱讀、理解及表達。但是我們觀察中學的語法教學，絕大部分的教學心力都是為文言文的閱讀而服務，對於白話文的投注關切相當的少，造成中學生對於白話文的認知往往仍停留在「知其然，不知其所然」的懵懂之中；換言之，中學的語法教學尚未找到真正符合中學生所需的教學語法。

茲將現今台灣中學語法教學所面臨的幾個問題討論如下：

一、缺乏一套有系統的〈中學語文教學實施細則〉

　　前面已經說過，語法教學是屬於語文教學的支援學科，是屬於語文基礎常識的一環。中學生當然不是為了學習語法而學習語法，因此在語文教學中，何時需給予學生適當的語文基礎常識補充，是中學語文教師的責無旁貸的使命。在《國民中小學九年一貫課程暫行綱要》中提到：

> 有關語文基礎常識和語文基本能力培養的材料，如詞彙、語詞結構和句型、標點符號應用、各類文體、各種文類、篇章結構、修辭方法、以及簡易文法等，事先宜作通盤設計規劃，由淺而深，系統安排，分派各冊各單元中，並提供反覆及統整練習。[15]

　　可見循序漸進的將各項語文基礎常識安排進來有其必要性。但是觀察台灣的中學語文教學，仍然偏重於詞義及文意的教學，對於語文基礎常識的教學普遍不足。

　　以語法來看，我們可以清楚的發現，語法對於中學語文教學的支援，永遠停留在「聯綿詞」、「詞性的活用」、「偏義複詞」、「同義複詞」這幾個領域之中，不僅國中階段，高中階段也是如此，語文教學不斷地重複既有的基礎，美其名為「鞏固」、「強調」，實則停滯不前。

　　因此，中學的語文教學迫切需要一套有系統的〈中學語文教學實施細則〉，藉以規範中學語文教師的教學歷程。這個〈細則〉應該包括：在什麼階段教師應提供什麼樣的語文基礎常識，以及學生在這個階段學生應該具備的語文基本能力[16]。我們相信有了〈中學語文教學實施細則〉，語文教師只要按表進行講解說

明，學生自然會有階段性的成長。

　　大陸語法學者莊文中先生在其《中學教學語法與語法教學》[17]一書中，對於語言基礎知識作了如下的建構：

年級	漢語基礎知識	年級	漢語基礎知識
初一	1.漢語拼音規範 2.標點符號用法 3.漢字構造（以形聲字為主） 4.同音字、形似字、多音多義字 5.詞的本義和引伸義、假借義 6.語素、詞、短語 7.比喻、借代、擬人、誇張 8.積累詞語和選用詞語（一）	高一	1.語言運用和語境 2.積累詞語和選用詞語（二） 3.分析長單句和二、三重複句 4.理解詞句在語境中的顯性語義和隱含語義 5.語言和思維（二）
初二	9.辨識多義詞、同義詞、反義詞 10.理解詞句在語境中的語意（一） 11.句子成分和結構分析 12.變換句式 13.對偶、排比、反覆、對比 14.修改病句和錘鍊詞句（一） 15.規範、簡明、連貫、得體（一）	高二	6.分析句群（句與句之間） 7.掌握詞句的表達效果（二） 8.掌握語體特點 9.領略文學語言的形象性和含蓄性 10.規範、簡明、連貫、得體（二）
初	16.複句和關聯詞語 17.分析二重複句 18.委婉、反語、反問、設問 19.掌握詞句的表達效果（一）	高	11.修改病句和錘鍊詞句（二） 12.語言的文明和優美（二） 13.漢語和民族文化 14.名言警句（二）

三	20.語言和思維（一） 21.語言的文明和優美（一） 22.名言警句（一）	三	

　　上表有以下特點，足供我們作為參考：

　　第一、以循序漸進的方式指導語文教學的進行，既不偏重，也不喧賓奪主。

　　第二、有八項基礎知識重複，分（一）、（二），在不同年級分別奠定基礎以及再鞏固。

　　第三、兼顧到詞彙、語詞結構和句型、標點符號應用、各類文體、各種文類、篇章結構、修辭方法、以及簡易文法等語文教學中所需的基礎常識。

　　第四、難度遠較台灣來得高。如初三已經開始學習「複句和關聯詞語」，在台灣則屬於高中的課程。

　　第五、導入「語言——文化」範疇，讓學生意識到語言與文化的關聯性，從而建立具有民族特色的語言文化。

　　第六、重視抽象思維的訓練，講究邏輯，為語文學科奠定「形而上」的討論基礎，提升一般人對於語文著重於訓練的刻板印象。

　　在參考了莊文中的體系之後，我們只要略作修改，並結合所選的課文，選擇出符合台灣學生學習方向的材料，我們便可以建構出屬於自己的〈語文教學實施細則〉，這樣就可以使中學語文教學更加具體有方向。

二、缺乏一套完善的〈中學教學語法〉

　　湯廷池在其〈國語語法研究的回顧與展望〉一文中，曾經針對過去語法研究的偏弊缺失，提出六點看法。摘要[18]如下：

> 1.過去的研究多半都企圖在拉丁文法或英語語法的架構上，強行建立國語的語法體系，不但發生了削足適履、格格不入的現象，而且忽略了許多國語語法所特有的現象。
>
> 2.過去的研究對於文言與白話的討論混雜不清，沒有注意到這兩種語言，無論在構詞與造句上，都有很大的差別。
>
> 3.在語言資料的蒐集上，過份注重以文字記載的資料（如《水滸傳》、《兒女英雄傳》、《紅樓夢》等），似乎以為唯有在印刷物上出現的句子才是真正的句子，才可以作為研究分析的對象。
>
> 4.過去的語法研究，過份注重例外的語言現象。
>
> 5.過去的語法研究，在分析語言的過程中，過份依賴字義的因素。
>
> 6.以往國語語法研究最大的缺點，還是在於過去的中國語言學家所依據的歐美語言學理論本身具有嚴重的缺陷，無論在語言本質的基本認識或語言研究的方法論上，都有先天不足之憾。

　　湯先生的說法的確深中肯綮地說出目前語法研究的問題。同樣的，台灣中學教學語法也面臨著相同的問題。

　　台灣並沒有一套周密好懂的〈中學教學語法〉。更嚴謹地

說，台灣並沒有針對語法教學進行過普遍的研究。現行的中學教學語法體系均由個別的專家學者所撰寫而成，是由上而下的關係，對於第一線的語文教師在實際操作上所面臨的問題甚少給予關注。

　　這種中學教學語法形成一種冷漠封閉的情況。說它冷漠，因為它對於語文教學的積極幫助不大，研讀語法卻無法透過它獲得解決問題的能力，所學到的都是些支離破碎的學術名詞；說它封閉，是因為它無法與其他區域或其他語言的語法體系產生共鳴，甚者在同一個體系中，也經常出現各說各話的現象[19]。在這種情況下，中學語文教師只好人人一把號，各吹各的調。

　　以下舉結構助詞「的」、「地」為例，藉以說明台灣中學語法教學的混亂現象。「九十一年第一次國中基本能力測驗」出現了這道題目：

　　　　下列各句「 」中的詞語，何者的詞性與其他三者<u>不同</u>？
　　　（Ａ）喝一口「冰冰涼涼」的井水
　　　（Ｂ）他「急急忙忙」的跑走了
　　　（Ｃ）她有一張「白白淨淨」的臉
　　　（Ｄ）踏著「整整齊齊」的步伐。[20]

　　在題目中明顯不將定語及狀語後的結構助詞－「的」、「地」－作區分，可是在現行的國中課本中，二者仍作區分。以朱自清的〈春〉一文為例：

　　　①小草偷偷「地」從土裡鑽出來，嫩嫩「的」、綠綠

「的」。(朱自清〈春〉)

②花下成千成百「的」蜜蜂嗡嗡「地」鬧著。(朱自清
〈春〉)

③鳥兒將窠巢安在繁花嫩葉中,高興起來,呼朋引伴
「地」賣弄清脆「的」喉嚨,唱出婉轉「的」歌曲,與
清風流水相應和著。(朱自清〈春〉)

　　可見國中課本中,仍將狀語後的結構助詞用「地」作標誌,
定語後的結構助詞用「的」作標誌,二者仍有明顯地區分。雖
然,這個題目對於中等程度的學生而言,可說是相當簡單,只要
判別前後詞性的不同,就可以選出答案。不過,從客觀的角度來
看,本題正足以證明台灣中學語法教學的紊亂情況。

　　其實學術的發展本來就是百花齊放、各家爭鳴的狀態,這是
無可厚非。但是中學教學語法既然稱為教學語法,那麼它便應具
備規範性與一致性,因為它的對象是中學生,並不是大學生。中
學生透過教學語法的學習,是要獲得一種日後對於語言使用上
(包括口語、書面語)的規範性與一致性,中學生學習語法並不
是為了研究語法,這與大學生、研究生的學習目的截然不同。倘
若沒有規範性,沒有一致性,中學生學起語法自然覺得毫無成
就,也無怪中學生對於語法總是趣味缺缺了。

三、缺乏一套「語法對於『閱讀』及『寫作』所能提供的支援」的研究

　　中學的語法教學的效果一向不盡理想,語文教師上課不能運
用語法知識幫助學生解決疑惑,學生遇到問題也無法經由語法分

析來克服問題。語法似乎只是一堆學術名詞的堆砌，學了也沒什麼用，在這種認知下，不重視語法似乎是天經地義的事。

當然，不重視語法的教與學也有另一種看法：語法不就是天天掛在嘴上的話語，張口講話就是語法的應用與學習，再加上漢語的語法規則也的確十分簡單，名詞不變格，動詞不變位，形容詞沒有級的變化，不用去死背繁複的變格變位表，詞、短語、句子三者之間有一定的組合方式，掌握了一種組合方式，即可以一馭萬，其他都不言自明，何必勞神費力去學習語法呢？

我們可以這麼說，從過去到現在，語法的存在是依附在各類升學考試中，老師教授語法以及學生學習語法的共同理由是因為有助於升學。如果一旦失去「升學考試」這個支柱，中學語法教學的下場堪慮。

其實，站在教師的立場，教導學生一堆不必要的語法知識，當然是不必要的，但也絕非故意漠視而不加理會。中學語法教學的目的是要提高學生聽、說、讀、寫的能力[21]，也就是運用語言的能力，所以中學的語法教學中有關於「語法知識」的部分，應該擺在如何解決語法問題的相關知識介紹即可。中學語法教學的主要任務，應該是教導學生如何運用所學的「語法知識」，來進行有效的「閱讀」與「寫作」。而學生學習語法的態度，也應該把語法當作是一個受過中等教育以上的人所應具備的基礎知識來看，學習語法有助於提高閱讀、理解文章的能力，有助於正確運用語言表達想法和辨識語言正誤的能力。

以下對於「語法對於『閱讀』及『寫作』所能提供的支援」略作介紹：

（一）在「閱讀」方面：

　　語法對於「閱讀」所能提供的支援相當的多[22]，教師在教學上宜挑選最有利於閱讀的語法點進行介紹。介紹時，為了掌握時效宜結合學習單，先簡介語法點特性，再舉例印證，最後輔以練習，作為學習成效的驗收。今舉「省略」為例，製作學習單，說明如下：

國立臺中第一高級中學敦哥國文學習單

〔主題〕：**文章的贅肉**—省略　　　年級：　　班別：　　座號：　　姓名：

一、說明

　　文言文的省略現象相當的頻繁。省略的目的是為了使句子簡潔有力，或者為了書寫的簡省。其實不光是文言文，就連白話文省略的現象也很常見。省略現象可分為「承前省略」和「蒙後省略」兩種。「承前省略」是前面說過了，後面就不說了；「蒙後省略」是後面將會說到，所以前面就不說了。若就省略成分來看，有下列幾種可能：

二、舉隅（括號處表省略成分）

①樊噲曰：「今日之事何如？」良曰：「（事）甚急。」（《史記·鴻門宴》）

②躬自厚（責）而薄責於人，則遠怨矣。（《論語·衛靈公》）

③還矢先王，而告（之）以成功。（《新五代史·伶官傳序》）

④諸侯名士可以下財者，厚遺結之；不肯，（以）利劍刺之。〈《史記·李斯傳》〉

⑤章邯夜銜枚擊項梁（於）定陶。（《漢書·高帝紀》）

⑥公輸盤為楚造雲梯之械，成，將以（之）攻宋。〈《史記·公輸》〉

⑦公閱畢，即解貂覆生，為（之）掩戶。（方苞〈左忠毅公軼事〉）

⑧力足以至焉（而不至焉），於人為可譏，在己為有悔。（王安石〈遊褒禪山記〉）

三、演練

①元方曰：「君與家君期（　）日中，日中（　）不至，則是（　）無信；（　）對子罵（　）父，則是（　）無禮。」（《世說新語》）

②先帝知臣謹慎，故（　）臨崩寄臣以大事也。（　）受命以來，（　）夙夜憂歎，（　）恐託付不效，以傷先帝之明。（諸葛亮〈出師表〉）

③前年予病，汝終宵刺探，（　）減一分則（　）喜，（　）增一分則（　）憂。（袁枚〈祭妹文〉）

④（　）見漁人，乃大驚，問（　）所從來（　），（　）具答之。（　）便要（　）還家，設酒、殺雞、作食。村中（　）（　）聞有此人，咸來問訊。（陶淵明〈桃花源記〉）

　　筆者一向認為在中學階段實不宜有太多的理論性教學，中學教師的責任應該是在熟稔理論、咀嚼理論之後，將抽象的理論化為具體的養分，哺育給中學生。教師應先透過生動的談話引導或者設計有趣的情境，來激發學生認識、交流或自我實現等高層次的表達需要，然後因勢利導地和學生一起確定學習的價值，讓他們充滿情趣地進行學習，這樣才能提高學習的效率。

　　因此，在這張學習單中，首先筆者將主題設計為「文章的贅肉－省略」，目的是為了增加學生的學習興趣，如果主題僅是呆板的語法術語的陳述，教學效果會差很多。在解釋為何文章有贅肉的時候，筆者會穿插一則有趣的打油詩以引起學生的興趣：「一個孤僧獨自歸，關門閉戶掩柴扉；三更半夜子時分，杜鵑謝豹子歸啼。」這首打油詩每一句都僅有一個意思，但卻分別堆疊三個意思相同的詞彙，如第四句中「杜鵑」就是「謝豹」、「子歸」，因此整首詩看起來煞有其事，實則缺乏詩文應有的雅潔簡鍊。

　　其次，我將學習單的內容規劃為三個部分：一是「說明」，二是「舉隅」，三是「演練」。在「說明」的部分，定義與分類力求簡化[23]，盡量以白話的方式呈現，主要是不讓學生在概念的初步建立便產生困擾，而且中學生正處於知識建立的階段，他所需要的是規範性的東西，而非過多理論性分析的文字。

　　第三，在「舉隅」方面，解說上務求清晰完備，盡量以學生學過的文本來搜尋例子，一來是舊經驗，顯得親切，二來可以避免解說時因文意扞格所帶來的困擾。學習單中的八個例子，解說如下：①是主語的省略，屬承前省略；②是謂語的省略，屬蒙後的省略；③是賓語的省略，屬承前省略；④、⑤是介賓短語中介

詞的省略，屬承前省略；⑥、⑦是介賓短語中賓語的省略，屬承前省略；⑧同時有多種成分的省略，是屬於寫作策略上為求文筆精鍊的省略。除此之外，還有很多的虛詞也可以省略。

解說時，不僅要說明其省略成分為何、省略原因為何，還要加以簡單的翻譯練習，如此學生不僅學會了省略，還能夠藉此了解文言文翻譯上的一些技巧，這樣的教學比起一般逐字逐句的傳統教學來的有效，成果更具體。

最後，是「演練」的部分，在這裡筆者選用了四段文字[24]，其中①是國中國文課本所選用的範文，對於一般的學生並不具有難度，我利用它來激勵學生。②、③、④均為高中國文課本的選文，難度比較高，筆者鼓勵學生彼此討論後，以抽問的方式要求回答，如果學生無法正確說明，才略加誘導作答，盡量不喧賓奪主，以免失去演練的意義。

（二）在「寫作」方面：

語法對於「寫作」所能提供的支援相當的多。舉凡遣詞造句、關聯詞語的搭配、文句中成分的省略與否都是[25]。進一步來看，倘若語法教學成功，語文教師對於學生文章的修改，溝通上也會顯得扼要精省些。在語法對於寫作的教學之源上，筆者認為應分為兩個部分來進行，一方面是利用範文講解時所遇到的相關語法點，提出說明；另一方面是在學生寫作完成後，透過學生的文章講解其所犯的錯誤。以下以兩張學習單演示：

臺中縣立龍井國民中學敦哥國文學習單

〔主題〕：**唉呦喂呀** 嘆詞　　年級：　　班別：　　座號：　　姓名：

一、說明

　　嘆詞就是表示說話語氣的詞。如表示喜悅、驚奇的有「啊」、「哈」、「喲」、「咦呀」……等；表示鄙視、憤怒的有「哼」、「呸」、「嘖」……等；表示嘆息、悲傷的有「唉」、「嗚」、「哎呀」……等；表示呼喚、應答的有「嗯」、「喂」、「嗨」、「噓」……等；表示了解、認同的有「噢」、「哦」「喔」……等。

　　嘆詞獨立於句外，並不與其他成分結合，能單獨成句。嘆詞能把思想情緒表達得更鮮明，增加文章的感染力。提醒同學，嘆詞是屬於語法範疇，而一般所謂「感嘆」則是屬於修辭範疇，二者間有所區別。比如說，「早點回來啊！」及「早點回來，啊！」都是感嘆句，但前一句中的「啊」為助詞，後者的「啊」才是嘆詞。換言之，我們不能僅由驚嘆號（！）的位置來判斷嘆詞。

二、舉隅

　　<u>啊</u>！怎麼飛來了一隻小蟲，讓我把你捉住。<u>哎呀</u>！又給你逃脫了。……<u>哈</u>，捉到了！<u>喲</u>，怎麼你的翅膀顫動得這麼厲害？<u>噢</u>，是了，我明白了，你在掙扎著要活下去。好！這回就放了你吧！以後別再落入人的手裡了，<u>嗯</u>！

三、病句分析

　　①<u>喂</u>，原來是你，差點把我嚇死了！
　　②<u>呀</u>，輕一點，小強剛睡著，你別吵醒他！
　　③<u>嗯</u>，這是井中龍出版公司。請問你找哪一位？
　　④<u>哈</u>，你剛才不是來過了嗎？怎麼又來了？
　　⑤<u>哼</u>，大家快點來幫忙，我一個人實在做不完。

　　這張學習單是筆者在國中任教時所設計，出發點是為了幫助學生能恰當而且豐富地使用語氣詞。因此，筆者將主題設定為「唉呦喂呀－嘆詞」，利用學生口語中常用的嘆詞來引發學習動機。

　　在說明部分，簡單介紹之後，筆者會請同學任意造句，但規定句中一定要出現嘆詞。在這個過程中，同學普遍體認到恰當的使用嘆詞其實並不容易。接著，筆者會要求同學檢索過去所寫的作文，計算統計出自己使用嘆詞的頻率，以及最常用的嘆詞。統計結果可想而知，使用頻率並不高，而最常使用的嘆詞是「啊」。另外在說明階段的最後，筆者會簡單提到「嘆詞」與「感嘆句」間的關係，以作為輔學習。

　　在舉隅部分，筆者認為並不須拘泥所謂標準答案為何，同學們直覺是什麼就是什麼，甚至我要求他們提出自己認為更恰當的嘆詞來取代。因為學生在操作演練中的學習，比起教師給予所謂正確答案來的有價值。

　　筆者最重視第三部分，不過，所謂的重視也絕不是要有標準答案的出現，而是要求學生在說明時盡量不受先前的規範盡情發揮。因為第二部分中的文字有前後語境的限制，所以語氣比較確定。在這個部分中，因為句子比較短，所提供的語境限制比較少，同學更可以海闊天空地發表看法。至於對錯，無關緊要，畢竟語氣使用時的輕重拿捏只有使用者本人知道，只要學生有了相關的知識，相信對於日後的寫作表達是有助益的。

國立臺中第一高級中學敦哥國文學習單

〔主題〕：**成功必有鷹** 因果　　年級：　　班別：　　座號：　　姓名：

一、說明

　　因果複句是指分句之間說明或推論原因和結果的複句。其中表示原因的是偏句，表示結果的是主句。因果複句常用的連詞有「因為」、「因此」、「因而」、「所以」、「由於」、「因為……所以……」、「既然……就……」、「之所以……是因為……」等等；如果分句間語意完足，亦可不用連詞。但是，我們不能寫成：「因為……，因此……」，這是因為「因此」一詞蘊含「因為這樣……，所以……」，本身已經具有「因為」的意思。

二、舉隅

①因為因循怠惰是一條綑住手腳的繩子，他能使我們的事業永遠不能成功。（甘績瑞〈從今天起〉）

②這些紙船都是有感情的，因為它們大都出自母親的巧思和那雙粗糙不堪、結著厚繭的手。（洪醒夫〈紙船印象〉）

③難得今天又是假日，本以為可以晚點起床，因而昨晚放心的縮在被窩裡，多看了幾頁書，拖到深夜才睡。（吳晟〈不驚田水冷霜霜〉）

④朋友能增長你的知識，擴充你的生活經驗，所以朋友真像是一本一本的好書。（林良〈父親的信〉）

⑤不過，認識新朋友有時候並不容易，這是因為一般人都容易害怕。如果你太心急，有時候反而會嚇壞了他，使他躲避你。所以你在認識朋友之前，一定要先讓他信任你，曉得你是誠懇的，沒有惡意的，隨時願意幫他忙的。（林良〈父親的信〉）

⑥我特別欣賞法國的印象派大師雷諾瓦，他對彩色的運用，對光影的捕捉，都有獨到的手法。（杏林子〈生之歌二則〉）

⑦有一天，他多賺了幾塊錢，欣喜之餘，對著擣米用的杵、臼，生出了感激之情，他對著擣米的杵喃喃地訴說自己的感謝。（藍蔭鼎〈飲水思源〉）

⑧人與人偶有摩擦，往往都是由於缺乏那份雅量的緣故；因此，為了減少摩擦，增進和諧，我們必須努力培養雅量。（宋晶宜〈雅量〉）

⑨我是起的很早的，但是當我看到他們的時候，他們的清掃工作老早就開始了，因此，我不知道他們是自什麼地方掃起，也不知道他們掃到什麼地方為止。（張騰蛟〈那默默的一群〉）

⑩犯規的行動，雖然可以因此得勝，且未被裁判者所覺察，然而這是有風度的運動家所引為恥辱而不屑採取的。（羅家倫〈運動家的風度〉）

三、病句修改

〈夢想〉

年輕人都有夢想，⑪<u>因為有夢想，因此充滿著無限的希望</u>。⑫<u>夢想因人生而變的真實</u>，⑬<u>而人生亦因夢想而偉大</u>。有夢最美，築夢踏實。⑭<u>因此讓我們邁開步伐，朝向夢想而前行，成功亦再不遠矣</u>！

生命的真諦，人生的意義與目標的找尋，在哪裡？有人似無頭蒼蠅一輩子皆無頭緒地，飛來飛去，亦有人是井底盲龍，卻故步自封，停滯不前，遭踏了身為龍的驕傲與資質。然而，⑮<u>我們不需苦惱，因為，夢想已經點明了人生的道路與終點</u>。只要我們亦步亦驅，心無旁務，一新向前行，即使我的夢想在遠方，也必有到達的那一天，這是一定的啊！

每個人不一樣，俗話說：「狗吃肉骨頭，貓吃魚骨頭。」每個人依著自己的天性，必定會選擇不同的道路。不過，行行出狀元，天無絕人之路，因此不需委曲求全，只要順著自己的性子走，吃中藥也能有明亮的明天。就拿我的鄰居老王為例子，他在幼稚園時，⑯<u>因為常被老師打，因此就在那時已立下當老師的決心</u>，一直到他升小學、升國中、升高中，依然沒有放棄他的理想，果然皇天不負苦心人，給他賽進了師大，當然，他後來也有畢業，當了一個老師。每當我在路上遇到他，他回報我以淡淡的微笑，我便會打從心底興起一股毛骨ㄙㄨㄥ˅然的噁心。

⑰<u>因此，生命有意義，而人的一生之所以偉大，一切皆是因為有了夢想</u>，無夢想，人生是黑白的，而有了夢想，人生不但是彩色的而且還 3D，夢想，讓世界飛了起來。

　　這張學習單內容比較龐雜，主要原因是作為修改主體的文章〈夢想〉[26]長了點，而且因果複句又是學生最常使用的複句句型，為了徹底說明不得不如此。

　　首先，在主題的設計上，筆者選用台中市前市長張溫鷹女士的競選口號「成功必有鷹」，以作為有趣的聯想，「鷹」諧音「因」也恰能切合本單元的學習主題「因果複句」。

　　其次，按照筆者對於學習單的設計理念，在定義的說明上，大量減少抽象的敘述與不必要的分類。僅扼要的提出作為因果複句的重要特徵「連詞」有哪些，並點出學生最常用錯的句型「因為……因此……」加以說明。針對這點略加說明如下[27]：

　　⑴作為表示結果的連詞中，以「所以」和「因此」最為常見，但是「所以」與「因此」不同。

　　⑵作為連詞的「所以」單純的表示結果；「因此」因為內含「因為這樣……，所以……」這兩層意思，在使用上一方面有承上啟下的作用，二方面又有複指上文的作用，基於這兩種作用，「因此」通常獨立使用。比如，⑧「人與人偶有摩擦，往往都是由於缺乏那份雅量的緣故；因此，為了減少摩擦，增進和諧，我們必須努力培養雅量。」

　　⑶「所以」還可以插入主、謂語之間，將結果提至原因之前。比如說：「小強所以這麼做，那是因為他不服氣。」此處「所以」不能以「因此」取代。

　　⑷「因此」還能以介賓短語的身份放入句中作為狀語，但無法將結果提至原因之前。比如說：「遺失了車票，艾咪因此哭了。」，此句絕不能調整為「艾咪因此哭了，遺失了車票。」

　　⑸「所以」經常和「因為」搭配成「因為……所以……」；

「因此」通常獨用，也可以和「由於」搭配成「由於……因此……」。

第三，在例證方面，筆者羅列出連詞可以出現的狀況，做為學生日後寫作上的參考。如①「因為」帶出原因偏句，其結果主句不帶連詞。②中句式倒置，將帶有「因為」的原因偏句至於句後，而將不帶連詞的結果主句提前。③、④是不帶連詞的原因偏句在前，用「而已」、「所以」帶出結果主句。⑤原因偏句與結果主句皆帶有連詞，這種情形在一般文章中已經少見[28]。⑥、⑦兩例中均未出現連詞，但仍為因果複句，我們可以試著為二例加上連詞，如⑥為「（所以）在西洋的畫家中，我特別欣賞法國的印象派大師雷諾瓦，（因為）他對彩色的運用，對光影的捕捉，都有獨到的手法。」，⑦為「（因為）有一天，他多賺了幾塊錢，欣喜之餘，對著擣米用的杵、臼，生出了感激之情，（所以）他對著擣米的杵喃喃地訴說自己的感謝。」⑧、⑨、⑩都是對於「因此」的討論，⑧、⑨中的「因此」為關聯詞的用法，前面是原因偏句，後面是結果主句。⑩中的「因此」是介賓短語作為修飾中心語「得勝」的狀語。

接著，便是針對文章病句進行修改。本文中所出現的錯誤不勝枚舉，多的嚇人，堪稱「問題文章」中的典範。但因為本學習單的主題設定在「因果複句」的介紹了解，所以關於其他類型的錯誤暫且擱下不談，來日再以其他的學習單呈現，此處直接針對文中事先標注號碼處進行討論。

⑪、⑯、⑰三句皆為病句，都犯了將「因為」與「因此」同用的毛病，改善的方法是將⑪、⑯中的「因此」改為「所以」，⑰中的「因此」取消。另外，⑯句中作為原因偏句的「因為常被

老師打」，似乎不足作為結果主句「因此就在那時已立下當老師的決心」的原因，這麼說似乎打算改天當了老師，就可以打學生出氣回來，這話實在說不過去。

⑫、⑬使用正確，不過二者並不是因果複句，而是以介賓短語「因人生」、「因夢想」作句子中的狀語。

⑭中「因此」的使用正確，這個「因此」具有推論性。⑮中的「因為」也使用正確，雖然說它的原因偏句「夢想已經點明了人生的道路與終點」實在文意不通。

另外，在「作文批改」方面，教師如果能夠恰當的利用語法知識，來說明修改訂正的理由，對於學生將更具有說服力。對於作文批改，曾宗華先生曾做過以下演示[29]：

【學生原文】

〈現實與理想〉

現實與理想原本是兩回事，現實是具體的，理想是抽象的，現實是存在的，理想是幻想的，也就是說①現實包含人②，而人包含理想③。二者之間只隔著「人」而已，但是④有時卻反而因為人在從中作梗⑤，二者猶若起了化學變化，其關係就顯得非常微妙的⑥。

在我們生活周遭的真實事物和思想⑦就是現實。因為⑧每個人生活所接觸到的事物⑨盡不⑩相同，因此對社會的觀點便不一致，所以有人喜歡現實，有人抱怨現實。

喜歡的理由是因為自己生活如意，相反的抱怨理由是生活不如意的緣故。正因為如此⑪人們心中便起了幻想，幻想自己如意

的生活，這就是我們所美稱的「理想」。

人一旦有了理想，就應該努力再努力，促使理想實現，進而改變現實。再加強說明⑫，也就是現實起了理想，理想督促人，人改變現實，說穿了也就是現實起了理想。

雖然話說這樣而已，其中的努力，可說不可言喻⑬。要實現理想是要下一番功夫的⑭。假如對於理想光⑮祇停留在「想」的階段，而不去努力去作的話，即使崇高的理想也要弄得變成低劣、齷齪⑯。

朋友們你⑰抱怨現實嗎？假如很幸運答案是的話⑱，那麼你心中必定有某種理想，奮鬥吧！讓你的理想實現。

【修改建議】[30]

第一段：

①「也就是說」一詞用於此句並不恰當，應刪去，改為「然而」。因為從句義來看，「也就是說」的前後句義相抵觸，用轉折連詞「然而」來銜接前後兩個異義句比較恰當。

②「現實包含人」一句並不恰當，「現實」是抽象的概念名詞，「人」是具體的概念名詞，二者並不具有隸屬關係，而且此處亦非修辭「轉化」現象，故就語法規則來看應刪去，改為「人在現實中」。

③「人包含理想」一句並不恰當，道理同②，故改為「理想產生於人的思想中」，語意更為顯豁。

④「但是」一詞屬於轉折連詞，用於此處並不恰當，宜刪去，改為表示因果關係的連詞「因此」，比較恰當。

⑤「人在從中作梗」一句並不恰當，「從中作梗」意味著居中破壞，如此便不能使「現實」與「理想」產生關係，下句「二者猶若起了化學變化」便失去立論的依據。因此，此句應改為「藉著人的媒介作用」，以引發下句。

⑥「其關係就顯得非常微妙的」句中「的」字使用不當，應該刪去，改為「了」。因為「的」字屬句中結構性的助詞，用「的」讓語意顯得尚未結束，改為「了」則可以正確的表示結束的語氣。

第二段：

⑦句子顯得太長，建議在「就是現實」之前加上「，」。此舉一來將文句一分為二，二來可以突顯出「現實」二字之意。

⑧「因為」一詞應刪去，改為「而」比較恰當。因為「因為」一詞是表示因果關係的連詞，這個地方用「因為」一詞，無法與上一句產生連貫性，改為表示承接關係的「而」才是正確的用法。

⑨中「事物」一詞不夠周延。可以有兩種改善方式，第一種直接把「事物」刪去，因為「的」字下方的名詞可以承前省略；第二種在原先「事物」的後方接上「和思想」，才能夠與前方的句意相吻合。

⑩「盡不相同」一語將範圍副詞至於否定副詞前方，與語言使用習慣並不吻合，應該調整為「不盡相同」，方合乎語法習慣。

第三段：

⑪「正因為如此」後方宜加上「，」，句意較為清晰。

第四段：

⑫「再加強說明」一語不當，應該改為「換句話說」。

第五段：

⑬「可說不可言喻」一語不恰當，應該改為「卻是難以言喻」。

⑭「要實現理想是要下一番功夫的」，應改為「要實現理想必須下一番功夫」，才合乎造句習慣。

⑮「光」字不當，應刪去。因為「光」與後方「祇」字為同義詞，接連使用造成了累贅的現象，而且「光」字屬於口語用法，不適合書面語，所以刪去「光」字較為恰當。

⑯「即使崇高的理想也要弄得變成低劣、齷齪」可以有兩種改法。第一種將詞義不明的「弄得」一詞去掉；第二種把「要弄得低劣，齷齪」一語刪去，改成「沒有用」，語意便清晰了。

第六段：

⑰「朋友們」是複數，而「你」是單數，同指一義，用詞卻相互違背，故應該刪去。

⑱「假如很幸運答案是的話」此句式緊縮不正確的句子，原意應該是「假如很幸運地，你的答案是『是』的話」，是由一個外位成分加上一個判斷句所緊縮而成。原句可以調整成「假如很幸運地答案是『是』的話」，句意將更為顯豁清晰。

【修改後的文章】

〈現實與理想〉

　　現實與理想原本是兩回事，現實是具體的，理想是抽象的；現實是存在的，理想是幻想的。然而人在現實中，而理想產生於人的思想中。二者之間只隔著「人」而已，因此有時藉著人的媒介作用，二者猶若起了化學變化，其關係就顯得非常微妙了。

　　在我們生活周遭的真實事物和思想，就是現實。而每個人生活所接觸到的不盡相同，因此對社會的觀點便不一致，所以有人喜歡現實，有人抱怨現實。

　　喜歡的理由是因為自己生活如意，相反的抱怨理由是生活不如意的緣故。正因為如此，人們心中便起了幻想，幻想自己如意的生活，這就是我們所美稱的「理想」。

　　人一旦有了理想，就應該不斷地努力，促使理想實現，進而改變現實。換句話說，也就是現實起了理想，理想督促人，人改變現實，說穿了也就是現實起了理想。

　　雖然話說這樣而已，其中的努力，卻是難以言喻。簡單地說，要實現理想必須下一番功夫。假如對於理想祇停留在「想」的階段，而不去努力去作的話，即使再崇高的理想也沒有用。

　　朋友，你抱怨現實嗎？假如很幸運地，答案是「是」的話，那麼你心中必定有某種理想，奮鬥吧！讓你的理想實現。

　　從以上的演示，可以清楚地看出語法教學對於語文教學中「閱讀」與「寫作」的支援性相當的強，而且非常的務實。因

此，研究「語法對於『閱讀』及『寫作』所能提供的支援」有其正當性與必要性。

第五節　小結

經過以上討論，我們獲得以下結論：

第一、語法教學對於語文教學可以提供有效的支援，因此語法教學有其必要性與正當性。

第二、目前台灣的中學語法教學體系仍未確定，造成中學語法教學呈現混亂的現象。因此，目前當務之急，是盡快的討論出一套適合中學生的中學教學語法。

第三、在中學教學語法體系確立之後，必須進行以下兩種教學研究：

一是語法教學如何與中學語文教學結合的研究。

二是語法教學對於中學生寫作的協助與診斷的研究。

註 釋 ——————

[1] 國民教育各學習領域綱要研修小組：《國民中小學九年一貫課程暫行綱要》（台北：教育部，2001 年 1 月）。

[2] 國民教育各學習領域綱要研修小組：《國民中小學九年一貫課程暫行綱要》，頁 19。

[3] 黃錦鋐先生在其《中學國文教材教法》一書中，認為中學階段國文教學應有共同遵循的途徑，教學才能收到實際的效果。針對這種看法，他提出以下四點：①語文訓練。②以白話文純熟運用為主，兼及明易的文言文。③以普通文辭為主。④精神陶冶。詳參黃錦鋐：

《中學國文教材教法》（台北：教育文物出版社有限公司，1988 年 10 月，再版），頁 33-40。

4　在沈復〈兒時記趣〉一文中「於」字經常省略，如：「私擬作群鶴舞空」（舞字下省略「於」字）、「果如鶴唳雲端」（唳字下省略「於」字）、「神遊其中」（遊字下省略「於」字）、「見二蟲鬥草間」（鬥字下省略「於」字）等。

5　此處「語序改變的原則」主要參考以下書籍：①許世瑛：《中國文法講話》（台北：台灣開明書局，1988 年 10 月，修訂 19 版），頁 76-90。②葉保民等著：《古代漢語》（台北：洪葉文化事業有限公司，1992 年 9 月，初版），頁 257-260。③黃六平：《漢語文言語法綱要》（台北：漢京文化事業有限公司，1983 年 4 月，初版），頁 46-49。

6　王年雙：《國語語法》（未刊本，1999 年版），〈緒論〉，頁 5。

7　此處參考了張先亮先生的看法。張先亮：《理論語法研究與比較》（浙江：教育出版社，1998 年 4 月，第一版），頁 16-19。

8　此處參考了張先亮先生的看法。張先亮：《理論語法研究與比較》，頁 16-19。

9　王力主編：《古代漢語》（修訂本），第一冊（台中：藍燈文化事業股份有限公司，1989 年 1 月，初版），頁 15。

10　舊版《國民中學國文教科書》，第五冊，頁 33。

11　劉向編：《戰國策》（台北：綜合出版社，1989 年，初版），頁 196。

12　新版《國民中學國文教科書》，第一冊（台北：國立編譯館，2001 年 8 月，正式本，四版），頁 1。

13　教育部高級中學課程標準編輯審查小組：《高級中學課程標準》（台北：教育部編印，1996 年 6 月，初版），頁 37。

14 楊如雪：《文法 ABC》（台北：萬卷樓圖書有限公司，1998 年 9 月，初版），頁 1。

15 國民教育各學習領域綱要研修小組：《國民中小學九年一貫課程暫行綱要》，頁 49。

16 在《國民中小學九年一貫課程暫行綱要》中，對於學生的「基本能力」作了十點的提示：一、了解自我與發展潛能，二、欣賞、表現與創新，三、生涯規劃與終生學習，四、表達、溝通與分享，五、尊重、關懷與團隊合作，六、文化學習與國際了解，七、規劃、組織與實踐，八、運用科技與實踐，九、主動探索與研究，十、獨立思考與解決問題。並對於學生的「分段能力指標」作了六點的區分：①注音符號應用能力，②聆聽能力，③說話能力，④識字與寫字能力，⑤閱讀能力，⑥寫作能力。相關資料請參見國民教育各學習領域綱要研修小組：《國民中小學九年一貫課程暫行綱要》，頁 19-35。

17 莊文中：《中學教學語法與語法教學》（北京：語文出版社，1999 年 1 月第 1 版），頁 2-3。

18 湯廷池：《語言學與語文教學》（台北：台灣學生書局，1993 年 9 月，初版），頁 7-18。

19 戴璉璋教授曾以〈中國語法中語句分析的商榷〉為題，對於語法術語作了整理並加以修正。參見《高級中學文法與修辭教師手冊》，上冊（台北：國立編譯館，1997 年 8 月，三版），頁 480。另外，楊如雪教授也曾經針對各家語法中「詞語結構範疇」的差異現象做過整理。參見楊如雪：《文法與修辭教師手冊》，上冊（台中：大同資訊企業股份有限公司，2001 年 2 月，初版），頁 58。以上兩位先生的

說法正足以說明這個現象。

20　九十一年第一次國中基本能力測驗，國文科試題，第 11 題。

21　尤信雄先生說：「中等學校國文科之教學，兼具語文訓練、精神陶冶、及藝文欣賞三層面之目標。就語文訓練而言，期能培養建立學生之閱讀能力，與表達能力。」見曾忠華所編著《作文命題與批改》一書序文。曾宗華：《作文命題與批改》（台北：國立台灣師範大學中等教育輔導委員會印行，1992 年 6 月，初版），頁 1。

22　姚榮松先生在〈翻譯與文法〉一文中對此提出許多精闢的見解，參見《國文天地》32，第三卷第八期（台北：國文天地雜誌社，1988年 1 月 1 日），頁 66-69。

23　比如說，在省略的現象分類上，筆者只分為「承前省略」、「蒙後省略」兩類，實際上不只如此。如何容的《簡明國語文法》將省略的情形分為五種，分別是「對話時的省略」、「自述時的省略」、「承前的省略」、「量詞後省略名詞」、「『的』字後省略名詞」等。參見《高級中學文法與修辭教師手冊》，上冊，頁 405-407。

24　這四則文字的省略狀況如下：①元方曰：「君與家君期（於）日中，日中（君）不至，則是（君）無信；（君）對子罵（其）父，則是（君）無禮。」（《世說新語》）②先帝知臣謹慎，故（先帝）臨崩寄臣以大事也。（臣）受命以來，（臣）夙夜憂歎，（臣）恐託付不效，以傷先帝之明。（諸葛亮〈出師表〉）③前年予病，汝終宵刺探，（予病）減一分則（汝）喜，（予病）增一分則（汝）憂。（袁枚〈祭妹文〉）④（村人）見漁人，乃大驚，問（其）所從來（者），（漁人）具答之。（彼）便要（其）還家，設酒、殺雞、作食。村中（之）（人）聞有此人，咸來問訊。

25 曾忠華曾針對中學生寫作常犯毛病做過分析，在詞語使用不當方面，有「詞語意義或作用的錯誤」、「詞語使用的紕漏」、「詞語部位措置的失次」等三種，其中「詞語部位的失次」與語法學習有關；在文句篇章經營上，有「文法不通」、「體驗不切」、「語氣不合」、「語式不純」、「組織不良」……等十種，其中「文法不通」、「語氣不合」、「語式不純」、「組織不良」皆與語法有關。參見曾宗華：《作文命題與批改》，頁 67-71。

26 〈夢想〉這篇文章是本校今年（90 學年度）第一次高三模擬考後，在同學間輾轉流傳到筆者手中，在製作學習單之前，已徵詢作者本人同意採用。在此必須強調，文中許多錯誤（包括錯別字）均如實呈現。

27 參見北京大學中文系 1955、1957 級語言班編：《現代漢語虛詞例釋》（北京：商務印書館，1996 年 7 月，第一版），頁 492-497，頁 503-505。

28 筆者統計了《國中國文》一至三冊，「因為……所以……」僅出現一次，即為本例。

29 參見曾宗華：《作文命題與批改》，頁 110-113。文中①至⑱表示有待修正處。

30 以下的修改建議絕大多數沿用曾宗華的見解與說法，其中部分文字為配合「語法對寫作的支援」此一主題，已略作修改。

第三章

中學教學語法體系研究

台灣目前的中學教學語法體系有：

國中部分

1.舊版《國中國文》（第五冊）〈語文常識一、文法簡介〉[1]（以下簡稱舊版《國中國文》）

2.新版《國中國文》（第四冊）〈語文常識（上）、語法上篇〉[2]及〈語文常識（下）、語法下篇〉[3]（以下簡稱新版《國中國文》）

高中部分

1.國立編譯館版《文法與修辭》上冊[4]（以下簡稱《國立編譯館版》）

2.大同版《文法與修辭》上冊[5]（以下簡稱《大同版》）

3.三民版《文法與修辭》上冊[6]（以下簡稱《三民版》）

4.翰林版《文法與修辭》上冊[7]（以下簡稱《翰林版》）

第一節　國中教學語法體系

一、舊版《國中國文》

舊版《國中國文》將文法教學放在第五冊的「語文常識

一」，稱為「文法簡介」。

整個課程的安排分為「正文」與「練習」兩個部分。

在正文部分，首先提到了學習文法的重要性，接著從三個角度對文法作了簡單的介紹，分別是「字與詞」、「詞的種類」、「句子的種類」。其介紹過程都是先對語法點作定義上的解釋，再分門別類舉例說明，相當扼要。舉「名詞」為例：

> 名詞：凡是實物的名稱，或哲學、科學所創的名稱，都是名詞。例如：天、地、桌、椅、政治、經濟、規律、定理、硫酸、能量。[8]

在練習的部分，則依據正文的分類「字與詞」、「詞的種類」、「句子的種類」來設計問題，要求同學回答問題。整體的照應性相當完備。表列如下：

正 文 分 類	練 習 題 目
（一）字與詞	請舉出十個不是詞的字？
（二）詞的種類	請指出下列加▲符號各詞語的詞性？
（三）句子的種類	請指出下列各句子是屬於那一種句子？

整體來看，本體系最大的特色便是「簡明」。

首先，在對於「字與詞」的區分中，避開了「語素」的問題，直接以「意義」做為「詞」的判斷依據。它的說明如下：

> 「字」是書寫或說話時的最基本單位。有時候，一個字

就有一個意義，例如「天」、「地」、「父」、「母」，各是一個字，也都各有它的意義；有時候，一個字本身並沒有意義的，例如「葡」、「萄」，各是一個字，但只說出或寫出「葡」字或「萄」字，都沒有意義，必須將兩個字合起來成為「葡萄」才有意義。因此凡是一個字，以及兩個或兩個以上的字，能代表一個意義的，就叫做「詞」。[9]

其次，在介紹完「詞的種類」後，本體系避開了「複詞」與「短語」二者構成方式的討論，而直接進入「句子的種類」的探討。如此設計有編者的考量，一來「複詞」與「短語」的習得過程，因為是本國語文的緣故，顯得較為輕鬆自然，如果刻意的去強調抽象的構成方式，對於語文能力的增進有可能造成阻礙。二來倘若在這個時候刻意的強調「複詞」與「短語」二者間的差異，對於初學語法的學生一定會帶來困擾，因為漢語並沒有型態上的變化，「複詞」、「短語」之間的構成方式基本上是一致的，有其對應性。如下：

分　類	複　詞	短　語
聯合式	朋　友	「禮義廉恥」是我們的共同校訓。
偏正式	笑　話	這是一份珍貴的「生日禮物」。
述賓式	註　冊	「結交朋友」有許多的好處。

其中「朋友」是以同義的名詞聯合所構成的複詞，「禮義廉恥」則是聯合式的名詞短語，二者的結構方式完全相同；「笑

話」是定心式的複詞，屬偏正式複詞，「生日禮物」以「生日」作定語修飾中心語「禮物」，是屬於偏正式的名詞短語；「註冊」是以述賓方式構成的複詞，而「結交朋友」的「結交」為動詞作謂語，後面帶有名詞作賓語的「朋友」，屬述賓式的動詞短語。

第三，本系統將「句子的種類」分成「敘事句」、「有無句」、「表態句」及「判斷句」，除了簡單的定義解釋外，還提供了「基本句型」與「例句」的說明。另外在分類上，此處只作「單句」的介紹，在學習上甚為簡便，讓學生在對於單句的判別上有一清楚扼要的依據。

以上的設計使得語法的教學歷程變得簡單，從「學習」的角度來看，學生不必記憶太多的術語；從「教學」的角度來看，教師也不必為了介紹一個新的概念而絞盡腦汁。這種設計在以下的幾種中學語法體系[10]被廣泛地沿用。

二、新版《國中國文》

新版《國中國文》將語法放在第四冊的「語文常識（上）」與「語文常識（下）」，分成兩個單元進行教學，分為「語法上篇」及「語法下篇」。「上篇」介紹「字與詞」、「詞的種類」；「下篇」介紹「句子的種類」。

綜合「上篇」與「下篇」來看，新版《國中國文》的課程安排一樣分為「正文」與「練習」兩個部分。在教學語法力求「穩定」的前提下，新版《國中國文》的語法體系仍然依循著舊版《國中國文》的設計，並沒有太大的變化。

正文部分，在簡介語法的重要性之後，便從「字與詞」、

「詞的種類」、「句子的種類」三方面,先作定義的解釋,再分門別類舉例說明;在練習的部分,也是依據正文的分類「字與詞」、「詞的種類」、「句子的種類」來設計問題,要求同學回答問題。

有一點必須特別強調,新版《國中國文》不管是在正文的解釋、說明,或是練習題目的設計、安排,均遠較舊版《國中國文》來的仔細、清晰,整體的照應性顯得更加完備。

三、新版《國中國文》的突破

首先,是以「語法」一詞來取代傳統的「文法」名稱。

從馬建忠的《馬氏文通》以來,「文法」、「語法」一詞的孰是孰非,討論的相當多。在《國文教師手冊》第四冊中編者提到:

> 「語法」舊版教科書稱「文法」,以較嚴的標準下定義,「語法」本指從口頭語言中歸納而來的構詞、造句法則;「文法」本指從文言中歸納而來的構詞、造句法則。但是以較寬的尺度而言,「語法」就是「文法」,「文法」就是「語法」,二者並無不同。[11]

在舊版的高中《文法與修辭教師手冊》上冊中,曾經針對「語法文法並無不同」做如下解釋:

> 例如周法高著《中國古代語法》,以殷商到南北朝時代文獻上保存的書面語為研究對象,卻名之為「語法」。

何容著《簡明國語文法》，黃貴放著《國語文法圖解》，
置「文法」於「國語」之下。都表明了「語法」和「文
法」都沒有實質上的不同。[12]

筆者認為在國中階段，以「語法」來取代「文法」一詞非常
的恰當，理由有三：

1.國中階段，語文的學習仍以白話文為主，文言為輔，「文
法」一詞容易產生「以文言文為主」的聯想。

2.「文法」的「文」字很容易被誤解為與「文章」、「書面
語言」有關，進而將「文法」誤導為「文章之法」、「章法之
學」。

3.「語法」的「語」即「語言」，既可以包括古代語言和現
代語言，也可以包括口頭語言和書面語言，涵蓋的層面更廣。

其次，在「句型」的剖析上，新版《國中國文》較舊版《國
中國文》更加明確清晰。

在句子的分類上，新舊版本都把句子分為四類：敘事句、有
無句、表態句、判斷句。共同點都在介紹完定義之後，隨之提出
基本句型以及例句，並加以簡略剖析。

茲將新舊版本對於句型介紹的不同之處，分析如下：

（一）在「敘事句」方面

舊版《國中國文》對於「敘事句」只給予最基本的定義，它
的說法如下：

敘事句：敘說一件事情的句子。它是以一個動詞做中心，這動詞稱為「述語」，發起這動作行為的人或物，稱為「主語」，接受這動作行為的人或物，稱為「賓語」。

基本句型是：主語 — 述語 — 賓語

例如：「我讀古今中外的歷史。」（孫文〈立志做大事〉見第二冊）

「我」是主語，「讀」是述語，「古今中外的歷史」是賓語。[13]

這種解釋僅能用來說明由「及物動詞」[14]擔任述語的敘事句句型，對於「不及物動詞」不帶賓語的現象並未給予釐清。新版《國中國文》則針對這一點做了改善，說法如下：

敘事句

凡是敘說一件事情的句子叫敘事句，又稱敘述句。它以一個表示動作或行為的動詞作中心，這動詞稱為「述語」，發出這個動作、行為的人或物叫「主語」，接受「述語」動作、行為的人或物稱為「賓語」。基本句型是：主語 ＋ 述語 ＋ 賓語

例如：「我愛鳥。」（梁實秋〈鳥〉 第三冊）

「故人具雞黍」（孟浩然〈過故人莊〉 第二冊）

「我」、「故人」是主語，「愛」、「具」是述語，「鳥」、「雞黍」是賓語。

有的述語不一定有接受它動作的人或物。

例如：「我走了。」（朱自清〈背影〉 第二冊）

　　　「東風來了。」（朱自清〈春〉 第四冊）

「我」、「東風」是主語，「走」、「來」是述語。（「我走
了。」、「東風來了。」的「了」是助詞。）這樣的句型
就只有：

主語 ＋ 述語[15]

　　新版《國中國文》針對「不及物動詞」提出了基本句型──
「主語 ＋ 述語」──的說明，這個小小的調整，不僅使得敘事句
更加完善，也影響了後面的表態句的說明。

　　（二）在「有無句」方面

　　舊版《國中國文》對於有無句的定義相當的簡單，如下：

　　　　有無句：表明事物有無的句子。……[16]

　　這種說法無法表達有無句做為說明事物「存現」與否的功
能，學生在學習的過程中經常產生誤解，最常見的例子是：

　　①「賈人搬有運無」（鄭燮〈寄弟墨書〉）

　　學生經常將①誤會成有無句，實際上這個句子應該是敘事
句，「有」、「無」在句中擔任的是「賓語」的角色。所以在新
版《國中國文》中已經改為：

有無句

表明事物有無或存在與否的句子叫有無句。……[17]

新版《國中國文》在此加上「存在與否」的說明，讓學生在判斷上多了點依據，也更符合語言現象。

（三）在「表態句」方面

新版《國中國文》對於表態句的說明與舊版《國中國文》有明顯的不同，表現在兩方面：

1.構句成分的名稱不同。

舊版《國中國文》將用來描述主語的性質或狀態的詞語稱為「謂語」。新版《國中國文》則改稱為「表語」。二者究竟孰是孰非，在國中階段實無強加區別的必要。一方面，國中階段處於吸收接受的階段，過多的區分只會帶來混淆；二方面，語法體系屬於一種內在自我充分的體系，只要該體系能夠言之成理，學生亦能據之分析、了解句子也就夠了。

但是，如果從比較的角度來看，這兩個名稱都有問題。因為現行的語法體系大都將句子的構句成分分為「基本成分」、「修飾成分」和「特殊成分」，然後在這個基礎上，才對句子進行第二步的區分。基本成分包括主語和謂語，把句中主語、謂語的有無分成「主謂句」和「非主謂句」兩大類。修飾成分包括定語、狀語、補語等。不管是將表態句的「非主語成分」稱為「謂語」或「表語」，都會產生體系間層級混淆，術語無法溝通的情形。

2.對於「謂語」（表語）的功能詞性說法不同。

舊版《國中國文》對於「謂語」的說明如下：

用來描述主語的性質或狀態的詞語稱為「謂語」；謂語通常是形容詞或形容詞化的動詞。[18]

先舉兩個學生最常判斷錯誤的例子：

②田野靜靜地睡了。（楊喚〈夏夜〉）
③夕陽西下。（馬致遠〈天淨沙〉）

絕大多數的學生都把②、③這兩個句子當成表態句來理解，實際上這兩個句子都是敘事句，原因出在舊版《國中國文》對「謂語」成份的定義中「形容詞化的動詞」這句話上。我們都了解，或是兼類或者是活用的緣故，動詞可以有形容詞化的現象，但是舊版《國中國文》對於所謂的「形容詞化的動詞」並沒有提出例子來說明，再加上在敘事句中又沒有區分出「及物動詞」與「不及物動詞」間構句上的差異，所以「形容詞化的動詞」這種說法在學生的眼中，似乎意味著動詞作謂語便是表態句，因此造成以上的誤解。

新版《國中國文》針對這一點則提出了修正：

用來描述主語的性質或狀態的叫「表語」，表語通常是形容詞或形容詞性的單位。[19]

這種說法，一來糾正了舊版《國中國文》語焉不詳的的錯誤，二來以「單位」取代「短語」這個術語，不僅暗示作為表語

成分的不光是形容詞，還可以是形容詞短語，而且避開了本體系中並未討論的「短語」層級。新版《國中國文》在此所做的修正，筆者認為這是比較完善的說法。

（四）在「判斷句」方面

新版《國中國文》與舊版《國中國文》間最大的差異在判斷句上。舊版《國中國文》對於判斷句的說明如下：

> 判斷句：解釋事物的涵義，或判斷事物同異的句子。它是以一個繫詞（白話文用「是」，文言文用「乃」、「為」、「即」等）做中心，來連接主語與謂語。它沒有動詞作述語，也不用形容詞或形容詞化的動詞做謂語，它的謂語一定是名詞或代詞。
> 基本句型是：主語 ─ 繫詞 ─ 謂語
> 例如：「我們是一列樹。」（張曉風〈行道樹〉　見第一冊）
> 「我們」是主語，「是」是繫詞，「一列樹」是謂語。[20]

而新版《國中國文》對於判斷句的說明如下：

> 解釋事物的含義，或判斷事物同異的句子叫判斷句。它不以表示動作或行為的動詞做述語，也不用形容詞或形容詞性的單位做表語，而是用解釋人、事、物的含義、屬性或現象等的動詞來連繫主語和斷語，這個動詞稱為繫詞。解釋或判斷性的繫詞白話用「是」、「不是」，文

言用「乃」、「為」、「即」、「非」等。判斷句的斷語通常
是名詞（或名詞性單位）或代詞。

基本的句型是：主語 ＋ 繫詞 ＋ 斷語

例如：「交友是一件有益的事。」（林良〈父親的信〉
第一冊）

「你的書不是我的書。」（劉墉〈你自己決定
吧〉 第二冊）

「懷疑與好奇為科學之母。」（劉真〈論讀書〉
第四冊）

「交友」、「你的書」、「懷疑與好奇」是主語，「是」、
「不是」、「為」是繫詞，「一件有益的事」、「我的書」、
「科學之母」是斷語。

不過文言判斷句，表示肯定的繫詞如「乃」、「為」等，
往往不出現，像：

「法者，天子所與天下公共也。」（司馬遷〈張釋
之執法〉 第三冊）

「弈秋，通國之善弈者也。」（《孟子選》 第三
冊）

「法」、「弈秋」是主語，「天子所與天下公共」、「通國
之善弈者」是斷語。（例子裡「法者」的「者」，和兩個
句末的「也」都是助詞。「法者」的「者」表示句中停
頓的語氣；句末的兩個「也」字都表示句子完結的語
氣。）這樣句型就只有：主語 ＋ 斷語[21]

茲將二者差異比較如下：

1.說明更加完善、周全。

新版《國中國文》在舊版《國中國文》的基礎上，更進一步的討論到「文言判斷句」的情況，並提出基本句型以做為規範，使學生可以經由本句型的學習了解到一些古今句型的差異，對於學生學習文言文有正面的效果。

2.改「謂語」為「斷語」。

舊版《國中國文》在表態句的介紹中已經談過提到謂語的功能是：「用來描述主語的性質或狀態的詞語」、「通常是形容詞或形容詞化的動詞」。如果在判斷句中沿用相同的術語，卻賦予不同的內涵與外延，這會造成學生的無所適從，進而造成誤判。因此，新版《國中國文》將「謂語」改為「斷語」的作法，顯得正確而有意義。

3.對於「斷語」（謂語）的功能詞性說法不同。

舊版《國中國文》認為「謂語一定是名詞或代詞」，這種說法一旦遇到附加成分多一點的謂語，或者是以短語充當謂語的情況時，就會讓學生無所依循，如果又遇到繫詞省略的現象時，學生只好乾脆一律以表態句視之。針對這點，新版《國中國文》將之調整為：「判斷句的斷語通常是名詞（或名詞性單位）或代詞」，用「名詞性單位」這個說法來救濟舊版《國中國文》的不足，是恰當之舉。

第二節　高中教學語法體系

高中教學語法體系現有版本有：

國立編譯館版《文法與修辭》上冊、大同版《文法與修辭》

上冊、三民版《文法與修辭》上冊、翰林版《文法與修辭》上冊
等。

《高級中學選修科目文法與修辭課程標準》[22]中對於高中文
法的教材內容作了如下的規定：

> 文法
> ㈠詞之構成與詞類區分。
> ㈡詞語之結構與活用。
> ㈢單、複句之結構與活用。

這段文字有兩點啟示：

第一，「詞」、「詞語結構」以及「句子」是高中語法教學
的主要核心。

第二，其最終目的是要達到「活用」的理想。

由此可見，高中語法教學的內容明顯的比起國中語法教學要
來的複雜許多，因此，高中的語法教材不再附錄於課本的語文常
識中，而另與修辭學結合成為一門獨立的課程，目前各校大多在
高三上學期進行教學。茲將四家版本異同討論如下：

一、四家版本在編輯上的共同點：

（一）皆依據教育部所公佈的《課程標準》修正或編輯而
成。由詞而詞語結構而句子，循序漸進，依次討論。

（二）皆採取先定義，後舉例說明，再輔之以題目做練習及
討論，屬於傳統式的教學方法。

（三）皆能配合各家本所選的範文以作為採證、取例、說明

的對象，照顧到學生的學習。

（四）對於「文法」與「語法」此一名稱，都採取比較寬鬆的態度，咸認為「稱為文法也好，稱為語法也好，都是指語文中用詞造句的條理、規律。」[23]

（五）章節的安排。大致相同，僅在切分點上有些許的差異。以下依其出版先後列表說明：

國立編譯館版	大同版	三民版	翰林版
【導言】 第一節 語言與語言學 第二節 語法與文法	【導論】 第一節 語言與語言學 第二節 文法學和文法學研究的範圍	【導言】 第一節 文法與語法 第二節 中文文法的特色 第三節 如何有效的學習國文的文法	【緒論】 第一節 語言、文法與修辭 第二節 文法與語法 第三節 古代文法與現代文法 第四節 文法單位
【詞和詞語結構】 第一節 字、詞、複詞 第二節 詞類的區分 第三節 詞語結構	【詞和結構】 第一節 字、詞、複詞 第二節 詞類的區分 第三節 結構	【字、詞與詞語結構】 第一節 「字」與「詞」 第二節 單詞與複詞 第三節 詞類的區分 第四節 詞類的活用 第五節 詞語的結構	【語素】 第一節 語素是什麼 第二節 語素的種類
【句子的成分】 第一節 基本成分 第二節 補加成分 第三節 特殊成分	【句子的成分】 第一節 句子的基本成分 第二節 附加成分與補	【句子的成分】 第一節 句子的基本成分 第二節 句子的加補成	【詞】 第一節 詞是什麼 第二節 字、語素語詞的關係

	充成分 第三節 句子的特殊成分	分 第三節 句子的特殊成分	第三節 詞的結構 第四節 詞的種類 第五節 實詞 第六節 虛詞
【單句的結構】 第一節 普通句 第二節 兼語句 第三節 倒裝句 第四節 包孕句 第五節 簡略句	【單句】 第一節 單句的普通式 第二節 兼語式 第三節 包孕式 第四節 句子的語序變化 第五節 省略句、無主語句、獨詞句	【單句的結構】 第一節 普通句 第二節 兼語句 第三節 包孕句 第四節 特殊的句式	【短語】 第一節 短語是什麼 第二節 短語的種類
【複句的結構】 第一節 聯合複句 第二節 主從複句	【複句】 第一節 聯合複句 第二節 主從複句	【複句的結構】 第一節 並列式複句 第二節 主從式複句	【句子】 第一節 句子是什麼 第二節 句子的一般成分 第三節 句子的特殊成分 第四節 單句 第五節 複句
		【語句的文法分析】 第一節 語句分析的功用與方式 第二節 語句分析的實例	

　　從實質內容來看，四家版本並沒有逾越《課程標準》所做的規範，但是若從發展的角度來看，則有兩點突破：

　　1.《三民版》在既有的基礎上，在第一章導言中特別針對文法的學習與應用提出了建議，並在第六章對於語句的分析做了規範。

　　2.《翰林版》擺脫了既有的看法，結合大陸語法學界的觀點，在「字」與「詞」之間切分出「語素」的概念，並且將沿用已久的「詞語結構」的名稱改為「短語」，其改變幅度是四家版本中最大的。

二、四家版本對於各級語法單位的看法

（一）詞

　　詞是構成詞語結構（短語）或句子的語法單位。歷來對於詞的看法有不少歧異，主要有以下三點：

　　1.字、語素、詞

　　在台灣的中學教學語法體系中，向來只對「字」與「詞」做區分。主要的看法以《國立編譯館版》為代表：

> 字跟詞是有區分的。中國語文每一字代表一個音節，通常也有某些意義。在這種情形下，一個字同時也是一個詞。但是，有時一個字雖有一個音，卻不能表示意義。例如單一個「葡」字或「萄」字，沒有意義，不能算詞；必須合成「葡萄」這個複詞，成為一種水果的名稱，才算是「詞」。……所以，字不一定成詞，因為有

些字不能單獨表義；詞也不一定是一個字，因為有些詞由好幾個字構成。而單音詞，雖然是詞也是字，但在文法中，仍舊要叫詞而不叫字。[24]

這種說法為《大同版》、《三民版》所沿用，它的優點是學生不必再學另一種術語，在學習上比較輕鬆；但此舉也有缺點，那就是無法邏輯地解釋「構詞」的問題。比如說：「火車」這是一個雙音節的詞，它是由「火」這個詞與「車」這個詞所構成，「火」對「車」做修飾、限制。在以上這個描述過程中，「火車」既是一個詞，卻又能被切割成兩個詞，這在邏輯上便產生了問題，「詞」在語句中的身份究竟為何？如果說它是最小單位，為何它又能被切分？如果它真的能被切分，那麼它與「詞語結構（短語）」又有何不同？

加入「語素」這個層級可以解決這個問題。我們把「字、語素、詞」三者關係重新界定如下：「字」代表音節，由「字」組成「語素」，再由「語素」組成「詞」。「語素」是構詞單位，是最小的語言單位，不能再切分成更小的單位。「詞」是造句單位，所以「詞」是比「語素」大的語法單位。

這種複雜多樣的關係，《翰林版》舉實例作了如下的表列說明[25]：

書寫單位	字		葡	萄	火	車	直	昇	機
文法單位	語素	風	葡	萄			直	昇	機
	詞		葡	萄	火	車	直	昇	機

　　從表中可以看出，一個字有時紀錄的是一個語素，同時也是一個詞，例如「風」；有時一個字既不是一個語素，也不是一個詞，例如「葡」、「萄」；有時一個字是一個語素，但不是一個詞，例如「火」、「車」。「直昇機」是三個字形成兩個語素，組成一個詞；「火車」是兩個字形成兩個語素，組成一個詞；「葡萄」是兩個字形成一個語素，組成一個詞；「風」是一個字形成一個語素，組成一個詞。

2.構詞法的認定

　　四家版本對於複詞構成的說明，也存在著差異，先列表如下：

國立編譯館版	大同版	三民版	翰林版
【衍聲複詞】 一、雙音節衍聲複詞 二、疊字衍聲複詞 三、帶詞綴的衍聲複詞	【衍聲複詞】 一、雙音節衍聲複詞 二、疊字衍聲複詞 三、帶詞綴的衍聲複詞	【衍聲複詞】 一、雙音節式 二、疊字式 三、帶詞綴式	【單純詞】 一、單音節單純詞 二、雙音節單純詞 三、多音節單純詞 四、重疊式 五、附加式
【合義複詞】 一、並列式合義複詞 二、主從式合義複詞 三、造句式合義複詞	【合義複詞】 一、並列式合義複詞 二、主從式合義複詞 三、造句式合義複詞	【合義複詞】 一、並列式 二、主從式 三、造句式	【合成詞】 一、聯合式 二、主從式 三、動賓式 四、主謂式
	【音譯複詞】	【特殊複詞】	

　　針對表中所出現的差異，作以下三點說明：

　　首先，既然是討論「詞的構成」方式，那麼就應該只注意語素與語素間的結構關係，而不應有其它的分類標準，任意切分。比如說，《大同版》在「衍聲複詞」、「合義複詞」之外，又另分出的「音譯複詞」。就《大同版》對於「音譯複詞」的說明[26]，實在找不出有何值得另歸為一類的獨特性存在；筆者認為「音譯複詞」就是指外來語中的純譯音詞，它和「衍聲複詞」一樣，都是一種標音的關係，字形都是多樣可變的，比如說 "coffee" 既可以寫為「咖啡」，也可以寫成「珈琲」。從這兩點來判斷，「音譯複詞」中的純譯音詞，應該歸入「衍聲複詞」中比較合宜。

　　另外，在《三民版》的「特殊複詞」中，討論到「專名複詞」與「書名複詞」，認為二者有一定的獨特性，所以歸在「特殊複詞」中。筆者認為這也是犯了不當切分的毛病，比如說「中華民國」這是合義複詞，簡稱為「中國」還是合義複詞；「莎士比亞」是外來語中「音譯複詞」，可以歸入衍聲複詞中，如果簡稱為「莎翁」則是合義複詞。因此，我們認為「特殊複詞」這種說法實在不足以單獨成為一類，把它歸入「合義複詞」中即可。

　　《翰林版》則先從詞中語素的多寡分成「單純詞」和「合成詞」，其中雙音節單純詞、多音節單純詞、重疊式、附加式就是傳統的「衍聲複詞」；聯合式、主從式、動賓式、主謂式就是傳統的「合義複詞」。

　　筆者認為有關於「詞的構成」方式的討論，是為了說明「詞語結構」的方式作準備，太多細膩的分析並不妥當。學生只要能了解詞的功能與意義，便能據之分析句子，在教學上實無必要刻

意去強調。

　　3.詞類的區分

　　詞類是詞的語法分類，一般是按照詞的語法功能和詞彙意義
進行分類。

　　語法功能是指詞的組合能力，包括：是否能與其他詞類組
合，組合時的位置是前還是後，能組成何種結構（短語）；能否
充當句子的結構，充當句子成分時主要視作什麼成分。

　　詞彙意義則是指這一類詞的抽象意義，如：天、地、山、
水、人表示事物的名稱，美、醜、胖、瘦、高表示事物的性狀，
吃、喝、跑、跳、碰表示事物的行為動作。

　　一般而言，依據語法功能和詞彙意義，詞可分為「實詞」與
「虛詞」，四家版本亦然。見下表：

國立編譯館版	大同版	三民版	翰林版
【實詞】	【實詞】	【實詞】	【實詞】
一、名詞	一、名詞	一、名詞	一、名詞
二、動詞	二、動詞	二、動詞	二、動詞
三、形容詞	三、形容詞	三、形容詞	三、形容詞
四、數量詞	四、副詞	四、副詞	四、副詞
五、副詞	五、數量詞	五、數詞與量詞	五、代詞
六、稱代詞	六、代詞	六、代詞	六、數詞
			七、量詞
【虛詞】	【虛詞】	【虛詞】	【虛詞】
一、介詞	一、介詞	一、介詞	一、介詞
二、連詞	二、連詞	二、連詞	二、連詞
三、助詞	三、助詞	三、助詞	三、助詞
四、嘆詞	四、嘆詞	四、歎詞	四、嘆詞
			五、象聲詞

　　傳統的看法是把表現聲音的詞放在形容詞中，因為聲音就像其他的感官的感覺一樣，如果「酸」、「甜」、「香」、「臭」、「冷」、「熱」是形容詞，聲音詞應該也是形容詞；而《翰林版》則特別提出「象聲詞」，將之列在虛詞中，是比較特殊的現象，不過為何如此區分，《翰林版》並未多作說明[27]。

（二）詞語結構（短語）

　　詞語結構（短語）是由詞與詞組合而成，在語法層級上比詞高一級。詞語結構（短語）可以充當句子的成分，如果加上語調、語氣就可以構成句子。在國中的語法教學體系中，詞語結構（短語）是被刻意忽視的一層語言單位。

　　而高中四家版本對於詞語結構（短語）的介紹相當分歧，不僅在分類上，連術語也有很大的不同，列表如下：

國立編譯館版	大同版	三民版	翰林版
【並列結構】	【並列結構】	【並列結構】	【依結構分類】
一、名詞與名詞並列	一、名詞與名詞	一、運用連詞連接	一、聯合短語
二、動詞與動詞並列	二、動詞與動詞並列	二、沒有運用連詞連接	二、主從短語
三、形容詞與形容詞並列	三、形容詞與形容詞並列		1. 定中短語
			2. 狀中短語
四、稱代詞與稱代詞的並列	四、代詞與代詞並列		3. 中補短語
			三、述賓短語
【主從結構】	【主從結構】	【主從結構】	四、介賓短語
甲、<u>先從後主的主從結構</u>	一、形容詞附加語＋端語	一、領屬性質加語＋結構助詞＋端語	五、主謂短語
			六、主從式主謂短語
一、形容詞附加語＋端語	二、領屬性附加語＋端語	二、形容詞質加語＋結構助詞＋端語	七、複主謂短語
			八、同位短語

二、領屬性附加語＋端語 三、副詞附加語＋端語 乙、<u>先主後從的主從結構</u> 一、端語＋補語	三、同一性附加語＋端語	三、修飾性質加語＋端語 四、端語＋補足語	九、兼語短語 【依功能分類】 一、名詞短語 二、動詞短語 三、形容詞短語
【造句結構】 一、主謂結構 二、述賓結構 三、主從式造句結構	【造句結構】 一、主謂式造句結構 二、謂語式造句結構 　1.述賓式 　2.補充式 　3.狀心式 三、主從式造句結構 四、複合式造句結構	【造句結構】 一、主謂式造句結構 二、謂語式造句結構 三、主從式造句結構 四、複合式造句結構	

　　從以上表格來看，四家版本有幾點異同：

　　1.並列結構方面，四家版本依序由繁瑣的敘述、分類，走向簡單，這點值得肯定，因為並列結構已經夠簡單，實在無須做過多的說明。

　　2.主從結構與造句結構方面。首先，《大同版》將《國立編譯館版》的「副詞附加語＋端語」及「先主後從的主從結構」改移至造句結構的「謂語式造句結構」中，並改稱為「狀心式」與「補充式」。其次，《大同版》提出了「同一性附加語＋端語」的說法，在《翰林版》中則稱為「同位短語」，而其他兩家並沒有對此提出說明。另外，《三民版》，則提出了「修飾性質加語＋端語」以及「端語＋補足語」的說法，這就是《大同版》的

「狀心式」及「補充式」，因此在《三民版》造句結構的「謂語式造句結構」中僅提出「述語＋賓語」的說法。

3.《翰林版》後出轉精，另外又提出了「介賓短語」、「兼語短語」。「介賓短語」在句中時常看見，確實有一提的必要。至於「兼語短語」，筆者認為只要在兼語句中交代清楚即可，以避免學生混淆。

詞語結構（短語）在句中的價值跟詞是一樣的。不同的詞類可以在句中擔任什麼成分，是由詞類的功能決定的，至於詞的構成方式如何，已屬旁枝末節的事。詞語結構（短語）也是相同的道理，因為任何一個詞語結構（短語）在句中究竟以什麼角色出現，充當什麼成分，才是學生學習辨識的重點。至於該詞語結構（短語）的構成方式，充其量只是作為判斷該詞語結構（短語）的手段，也就是說，學習詞語結構（短語）的構成方式，只是為了方便判斷該詞語結構（短語）的中心語，只要中心語確定清楚了，該詞語結構（短語）的功能也就確定了。因此，對於詞語結構（短語）的構成方式的分析討論必須有所節制，該介紹的就介紹，不須介紹的絕不多說，萬不能為學理上的分析而分析，這樣就失去了教學語法的真正意義。

（三）句子的成分

句子是由詞與詞語結構（短語）加上語調、語氣所構成。一般而言，句子的成分有基本成分與特殊成分兩大類，其中基本成分包含構句的主體成分以及對於構句主體成分作修飾的修飾成分。

四家版本對於「句子的成分」的分派如下：

國立編譯館版	大同版	三民版	翰林版
【基本成分】	【句子的基本成分】	【句子的基本成分】	【句子的一般成分】
一、主語	一、主語	一、主語	一、主語、謂語
二、謂語	二、謂語	二、謂語	二、述語、賓語
1. 表語	1. 述語	1. 謂語＝述語＋	三、狀語、定語、補
2. 述語	2. 賓語	賓語	語、中心語
3. 賓語	3. 表語	2. 謂語＝「有」	
4. 繫語和準繫語	4. 繫語和準繫語	或「無」＋賓	
5. 斷語	5. 斷語	語	
		3. 謂語＝表語	
		4. 謂語＝繫語＋	
		斷語	
		5. 謂語＝準繫語	
		＋斷語	
【補加成分】	【附加成分】	【加補成分】	
一、形容詞附加語	一、形容性	一、形容附加語	
二、副詞附加語	二、副詞性	二、副詞附加語	
三、補語	【補充成分】	三、補足語	
四、副賓語	【介賓結構】	四、介詞＋副賓語	
【特殊成分】	【句子特殊成分】	【句子特殊成分】	【句子特殊成分】
一、複語	【外位成分】	一、複語	一、獨立語
二、兼語	【兼語】	二、兼語	二、兼語
三、獨語	【獨立成分】	三、獨語	三、外位語

在成分的派分上，各家的看法大多數相同，只是名稱表達上的不同。說明如下：

1.在對於謂語的詮釋上，呈現兩種不同的觀點。其中《國立編譯館版》、《大同版》、《三民版》均按照傳統簡單句分類，說明謂語可能的構成方式，三家版本中又以《三民版》的介紹最為仔細。《翰林版》則對謂語不再做分類，只是在舉例時注意到這個現象，這種作法避免了繁瑣，有其方便性。以上兩種不同的觀點孰是孰非，很難有定論，如《三民版》做了詳盡的說明，讓整個體系照顧得相當完整，而《翰林版》的刻意避免，卻也使得體系的說明更加扼要精緻。

2.在對於構句主體成分的修飾成分的說明上，《國立編譯館版》、《大同版》、《三民版》三家的介紹相當一致，但以《翰林版》的介紹最為清晰。因為既然是對於句子的成分做介紹，就應該避免使用詞類範疇的名稱；也就是說，在用語上應該與屬於詞類範疇的名稱產生區隔，以避免瓜葛及混淆。我們認為用「狀語」、「定語」、「補語」及中心語是很恰當的，一來可以清楚分辨出附加成分的功能歸屬，二來體系間層次分明。而《國立編譯館版》、《大同版》、《三民版》三家版本仍部分沿用詞類範疇的名稱，體系上便顯的較為混亂。

3.《翰林版》對於介賓結構（短語）並沒有介紹，這一點是它與其他三家間最大的不同，原因可能是介賓結構在「詞與結構（短語）」部分已經介紹過了。如果從課文所舉的例子來觀察，《翰林版》把介賓結構（短語）視為補語之一。說法如下：

①汝生於浙而葬於斯。（袁枚〈祭妹文〉）

名詞「浙」和代詞「斯」都先和介詞「於」組成介賓短
語，分別當以動詞「生」和「葬」為中心語的補語。
②我怎麼坐在這裡？（吳敬梓〈范進中舉〉）
代詞「這裡」先和介詞「在」組成介賓短語，當以動詞
「坐」為中心語的補語。[28]

　　這種看法似乎言之成理，其實有其不嚴密之處，如果說介賓
結構（短語）可以是為補語來理解，那麼有更多的例子告訴我
們，介賓結構（短語）也可以充當狀語，以修飾後方的中心語，
如：

　　③艾咪比小強胖的多。
　　④艾咪到美國遊學一個月。

　　③、④二句中的「比小強」、「到美國」皆為介賓結構（短
語），充當狀語修飾其後方的中心語「胖」與「遊學」。因此，
我們認為不把介賓結構（短語）提出討論是可以的，但是不僅在
補語的例子中應該提到，在狀語的例子中也應該提到，才顯得完
善。
　　4.在特殊成分方面，四家版本的說法大同小異。比較特別的
是《翰林版》的「獨立語」部分，它在「呼語」、「應語」、
「感嘆語」外，又加入了「插入語」及「象聲詞」。

　　從以上的討論，對於「句子的成分」，我們獲得下列結論：
　　1.句子的成分分為兩類：一般成分與特殊成分。

2.一般成分又分為：基本成分與修飾成分。

3.基本成分包括：主語、謂語（有時帶賓語）。

4.修飾成分包括：定語、狀語、補語。被修飾成分稱為中心語。

5.特殊成分包括：複語、獨語、兼語。

（四）句子

句子是語言的使用單位。

從結構來看，句子是由詞或詞語結構所構成；從語音來看，句子帶有一定的語調、語氣；從語意來看，句子能夠表達一個相對完整的意義；從語用來看，句子是人際間溝通了解的語言使用單位。

由此看來，句子分類的標準相當的多。一般對於句子的分類，先按結構分成單句和複句，然後再按照文句的功能、成分的有無、語序的變化、結構間的關係等等作區分說明。

1.在普通句方面，四家版本的看法相當一致。如下表：

國立編譯館版	大同版	三民版	翰林版
一、表態句	一、敘事句	一、敘事句	一、敘事句
二、敘事句	二、表態句	二、表態句	二、表態句
三、有無句	三、有無句	三、有無句	三、有無句
四、判斷句	四、判斷句	四、判斷句	四、判斷句
五、準判斷句	五、準判斷句	五、準判斷句	五、準判斷句

2.在兼語句方面，四家版本大同而小異。相同之處，是四家

都架構在普通句的基礎上進行分析；相異之處，則是彼此的分類歸屬略有不同。請看下表：

國立編譯館版	大同版	三民版	翰林版
【致使句】 一、兼語下帶表態結構 二、兼語下帶敘事結構 三、兼語下帶有無結構 四、兼語下帶準判斷結構	【致使句兼語式】 一、兼語後帶敘事句型式的謂語結構 二、兼語後帶有無形式的謂語結構 三、兼語後帶表態形式的謂語結構 四、兼語後帶準判斷句形式的謂語結構	【致使句】 一、主語＋述語＋兼語＋述語＋賓語	【致使句】
【意謂句】 一、兼語下帶判斷結構 二、意謂動詞下帶表態句作賓語 三、意謂動詞下帶敘事句作賓語	【意謂句兼語式】 一、兼語後帶判斷句形式的謂語結構 二、兼語後帶準判斷句形式的謂語結構	【意謂句】 二、主語＋述語＋兼語＋繫語＋斷語 三、主語＋述語＋兼語＋準繫語＋斷語	【意謂句】
	【有無句兼語式】 一、兼語後帶敘事句形式的謂語結構 二、兼語後帶表態句形式的謂語結構 三、兼語後帶判斷句形式的謂語結構 四、兼語後帶準判斷句形式的謂語結構	【有字句】[29] 四、主語＋有＋兼語＋準繫語＋斷語 五、主語＋有＋兼語＋表語 六、主語＋有＋謂語（兼語＋準繫語＋斷語）	【有字句】

除《翰林版》外，其他三家版本均對各種句型進行了分類的介紹，條舉目張，煞有其事，看來頗有架勢。但是一眼看去，整個體系顯的相當的蕪雜，致使學生在學習上相當的吃力。

兼語的特色，表現在做為前面的述賓結構的賓語，同時也兼任了後方主謂結構的主語的雙重功能之上。至於將後方的主謂結構的謂語成分再區分成敘事句形式、表態句形式、有無句形式、判斷句形式、準判斷句形式的分類，實屬多餘。因為，兼語句的重心是在對於兼語的判別認知之上，並不在於後方謂語成分是何種句型的了解。這種分類反而使學生忽略了兼語的主要特色，而去注意在次要的地方，便成了捨本逐末的設計。

所以，筆者認為對於兼語句的介紹應該扼要，在提出兼語句的基本句型及定義之後，略分致使句、意謂句及有字句，以清晰具體的例子來做說明，使學生能清晰了解到兼語的特色即可。

3.在倒裝句方面，四家版本對於名稱有不同的看法。四家版本中，《國立編譯館版》、《三民版》、《翰林版》稱為「倒裝句」，《大同版》則稱為「句子的語序變化」。

如果說抓住古今語序的不同，而判斷古代的語序為倒裝，這是一種「以今非古」的謬誤；因為，倘若站在古代的角度來看，今日的語序相對的也是一種倒裝。因此，討論「倒裝」宜應嚴格區分，如果是指語序的差異，當然可以將古代文言文系統拿來做比較；但如果是指寫作時為了突出主題焦點的語序調整，那又屬於修辭學的範疇。可見用「倒裝句」這個名稱來規範語序間的差異現象並不妥當，應該改稱為「語序的變化」比較恰當。

另外，在分類介紹上，四家版本略有不同。茲列表說明如下：

國立編譯館版	大同版	三民版	翰林版
【表態句的倒裝】 一、謂語（表語）－主語	【敘事句的語序變化】 一、主語＋賓語＋述語 二、賓語＋主語＋述語 三、被動式	【古文的倒裝】[30] 一、賓語＋實、是（倒裝助詞）＋述語 二、賓語＋之（倒裝助詞）＋述語	一、謂語前置 二、賓語前置 三、定語後置 四、狀語後置
【敘事句的倒裝】 一、主語－賓語－述語 二、賓語－主語－述語 三、被動式	【有無句的語序變化】 一、主語＋賓語＋述語 二、賓語＋主語＋述語	三、否定性質詞語（莫、不、未）＋賓語＋述語	
【有無句的倒裝】 一、主語－賓語－述語 二、賓語－主語－述語	【表態句的語序變化】 一、謂語（表語）＋主語	四、疑問性質的賓語（誰、何）＋述語（或副賓語＋介詞）	
【判斷句的倒裝】 一、繫語－斷語－主語 二、主語－斷語－繫語	【判斷句的語序變化】 一、（繫語）＋斷語＋主語 二、主語＋斷語＋繫語	五、疑問性質的斷語（焉、何）＋準繫語	
【準判斷句的倒裝】 一、主語－斷語－準繫語 二、準繫語－斷語－主語 三、斷語－主語－準繫語	【準判斷句的語序變化】 一、主語＋斷語＋準繫語 二、準繫語＋斷語＋主語	六、疑問性質的副賓語＋介詞 七、「把」字式：主語＋把＋賓語＋述語	

　　從以上四家版本對於「倒裝句」的介紹中，我們可以發現三種不同的切入觀點：《國立編譯館版》、《大同版》從普通句的句型分類切入；《三民版》從古今行文上的語序差異切入；《翰林版》則討論語序變置的現象。討論如下：

　　首先，筆者認為，《國立編譯館版》、《大同版》從既有普通句型上來討論倒裝句的分類，固然有其延續性及條理性，然而在事實上並不妥適。因為，所謂的倒裝，是指句子中語序組裝的先後變化，並非句型之間的變化。不同的句型之間往往存有相同的語序變化現象，例如：

　　　　⑤這東西，艾咪已經吃過了。
　　　　⑥這東西，艾咪已經有了。

　　⑤為敘事句型，⑥為有無句型，但卻都是賓語的前置現象所造成的語序變化；換言之，句型間的差異並非判別語序變化的主要關鍵。因此，我們實不必在去區分前者為敘事句的倒裝（語序變化），後者為有無句的倒裝（語序變化）。

　　其次，《三民版》純從古今語序上的差異來觀察倒裝現象也是不妥的。學習語法自然就應具備判別語序變化的能力，不管是古代的語言或者是現代的語言，只要出現了語序上的變異便是「語序變化」，它不應該有古今上的差異。況且，所謂古代的語言現象，雖然大多已不復見於今日的語言中，然亦偶有殘存的現象，至今我們仍不自覺得繼續使用中，如：以「自」所組成的詞語結構（短語）「自問」、「自殺」，分別是「問自己」、「殺自己」。但當我們今日使用「自問」、「自殺」這兩個詞彙時，絕不會意識到二者是倒裝（語序變化）。又如：

　　　　⑦甚矣！汝之不慧。（列子〈愚公移山〉）
　　　　⑧靜寂了，這朝來水溶溶的大道。（徐志摩〈我所知道

的康橋〉）

　　⑦、⑧一文一白，一古一今，但都是謂語的提前。像以上這些現象仍應視為「語序的變化」才屬合理。

　　《翰林版》把倒裝句分為「謂語前置」、「賓語前置」、「定語後置」、「狀語後置」的說法，是四家版本中相對合理的說法。這種說法擺脫複雜的分類，純就「語序變化」的現象進行討論，讓學習變的簡單，符合了教學語法的特色。不過其中「狀語後置」有討論的必要。《翰林版》對於「狀語後置」的說法如下：

> 狀語後置：這是指狀語放在所修飾或限制的中心語後面的現象。
> 例如：①振之以清風，照之以明月。（蘇轍〈黃州快哉亭記〉）
> 　　　介賓短語「以清風」和「以明月」都是狀語後置，原來應該分別在中心語「振」和「照」的前面。
> 　　　②不過生活在這世界上，一年比一年忙碌，是千真萬確的。（吳魯芹〈我和書〉）
> 　　　「在這個世界上」是狀語後置，原本應該在中心語「生活」的前面。[31]

　　①、②所舉的例子都是「介賓短語」，而「介賓短語」的功能在句中「主要是擔任狀語與補語，也可以做定語與賓語」[32]，

因此，《翰林版》將作為「補語」的現象說成「狀語後置」是不妥的。況且從說話的重心來看，「生活在這個世界上」和「在這個世界上生活」重心分別是「在這個世界上」（不在別的地方）和「生活」（不是鬼混），二者間確實有所不同。可見，當一個詞語作為「狀語」或「補語」來使用，仍有其語意上的考量，並不能簡單的任意調動位置。

4.包孕句的問題和倒裝句一樣，也有分類上的問題。

國立編譯館版	大同版	三民版	翰林版
一、表態包孕句	一、敘事包孕句	一、敘事包孕句	一、名詞性子句
二、敘事包孕句	二、表態包孕句	二、表態包孕句	二、形容詞性子句
三、有無包孕句	三、有無包孕句	三、有無包孕句	三、副詞性子句
四、判斷包孕句	四、判斷包孕句	四、判斷包孕句	
五、準判斷包孕句	五、準判斷包孕句	五、準判斷包孕句	

所謂包孕句，是指句子中的一些基本成分出現了造句結構，呈現出句中有句的現象。雖然如此，該造句結構仍應屬於母句的一個構成成分，並非獨立的分句，所以說包孕句仍屬於單句。

既然包孕句仍屬於單句，那麼單句的五種基本句型，自然也都會出現包孕句的現象；換言之，包孕句間的歧異點，並不在句式的種類上，而應該是造句結構所出現的位置及功能之上。如果說造句結構出現在主語或賓語，那麼它便具有名詞性的功能；如果說造句結構出現在定語或狀語的位置，那麼它便具有形容詞性的功能或副詞性的功能。這樣子的分類，學生的學習起來才能輕鬆，在辨識上分析起來也顯得有效率，是比較可行的辦法。

5.在特殊的句式上，四家版本相當一致，皆對於「省略句」、「無主句」、「獨語句」提出了討論，見解大致相符。另外，《翰林版》還提出了「雙賓句」以及「連謂句」的說法，在整體的照顧上顯得比較完善。不過若是從學生的學習上來看，「雙賓句」可以在敘事句討論賓語現象時提出，「連謂句」可以在敘事句討論述語的時候提出，如此一來，學生可以避免不斷學習新的術語的問題，這樣才符合教學語法的要求。

6.在複句方面，四家版本大致相同，皆依「聯合複句」、「主從複句」兩個角度來分類，先列表如下：

國立編譯館版	大同版	三民版	翰林版
【聯合複句】	【聯合複句】	【並列式複句】	【聯合複句】
一、順接關係	一、順承關係	一、承接複句	一、並列複句
二、遞進關係	二、遞進關係	二、遞進複句	二、承接複句
三、轉折關係	三、選擇關係	三、平行複句	三、遞進複句
四、平行關係	四、並列關係	四、補充複句	四、選擇複句
五、補充關係	五、補充關係	五、反正複句	五、解說複句
六、正反關係	六、總分關係	六、轉折複句	
七、選擇關係		七、選擇複句	
【主從複句】	【主從複句】	【主從式複句】	【主從複句】
一、時間關係	一、因果關係	一、比較複句	一、因果複句
二、因果關係	二、轉折關係	二、時間複句	二、轉折複句
三、假設關係	三、條件關係	三、因果複句	三、假設複句
四、條件關係	四、假設關係	四、假設複句	四、條件複句
五、比較關係	五、擒縱關係	五、條件複句	五、目的複句
六、擒縱關係	六、時間關係	六、擒縱複句	

在切分上，四家版本同中有異，先略加整理說明。

（1）四家皆採用了「順接（順承、承接）關係」、「遞進關係」、「轉折關係」、「平行（並列）關係」、「補充（解說）關係」、「選擇關係」、「因果關係」、「假設關係」、「條件關係」等說法，差異不大。

（2）《國立編譯館版》、《大同版》、《三民版》特別提出了「時間關係」與「擒縱關係」關係，《翰林版》則無。

（3）《國立編譯館版》、《三民版》特別提出了「正反關係」與「比較關係」關係，《大同版》、《翰林版》則無此說。

（4）《大同版》則獨樹一幟的提出「總分關係」，其他三家則置於「補充關係」之中。

從以上的說明可知複句分析的複雜性。複句的分析與單句的分析不同，單句的分析主要是看詞（或詞語結構）與詞（或詞語結構）的搭配情形，只要將單句的內在結構分析清楚了，不管句子多長，一定可以看出單句的類型。複句則不然，它是由兩個或幾個分句所構成的句子。單句是構成複句的基礎，複句一旦形成之後，單句便不再具有獨立性，而成為組成複句的一個一個的分句。分句與分句之間除了有意義的銜接外，還有結構上的連接關係，所以複句的分類比起單句更加複雜。

歷來對於複句的分類，大致上有三種看法[33]：

第一種看法，是認為複句間並不須區分大類。理由是有些複句現象確實難以分析，比如說像轉折關係，《國立編譯館版》、《三民版》、《翰林版》三家皆認定為聯合複句（並列式複句），而《大同版》則認定為主從複句。另一個理由是當必須具體分析複句或者修改病句時並不需區分大類，在實際操作上都

是直接從並列、因果、假設……等小類著手，區分大類純粹是學術的看法，對於學生的學習只是徒增困擾。

第二種看法，是依據意義標準將複句區分成兩大類。這種看法在教學語法體系中最為常見，一般都區分為聯合複句與主從（偏正）複句兩種。其理由是認為複句的分析也像結構（短語）或單句般具有一定的層次，在第一層的切分上先區分出聯合複句或主從複句的不同，對於第二層、第三層的切分有很大的助益，可以讓複句內分句的關係更加的清楚、易懂。

第三種看法，是在既有的複句中切分出轉折複句，使複句的分類成為三類。這種看法以邢福義最具代表性，他所採用的是並列概念的分類法，說法如下：

> 給事物分類，A 和非 A 的分法和 A、B、C 的分法都是允許的。A 和非 A 分類法是矛盾概念分類法，A 本身有明顯的內涵，非 A 是否定概念，它的內涵要依賴於 A，即以否定 A 的內涵為內涵，它本身沒有肯定的內涵。A、B、C 的分類法是並列概念分類法，A、B 和 C 都各有自己的明確肯定的內涵。……把複句劃分為因果類、並列類、轉折類三大塊，這意味著其中任何一大塊都同其他兩大塊相對立。[34]

以上三種看法中，依據意義標準將複句的第一層劃分成聯合、主從（偏正）兩種關係的說法，已經為教學語法所接受。因為在複句中確實存在著聯合與主從（偏正）複句的不同，無論是從意義上，還是從結構上，都能找到區分二者的機制。比如說，

依據結構標準來區分，凡是複句中的分句間的關係可以延長的就是聯合複句，凡是複句中的分句間的結構關係不能延長的就是主從（偏正）複句[35]。例如：

①或者小強去，或者艾咪去。
②或者小強去，或者艾咪去，或者老張去。
③或者小強去，或者艾咪去，或者老張去，或者我們都去。

　　例①是基本句型，「或者……或者……」表示選擇關係，在第一層的切分上屬於聯合關係的複句。例②又比例①多了一個分句，仍然維持選擇關係，其原有的關係延長了。例③又比例②增加了一個分句，其原有的選擇關係不變，繼續延長。從理論上說，聯合關係所構成的複句可以不斷的增加分句，其既有的關係可以隨之不斷的延長。其第一層的切分關係如下：

①或者小強去｜或者艾咪去。（｜ 表第一層切分符號，下同。）
②或者小強去｜或者艾咪去｜或者老張去。
③或者小強去｜或者艾咪去｜或者老張去｜或者我們都去。

　　由主從（偏正）關係所構成的複句則不然，雖然它可以增加分句，但是它的關係不會因而隨之延長。例如：

④假如小強不去，那麼就艾咪去。

⑤假如小強不去，老張也不去，那麼就艾咪去。

⑥假如小強不去，老張也不去，老王也不去，那麼就艾
咪去。

　例④是基本句型，「假如……那麼就……」表示假設關係，
在第一層的切分上屬於主從（偏正）關係的複句。例⑤又比例④
多了一個分句，不過只是句式的延長，仍維持原有的假設關係。
例⑥又比例⑤多了一個分句，句式繼續延長，原有的假設關係並
沒有延長。其第一層的切分關係如下：

④假如小強不去 | 那麼就艾咪去。（| 表第一層切分符
號，下同。）

⑤假如小強不去 ‖ 老張也不去 | 那麼就艾咪去。（‖ 表
第二層切分符號，下同。）

⑥假如小強不去 ‖ 老張也不去 ‖ 老王也不去 | 那麼就艾
咪去。

　例④到例⑥均只有在第一層切分上產生一次假設關係，屬於
偏正關係；其他延長的部分都算是第二層切分，均屬於聯合關
係。

　根據以上第一層切分關係是否能無限延長的觀點，我們將複
句劃分成「聯合複句」與「偏正複句」兩大類，如下：

聯　合　複　句	偏　正　複　句[36]
一、並列複句	一、因果複句
二、遞進複句	二、轉折複句
三、選擇複句	三、假設複句
四、順接複句	四、條件複句
	五、解說複句

7.句子的分析

如果學了語法只是學會一堆名稱、術語，無法針對句子進行分析，那麼這種知識是沒有用的死知識；能夠綜合所學來分析語法現象，使學生對於語句的內涵了解地更加透徹，語法的教學才算大功告成。

在對於句子的分析上，只有《三民版》特別做了說明，其用心相當值得肯定。《三民版》的說法如下：

> 語句分析的方式有許多種，最踏實的方式即「剝洋蔥法」——由外而內，由大而小：首先，由複句而單句；接著再由單句、詞語結構進而分析至單詞的層次為止。[37]

接著，《三民版》也提出了分析的具體步驟：

> 第一、句型。
> 第二、按照層次分配句中各項成分。
> 第三、依次分析各成分的結構。[38]

《三民版》並指出語句的分析具有以下功能：

　　第一、正確了解並判斷該語句所屬句子的種類。

　　第二、詳盡了解與句中所屬成分的文法性質。

　　第三、徹頭徹尾了解各成分的結構方式。[39]

《三民版》的實際操作過程[40]如下：

　　陳之藩〈哲學家皇帝〉中的一個語句的文法分析

　　【原文】

　　富蘭克林自傳是每個人奉為圭臬的經典。

　　【文法分析】

　　富蘭克林自傳是每個人奉為圭臬的經典。──判斷句。

　　（「富蘭克林自傳」主語，「是」繫語，「每個人奉為圭

　　臬的經典。」斷語。）

　　富蘭克林自傳──書名複詞。

　　是──單詞。

　　每個人奉為圭臬（形容性質加語）的（結構助詞）經典

　　（端語）──主從結構。

　　每個人奉為圭臬──主謂式造句結構。（「每個人」主

　　語，「奉」述語，省略兼語，「為」，係準繫詞，「圭臬」

　　斷語。）

每（領屬性質加語）個人（端語）──主從結構。

每──單詞。

個（領屬性質加語）人（端語）──主從結構。

（前頭省略數詞「一」個（量詞）──數量結構。

個──單詞。人──單詞。

奉──單詞。為──單詞。圭臬──並列式合義複詞。

的──單詞。經典──並列式合義複詞。

【歸納分析的結果】

這一個語句凡十個不同的詞。單詞七個：是、每、個、人、奉、為、的；複詞三個：富蘭克林自傳、圭臬、經典。（複詞占百分之三十）[41]

以上的分析過程層次分明，相當適合教學，不過層層疊疊的交代過程，稍感沈悶，倘能在分析上，適度地利用符號法，相信會讓整個過程更加簡化扼要。

符號法的原則如下：首先，在主語和謂語之間用 ‖ 隔開二者，前面的是主語，後面的是謂語，動詞謂語句若帶有賓語則以 標誌。接著才去找定語、狀語、補語，我們用（ ）表示定語，用 [ ] 表示狀語，用〈 〉表示補語[42]。操作過程如下：

富蘭克林自傳是每個人奉為圭臬的經典。

首先，以 ‖ 區分主語、謂語，並將賓語加上 ＿＿ 的標誌。

　　富蘭克林自傳 ‖ 是每個人奉為圭臬的經典。

　　接著，作第一層的說明：「富蘭克林自傳」為主語，「是」為謂語，「每個人奉為圭臬的經典」為賓語，「是每個人奉為圭臬的經典」為述賓式動詞短語，是一個動詞謂語句。

　　其次、在各成分中找出找出定語、狀語、補語成分，並加上相應的標誌。

　　（富蘭克林）自傳 ‖ 是（每個人奉為圭臬）的經典。

　　然後，作第二層的說明：主語「富蘭克林自傳」為定心式名詞短語，「富蘭克林」為人名，屬名詞，在此作定語修飾中心語「自傳」，中心語「自傳」為定心式複詞。「每個人奉為圭臬的經典」亦為定心式短語，其中「每個人奉為圭臬」為主謂短語充當定語，修飾中心語「經典」，其後帶有結構助詞「的」。「每個人奉為圭臬」中，「每個人」為定心式名詞短語充當主語，「奉為」作謂語，為連動用法，「圭臬」為聯合式複詞充當賓語。

　　以上的分析，層次一樣分明，而且免去了多層次令人眼花撩亂的過程，使用的術語也大幅的減少，相信對於學生能夠產生更大的吸引力，以達到語法教學的效果。

第三節　幾點建議

經由以上討論，對於台灣的中學教學語法體系，有以下幾點建議：

第一，在語法層級中加入「語素」，藉以避免「複音詞」、「複詞」之間不必要的誤解，並使「詞」這個層級單純化。

第二，在「詞法」上，加強「構詞法」的介紹，建立漢語「詞」、「短語」、「句子」三個層級一致的構成法則；其次，在「詞類」的功能介紹說明上要具有區別性，並能藉以指導學生正確使用詞彙。

第三、在語法層級上，加入「短語」這個層級，並力求實用化，對於不必要以及罕用短語的介紹點到為止，不作刻意的強調。另外，在短語的分類上，力求符合語言實際，對於短語的結構分類宜扼要，但必須加強短語的功能介紹。

第四、在「單句」方面，建議刪去不必要的術語與分類，注重句子的實際現象，加強介紹句子的分析過程。另外，既然單詞、短語加上語氣後都可以成為句子，簡單句的介紹便變的不重要，所以我們認為對於簡單句的介紹可以省略，改為對於語氣的加強介紹，如此更能符合語言實際。

第五、語言的實際交際中，以「複句」的使用最頻繁，建議在中學教學語法體系中應該加入「複句」的介紹，但在分類上應力求具有規範性、務實性的分類原則，務使複句的分類簡化可行，如此對於中學生才有實際上的幫助。

1　舊版《國民中學國文教科書》，第五冊（台北：國立編譯館，1993 年 8 月，改編本三版），頁 33-37。

2　新版《國民中學國文教科書》，第四冊（台北：國立編譯館，2001 年 8 月，正式本，四版），頁 23-27。

3　同前註，頁 51-54。

4　《高級中學文法與修辭教科書》，上冊（台北：國立編譯館，1997 年 8 月，三版），頁 1-84。

5　楊如雪：《文法與修辭》，上冊（台北：大同資訊企業股份有限公司，2001 年 2 月，初版），頁 1-120。

6　何永清：《文法與修辭》，上冊（台北：三民書局，2000 年 8 月，初版），頁 1-139。

7　黃春貴：《文法與修辭》，上冊（台北：翰林出版事業股份有限公司，2002 年 8 月，初版），頁 1-115。

8　舊版《國民中學國文教科書》，第五冊，頁 34。

9　同前註，頁 33。

10　包括：新版《國中國文》、《國立編譯館版》、《大同版》、《三民版》。

11　新版《國民中學國文教師手冊》，第四冊（台北：國立編譯館，2000 年 1 月，正式本，初版），頁 79。

12　《高級中學文法與修辭教師手冊》，上冊（台北：國立編譯館，1997 年 8 月，三版），頁 26。

13　同前註，頁 35-36。

14　「大多數動詞能帶賓語，稱為及物動詞，例如『熱愛運動』、『吃飯』。不帶賓語的動詞稱為不及物動詞，例如『跳得高』、『開心地笑起

來了』。」參見徐芷儀:《兩文三語——語法系統比較》（台北:
台灣學生書局，1999 年 6 月，初版），頁 63。一般而言，動
詞的分類是就其「動作意義」所做的區分，若就動詞是否能
帶賓語而區分成「及物動詞」與「不及物動詞」，則是一種功
能性的分法，並不具有絕對性，比如說:「開心的笑起來了」
的「笑」是不及物動詞，而「笑他不成材」的「笑」字卻是
及物動詞。

15 同註 2，頁 51-52。

16 同註 1，頁 36。

17 同註 2，頁 52。

18 同註 1，頁 36。

19 同註 2，頁 52。

20 同註 1，頁 36。

21 同註 2，頁 52-53。

22 教育部高級中學課程標準編輯審查小組:《高級中學課程標準》（台
北:教育部，1996 年 6 月，初版），頁 425-430。

23 同註 7，頁 6。

24 同註 4，頁 5。

25 同註 7，頁 19。

26 《大同版》對於「音譯複詞」的說明如下:「有些詞非漢語所有，而
是由外來的語言翻譯而來。翻譯時有的採取意譯的方式，例如
"honey moon" 譯為『蜜月』，"television" 譯為『電視』，這樣翻譯
的外來語可歸為合義複詞。可是有的外來詞純粹音譯，例如
"coffee" 譯為『咖啡』，在副詞的歸類上較不好處理。所以把外來的

語言音譯而來的複音節詞，稱為音譯複詞。例如：菩薩、婆羅蜜、沙發、雷射、尼古丁、歇斯底里等都是。」參見楊如雪：《文法與修辭》，上冊（台中：大同資訊企業股份有限公司，2001 年 2 月，初版），頁 16-17。

27 王年雙教授曾經對「擬聲詞與形容詞的差異」提出以下看法：①擬聲詞只模擬聲音，不表示形狀；②擬聲詞定語與中心成分是一致的；③擬聲詞不能作中心成分；④擬聲詞不能和副詞組合。參見王年雙：《國語語法》（未刊版，1999 年版），第三章　詞類（下），頁11。

28 同註 7，頁 68。

29 《三民版》書中並沒有這個說法，但觀察四至六點的說法，應是對於「有字句」的整理分類，為了眉目清晰，特別加上。參見何永清：《文法與修辭》，上冊，頁 91。

30 《三民版》將「倒裝句」列入第四節〈特殊的句型〉中，並不依普通句句行分類，標題為自訂。參見何永清：《文法與修辭》，上冊，頁 97-100。

31 同註 7，頁 93。

32 劉蘭英、孫全洲主編：《語法與修辭》（上）（台北：新學識文教出版中心，1993 年 6 月，再版），頁 107。

33 此處參考了張先亮的看法。張先亮：《理論語法研究與比較》（浙江：教育出版社，1998 年 4 月，第一版），頁 344-345。

34 邢福義：《漢語複句研究》（北京：商務印書館，2001 年 1 月，第一版），頁 51。

35 參見張先亮：《理論語法研究與比較》，頁 347-348。

36 在此選用「偏正複句」來概括「主從複句」與「偏正複句」，理由是
「主從」的說法容易產生領屬性的聯想，而領屬性只是這類複句中
的一小部分而已。

37 同註 6，頁 128。

38 同註 6，頁 128。

39 同註 6，頁 129。

40 《三民版》中，對於語句分析，分別從「文言」、「白話」、「成語」、
「詩句」等四個角度進行，文中共分析了六個例子，相當的實用。
參見何永清：《文法與修辭》，上冊，頁 131-138。

41 同註 6，頁 134-135。

42 此處「符號法」是採用王年雙教授與大陸〈中學教學語法系統提要
（試用）〉的觀點，並略加修改而成。參見王年雙：《國語語法》（未
刊版，1999 年版），第五章 句子，頁 5-7。以及田小琳、黃成穩、
莊文中：〈中學教學語法系統提要（試用）〉（北京：人民教育出版
社，1984 年 1 月）。

第四章
中學語法評量分析

　　語法教學可以分為主動性教學與被動性教學兩種。主動性教學是指語文教師依照語法體系，在語文教學或者語法教學課程中對於語法的教學。被動性教學是透過語法試題的挖掘，尋找出學生對於語法的錯誤認知，再經由檢討、訂正以獲得正確的語法知識。

　　本章嘗試透過對於語法試題普查的方式，進行語法教學中被動性教學的考察，針對試題的內容、命題理念及方向進行分析，從中觀察出側重點，藉以尋找出語法教學上所應重視的語法點。普查的對象包括：

　　1.國中教科書內有關語法的練習題。

　　2.高中教科書內有關語法的練習題。

　　3.升高中聯考試題中有關語法的試題。

　　4.升大學聯招有關語法的試題。

　　本章的寫作目的，並非針對中學語文教學中語法教學的重要性作調查，因此在以下各節中不作語法試題以外的比較、分析。換言之，我們不作語法試題相較於其他語文試題的輕重百分比的統計，因為它無助於語法點的找尋。

第一節　國中教科書內的語法練習分析

　　現行國中課本在範文之後都附有與該範文相關的問題，稱為

「討論與練習」。本節便是從「討論與練習」單元中，找出有關
於語法知識的題目進行討論。

現行國中國文課本中關於語法的試題共有三十四題，分為
「詞法」、「句法」、「語氣」三類。

一、詞法

現行國中國文課本內關於詞法的試題共有八題。分為兩大
類，分別是「疊音詞」、「文言詞彙」。

（一）疊音詞

國中國文課本中有關於疊音詞的試題僅有三題，其分佈情形
如下表：

課數	1	2	3	4	5	6	7	8	9	10	11	12	13	14	15	語
第一冊										1			1			
第二冊																
第三冊																
第四冊																
第五冊																
第六冊								1								

其中有兩題討論到「疊音詞的配合」，代表題型如下：

①請依所舉之例，寫出四個詞語：

例：冷（霜霜）
1.冷（　　　　）
2.熱（　　　　）
3.黑（　　　　）
4.笑（　　　　）。

　　　　　　　　　　　　（1.10 不驚田水冷霜霜）

　　本題要求學生針對疊音詞的配合現象進行思考。「疊音詞」不屬於「構詞法」的範疇[1]，就其對象區分，可以是「摹狀詞」，也可以是「狀聲詞」；就其結構的方式來看，更是複雜。就國中學生來看，硬是在學理上區分二者，實屬不必。對於剛進國中一年級的學生而言，這種命題方式相當的簡單、扼要，也留給教師許多發揮的空間。

　　另外一題則討論了「疊音詞的應用」情形。如下：

②本文用了「泠泠」來描摹水聲，「嚶嚶」描摹鳥聲，請將下列疊字依其描摹的聲響，選填入適當的括號中。
丁丁　喃喃　瀟瀟　唧唧
1.在自習課時，突然聽到王同學（　　　）低語，引起眾人一陣錯愕。
2.空曠的山林，在（　　　）伐木聲的點綴下，更顯的清幽。
3.風雨（　　　），使的原本蒼茫的江岸，增添了幾分蕭索。
4.（　　　）的蟲聲，是寧靜秋夜裡唯一的聲響。

（6.8 〈與宋元思書〉）

　　本題針對疊音詞中的「狀聲詞」進行討論，測驗學生對於詞語的辨識與應用能力。題幹中有詳細的作答線索說明，對於學生的引導相當的確實，是設計優良的題目。「丁丁」是狀擬砍伐木頭的聲音，宜填入 2.中；「喃喃」是細語不絕的樣子，宜填入 1.中；「瀟瀟」是描繪風雨的聲音，故應填入 3.中；「唧唧」是形容蟲鳴的聲音，故宜填入 4.中。其中比較讓人引起爭議的是「喃喃」一詞，它究竟是「摹狀詞」，還是「狀聲詞」，歷來說法不一。如藍蔭鼎的〈飲水思源〉一文中，將「喃喃」解釋為「細語不絕」，分明是將「喃喃」解釋為「摹狀詞」，是故本題題幹中所謂「描摩的聲響」是否改為「描摩的對象」比較周全。

（二）文言詞彙

　　國中國文課本中有關於文言詞彙的試題共有五題，分佈情形如下表：

課數	1	2	3	4	5	6	7	8	9	10	11	12	13	14	15	語
第一冊																
第二冊																
第三冊																
第四冊		1														
第五冊					2							1				
第六冊											1					

在文言詞彙方面，新版《國中國文》課本的命題方向顯得相當謹慎，對於國中學生視為畏途的部分，盡量予以避免[2]，只針對「文言文的特點」及「文言虛字的應用」作了扼要的設計。

在「文言文的特點」方面，國中課本利用了徐志摩在〈我所知道的康橋〉一文中大量運用文言詞彙的特點，提出了以下設計：

> ③本文中用了許多文言的字眼，你讀了以後，覺得怎麼樣？
>
> 　　　　　　　　　　　　　（4.2　〈我所知道的康橋〉）

〈我所知道的康橋〉是一篇白話文，其中摻雜了許多的文言詞彙，這牽涉到語言交際的問題。其實，語文的好壞很難有客觀的標準，只要使用得妥當上口的就是好的；相反的，如果一味吊書袋賣弄知識，反而失去語文溝通的本意。徐志摩在〈我所知道的康橋〉中對於文言詞彙的使用大抵是符合了這個標準，不過仍有少數瑕疵，並不合乎語法。例如：「彷彿朝來人們的祈禱聲，參差地翳入天聽」中的「翳」字的使用就有問題。在新版《國中國文教師手冊》（第四冊）中，參考朱自清在〈「我所知道的康橋」讀法指導〉[3]一文中的說法，對此提出以下修正[4]：

> 本篇中有少數字句是不妥適的。如文言字眼「翳」字，在本篇裡就用的不妥適。「翳」是遮蔽的意思。說「彷彿朝來人們的祈禱聲，參差地遮蔽入天聽」（第一段），是講不通的。原來遮蔽這個動作是及物的，說遮蔽必然

有被遮蔽的東西。現在並沒有被遮蔽的東西,而把遮蔽這個動作歸到「祈禱」自身,當然講不通。如果說「沒入了天聽」或者「送入了天聽」,便講得通了。

從新版《國中國文教師手冊》這一段解釋文字中,我們可以發現完全是利用語法知識來解決問題,這說明了語法教學對於中學語文教學強而有力的支援能力。

另外在「文言虛字的應用」上,國中國文課本對於「文言虛字」的設計相當注重實用性[5];也就是說,盡量挑選對於閱讀文言文有用的虛字來設計,如「於」、「以」、「為」、「相」、「見」等;而且在設計上,也擺脫傳統生硬的命題方式,盡量透過比較的方式要求學生辨識。具有代表性的試題如下:

④把下列文句譯成語體,並比較「為」字的用法。

1.而今而後,堪為農夫以沒世矣。

2.士為四民之末。

3.好人為壞人所累,遂令我輩開不得口。

4.彼稱我為主人,我稱彼為客戶。

(5.12 〈寄弟墨書〉)

④要求學生對文句進行翻譯,並回答「為」的用法。這是兼顧到字義的辨識與文法句型的理解的雙重設計。1.句翻譯為「從今以後,可以一直『做』農夫過日子了。」,這是一個有外位成分的準判斷句,句中「為」字跟口語「當、做」相當;2.句翻譯為「讀書人『是』四民的最末一等。」,這是一個文言判斷句,

句中「為」字跟口語「是」相當；3.句翻譯為「好人『被』壞人
所連累，就讓我們開不了口。」，這是一個因果關係的偏正複
句，第一分句是文言被動句型，句中「為」字解釋做「被」，
「為……所……」是文言被動句的固定句型之一；4.句翻譯為
「他叫我『做』主人，我叫他『做』客戶。」，這是並列關係的
聯合複句，兩個分句皆屬於敘事句，「為」相當於口語中的
「做」，白話中可以省略。

⑤請將下列兩段文句，翻譯為白話文。
1.母封鮓付使，反書責侃曰：「汝為吏，以官物見餉，
非為不益，乃增吾憂也。」
2.歆曰：「本所以疑，正為此耳。既以納其自託，寧可
以急相棄邪？」

(6.11 〈世說新語選〉)

⑤中這兩小題表面在測驗同學的翻譯能力，然而實際上真正
的問題焦點是在「見」與「相」字上，這兩個字皆為代詞性助詞
[6]，在文言文中具有比較特殊的用法。1.句中「見餉」意思是
「餉我」（贈送給我）；見，代詞性助詞，具有稱代作用，在這
裡相當於「我」。2.句中「相棄」意思是「棄之」（拋下他）；
相，代詞性助詞，具有稱代作用，在本句中稱代被拋棄的
「他」。

二、句法

國中國文課本內關於句法的試題共有二十四題。基於國中學

生能力的考量，試題的設計仍以應用為主，並不做太多學理上的
介紹。可分為兩小類，分別是「造句法」、「語序的改變與辨
識」。

（一）造句法

國中國文課本中有關於造句法的試題共有二十題，分佈情形
如下表：

課數	1	2	3	4	5	6	7	8	9	10	11	12	13	14	15	語
第一冊															2	
第二冊	1	1	3					1								
第三冊	1							1	2				2			
第四冊		2	1													
第五冊	1							1								
第六冊										1						

句子可分為「單句」與「複句」兩種。在這二十題中只有兩
題是單句的練習。如下：

⑥請依例仿造句子：

例：他從小就是一個好學不倦而且多才多藝的人。

提示：他從小就是一個……而且……的人。

造句：

（3.1 〈孔子的人格〉）

⑦請依例仿造句子：

例 1.……

例 2.：這種對生命執著和熱愛的精神，遠比他不朽的名畫更值得我們尊敬推崇。

提示：這種……，遠比……更……

造句：

（3.13　〈生之歌二則〉）

⑥是一個判斷句，其「斷語」是由具有並列關係的定語加上中心語所構成的名詞短語擔任。本題測驗學生對於名詞短語中定語的並列關係是否了解。⑦題中間以逗號作區隔，看似複句，實則為單句。我們試著把句中的修飾成分去掉，便可以得到如下句子：「精神值得尊敬推崇。」

以下的十八題則皆是關於「複句」的試題。複句可分為「聯合複句」與「偏正複句」兩類。複句是語用中最常出現的句式，但是學理上相對的顯得複雜。因此，透過造句要求學生練習，一來免去繁複抽象的學理介紹，二來潛移默化，使學生能夠正確的運用複句表達交流，是相當理想的設計。倘若能做到每課一種複句的練習，相信對於學生的助益更大。

首先，在「聯合複句」方面，出現了七題，分屬「並列關係」、「選擇關係」與「遞進關係」。代表題型如下：

⑧請依例仿造句子：

例 1.：以貢獻代替佔有，以力行代替空言。

提示：以……代替……，以……代替……

造句：

(4.12 〈生存與奮鬥的啟示〉)

⑨請依例仿造句子：

例：做人要從吃苦做起，吃苦要從細微處做起

提示：……要從……做起，……要從……做起。

句：

(5.10 〈享福與吃苦〉)

⑧、⑨這兩題都是「並列關係」的聯合複句。「並列關係」的複句練習在語法的角度來看意義不大，若是從修辭學的角度來看，是一種「排比」的練習，對於寫作能力倒是有所助益。

⑩試仿下列句型，先填空，再依句型造句。

1........

2.白兔同小花兔，不知是希冀灰兔能再活轉，抑或是表示他們深切的哀悼，仍然在那裡用他們那毛茸茸的額頭，吃力的重複摩擦著灰兔那變冷發硬的鉛片般的耳葉……。

（　　　　　　　），不知是（　　　　　　），亦或是

（　　　　　　　　　　　），仍然

（　　　　　　　　　　　　）。

句型：

……不知是……，亦或是……，仍然……

造句：

(1.15 〈溫情〉)

　　本題同時兼具「選擇關係」與「轉折關係」。選擇關係的分句之間，一般都具有排他性，只能選擇其中之一。如⑩之 2.中，「不知是希冀灰兔能再活轉，」和「亦或是表示他們深切的哀悼」兩種想法不能同時成立，是為「選擇關係」。「選擇關係」的複句與「轉折關係」的複句很像，都有邏輯上的對立性，然二者間仍有些許的差異。「選擇關係」是從中做選擇的對立，而「轉折關係」是前後分句意思上的對立，如「不知是希冀灰兔能再活轉，亦或是表示他們深切的哀悼」和「仍然在那裡用他們那毛茸茸的額頭，吃力的重複摩擦著灰兔那變冷發硬的鉛片般的耳葉」便具有對立性。

　　⑪試仿下列句型，先填空，再依句型造句。

1.有時我站在屋前看著小兔兒在草地上跳躍而過，像兩團煙，兩團雲，更像綠海上濺起的兩朵活潑的浪花。

下雨的時候我站在（　　　　　　　　　）看著（　　　　　　　　），像（　　　　　　　　），（　　　　　　　），更像（　　　　　　　）。

句型：

……像……，……，更像……。

造句：

　　　　　　　　　　　　　　　　（1.15 〈溫情〉）

　　這題是「遞進關係」的聯合複句。「遞進關係」的複句必須注意到分句間邏輯先後，一般是後一個分句的意思比起前一個分句的意思更進一層。以⑪為例，把「有時我站在屋前看著小兔兒

在草地上跳躍而過，像兩團煙，兩團雲，更像綠海上濺起的兩朵活潑的浪花。」調整為「有時我站在屋前看著小兔兒在草地上跳躍而過，像綠海上濺起的兩朵活潑的浪花，更像兩團煙，兩團雲。」，後者的語意明顯遜色不少，因為用「兩團煙，兩團雲」來形容兔子，只是形象的掌握，而「綠海上濺起的兩朵活潑的浪花」不緊掌握了形象，更有色彩美及動態感，在意思上更進一層，就達到了美化的效果。

其次，在「偏正複句」方面，出現了十一題，分屬「條件關係」、「假設關係」與「轉折關係」。關於「因果關係」的試題並沒有出現。代表題型如下：

⑫請完成下列的句子：
在沁涼如水的夏夜中，有（　　　　），才顯
（　　　　）。

（5.8〈失根的蘭花〉）

⑫是屬於「條件關係」的偏正複句。所謂條件關係是一個分句指出一種條件，另一個分句則是說明這個條件下的所產生結果。如⑬「在沁涼如水的夏夜中，有『牛郎織女的故事』，才顯得『星光晶亮』。」，古今中外都有沁涼如水的夏夜，作者陳之藩在此提出「牛郎織女的故事」，以凸顯故國歷史文化之美，這就是「星光晶亮」的條件，而「星光晶亮」就是在有「牛郎織女的故事」這個條件的區別下所產生的結果。

⑬請依例仿造句子：

　　例 1.：……

　　例 2.：沒有知識，就沒有力量。

　　提示：沒有……，就沒有……

　　造句：

　　　　　　　　　　　　　（3.9〈酸橘子〉）

⑭請依例仿造句子：

　　例：人若能知足，雖貧不苦。

　　提示：……若能……，雖……不……。

　　造句：

　　　　　　　　　　　　　（2.8〈最苦與最樂〉）

⑮請依例仿造句子：

　　例 1.：良好的人際關係將有助於未來事業的發展。

　　提示：良好的……將有助於……

　　造句：

　　　　　　　　　　　　　（3.9〈酸橘子〉）

　　這是屬於「假設關係」的偏正複句。假設關係是一個分句提出一種假設，另一個分句則說明在這一個假設下所產生結果。如⑮中，「良好的人際關係」便是假設，而「將有助於未來事業的發展」就是在這個假設下所預期的結果。「假設關係」有時可以不用連詞語，如⑫「沒有知識，就沒有力量。」句中僅用一個「就」字，缺乏完整的連詞，容易誤判為「條件關係」，這個句子實為「（如果）沒有知識，就沒有力量。」是「假設關係」的複句。「假設關係」和「條件關係」很相似，都表示尚未實現的事實。在判斷上，我們可以透過連詞的幫忙，察看連詞下方所提

出的說法，究竟是「條件」，還是「假設」，然後進行判斷。如
「只要我當選，我一定認真服務。」，「只要」一詞強調條件，
這是「條件關係」；「如果我當選，我一定認真服務。」，「如
果」一詞提出假設，這一句是「假設關係」。

⑯請依例仿造句子：
例：創業的人都會自然而然的想到上天，而敗家的人卻
無時不想到自己。
提示：
1.勤勞的人都……，而懶惰的人卻……
2.聰明的人都……，而愚笨的人卻……
3.樂觀的人都……，而悲觀的人卻……
造句：

（2.3 〈謝天〉）

⑰請依例仿造句子：
例：有時候，路面已經被風吹洗得相當乾淨，他們還是
照掃不誤。
提示：有時候，……已經……，……還是照……不誤。
造句：

（2.2〈那默默的一群〉）

　　這兩題是屬於「轉折關係」的偏正複句。兩個分句意思相反
或相對，稱為轉折關係。⑯以連詞「卻」做轉折；⑰以連詞「還
是」做轉折。有時候「轉折關係」和「假設關係」非常類似，難
以區分。判斷上還是依據連詞後方所說的是事實還是假說做區

分。比如說：

⑱請依例仿造句子：

例 1.：不論未來的命運如何，遇福遇禍，或喜或憂，我都願意為它奮鬥，勇敢的活下去。

提示：不論……，我都願意……

造句：

（3.13 〈生之歌二則〉）

⑱中連詞「不論」後面所說的是未來不可知的事，屬於假說，所以應該屬於「假設關係」的偏正複句。

（二）語序的改變與切分

有關於「語序的改變與切分」的試題並不多，只有四題。分佈情形如下表：

課數	1	2	3	4	5	6	7	8	9	10	11	12	13	14	15	語
第一冊			1	1												下
第二冊																
第三冊																
第四冊																
第五冊			1													
第六冊																

「語序的改變與切分」對於語法的學習相當重要，同樣的一

句話，語序位置的不同或成分的切分不同，意思便可能產生極大
的變化。如：

⑲有一個人到友人家作客，天雨，主人留了一張便條：
「下雨天留客天留我不留」，請你與同學討論，應該怎
樣加標點符號？

（1.語文常識（下）標點符號使用法）

⑲是要求同學給文句加上標點符號的試題，這和語序的切分
有關，牽涉到對於語序的辨識能力。⑲依其不同的切分狀況，可
以有四種說法：

第一種說法是「主人拒絕留客」：「下雨，天留客。天留，
我不留。」這是由兩個複句所構成，第一複句又由兩個分句所組
成，第一分句「下雨」是由述賓短語所構成的動詞分主謂句，第
二分句是主謂句，二者間具有「因果關係」；第二複句也是由兩
個分句所組成，第一分句「天留」應是主謂句，但其賓語（客）
省略，原句為「天留客」，第二分句亦然，二者之間為「轉折關
係」。

第二種說法是「主人無奈留客」：「下雨，天留客。天留，
我不留？」本說法與前者切分狀況相同，但意思與前者不同。其
第一複句仍為因果關係，第二複句的第二分句改句號為問號，意
為「天都留客了，我能不留嗎？」語氣上便顯得無奈許多。

第三種說法是「客人賴著不走」：「下雨天，留客天。留我
不？留。」這是由一個單句與一個複句所構成。其中「下雨天，
留客天」為述語（是）省略的主謂賓句，具有判斷的語氣。「留

我不？留。」為「順接關係」的複句，其中「留我不？」是主語
（主人）省略的主謂句，「不」相當於文言的「否」，加上其後
帶有問號，明顯具有詢問語氣，第二分句「留」為動詞作獨語
句，意思是「當然留。」

　　第四種說法是「客人一定要走」：「下雨天，留客天。留
我，不留。」這也是由一個單句與一個複句所構成。其中「下雨
天，留客天」為述語（是）省略的主謂賓句，具有判斷的語氣。
「留我，不留。」為「轉折關係」的複句，意為「您要留我，
（抱歉），我不留下來（我一定要走）。」

　　以上四種說法所呈現的意思截然不同，語序的重要性不言而
喻。

　　⑳「主義是從」可以說就是「從主義」的意思，「是」
　　的作用是把「主義」提前。請你舉出相同格式的兩個語
　　句。
　　1.
　　2.

　　　　　　　　　　　　　　（1.4　〈國歌歌詞〉）

　　⑳考察同學對於「古今語序差異」的認知。古人將賓語提至
謂語之前，習慣上會以助詞「之」、「是」……作為標誌[7]，表
示此處有語序上的改變。如果用一般正常的語序還原，「主義是
從」應調整成「從主義」。相關的例子，比如說：「唯利是圖」
可以還原成「唯圖利」，「馬首是瞻」可以還原成「瞻馬首」
等。

㉑「你住的小小的島我正思念」如果改為「我正思念你住的小小的島」，在詩意表現上有什麼不同？試略加說明。

(5.3 〈小小的島〉)

〈小小的島〉是一首新詩，新詩為了表現詩趣，語序的調整非常頻繁，這點說明了語序的改變具有辨義與修辭的效果。當然，前提是不能違背基本的詞語結構規則。在㉑題中，「你住的小小的島我正思念」是將原本屬於正常語序的句子，給予賓語前置的調整，以達到凸顯「『你』住的小小的島」的效果，這種作法，不僅使文句產生新奇的趣味，也是對於思念的人的一種情感上的投射，如果改成「我正思念你住的小小的島」就顯得平鋪直敘，毫無詩趣了。

三、語氣

國中國文課本中關於語氣的試題僅有兩題，其分佈情形如下表：

課數	1	2	3	4	5	6	7	8	9	10	11	12	13	14	15	語
第一冊																
第二冊											1					
第三冊																
第四冊																
第五冊														1		

第六冊														

㉒本課第一則「不亦說乎……？不亦樂乎……？不亦君
子乎……？」和第四則「其恕乎！」分別表示什麼語
氣？在這樣的語氣中，你覺得孔子在和人相處、與人談
話時，是一個怎樣的人？

（2.11　〈論語選〉）

㉒題問語氣的表達。「不亦說乎……？不亦樂乎……？不亦
君子乎……？」中「不亦……乎」是一種反詰語氣，用來詰問對
方以獲的對方的認同。「其恕乎」中「其」具有推測、猜度的意
思。從以上的分析，可以看出孔子是一個相當謙虛，能接受不同
意見的人。從語氣可以了解一個人講話的態度、做人的修養，可
見語氣的使用正確與否相當重要。但是，對於語氣的教學可說是
國中語文教學中最弱的一環，必須投入更多的關注。

㉓請用肯定的語氣改寫下列句子：
1.如果我不感到我是和一群心智相近的人，合作去追求
藝術和科學永難窮盡的目標，我的生活將是空虛的。

（5.15　〈我心目中的世界〉）

本題測驗學生語氣改變後句式的調整。本句屬假設語氣，句
中帶有否定副詞，因此第一步是將這兩個成分去除，接著修改句
中的關鍵詞彙，把「空虛的」改為「充實的」，然後調整整體語
意，力求通順。本句可以改寫成：「當我和一群心智相近的人合

力去追求藝術和科學永難窮盡的目標，我的生活將是充實的。」

第二節　高中教科書內的語法練習分析

　　經由統計，高中現行各版本課本內的語法試題總計六十六題，以下分「詞法」、「句法」以及「語氣」三大類進行討論。

一、詞法

　　各版本中關於「詞法」的相關試題有四十一題，分為「構成方式」、「詞類的運用」以及「詞性的活用」三類，以下分別說明：

（一）構成方式

　　共有十題，其分佈狀況如下：

課數	1	2	3	4	5	6	7	8	9	10	11	12	13	14	15
第一冊											大	大			
第二冊												大			
第三冊			南	南			南								
第四冊								大							
第五冊			龍												
第六冊						大						三			

　　首先，是對於「衍聲複詞」的討論，基本上與國中的試題沒有很大的變化。

①本文運用了「玲瓏」、「葫蘆」、「徜徉」等三個「雙音節衍聲複詞」，這類複詞正是古人所謂的「聯綿詞」，也就是兩字合成一詞，表示一個意思，這兩個字不能再進一步分析，分開後個別的字即失去意義，或失去從屬於這個複詞的意義。這類複詞根據聲音關係可以細分成三種：

1.雙聲雙音節衍聲複詞：如琉璃、吩咐、恍惚、慷慨、琵琶。

2.疊韻雙音節衍聲複詞：螳螂、徘徊、嘮叨、窈窕、朦朧。

3.非雙聲非疊韻雙音節衍聲複詞：蜈蚣、蝴蝶、鸚鵡、芙蓉。

請同學就此三種，各舉兩個課文以外的例子。

1.	雙聲雙音節衍聲複詞	
2.	疊韻雙音節衍聲複詞	
3.	非雙聲非疊韻雙音節衍聲複詞	

（《大同版》、4.8、〈方寸田園〉）

②本文大量運用疊字與狀聲詞，文章活潑有生氣。請嘗試以第一字為形容詞，接著結合疊字與狀聲詞，每人吟詠一到二句。國語、母語都可以實施。如：黑漆漆、霧煞煞……等。

（《南一版》、3.3、〈聽聽那冷雨〉）

①、②兩題都是對於「衍聲複詞」作分類與應用的練習，這

些能力在國中階段，學生都已經具備，上了高中，這類題目的設計上，應該往深度略作開掘，比如可以討論「疊字的組合關係」，或者是「聯綿詞的意義」……等，如此學生的收穫更大。

③請找出本文中詞意相反的「並列式合義複詞」五個，並加以解釋。（所謂「並列式合義複詞」是指兩個詞彙以並列、平行的方式合成一個意義單位的詞。其詞意有相同或相似者，如「朋友」、「休息」；也有相反者，如「成敗」、「去留」等。）

題 序	詞　　目	意　　義
1.	開闔	聚散。闔，音ㄏㄜˊ，關閉。
2.		
3.		
4.		
5.		

（《大同版》、1.12、〈黃州快哉亭記〉）

　　這一題是高中五大版本中唯一討論到合義複詞構成方式的題目，然而也僅止於「聯合式合義複詞」，顯得相當單薄。在國中階段，對於合義複詞的構成方式可以不必做過多的著墨，但是到了高中，應該發展學生的抽象思維能力，多討論構詞法是很有幫助的。

　　④「致民田獵以講武」中之「田獵」為同義複詞，

「田」、「獵」二字同義。如此安排，其目的在拉長音節，使語氣更為完足，使語意更加充實。在修辭學上，屬於「鑲嵌」之「增字」。下列文句中各有一個同義詞，請找出此一同義詞，並說明其義。

題次	文　　句	說　　明
例	致民田獵以講武	「田獵」同義，捕取禽獸。
1.	日常生活中，言行不能踰越禮法的規範。	
2.	夜深人靜，神州大地，寂寥無聲。	
3.	大家都很高興，唯獨他一人悶悶不樂。	
4.	二人曾誓盟過天荒地老，海枯石爛。	
5.	這棵古樹猶如不死的老兵，生命的韌力十分驚人。	
6.	在這激動人心的一刻，他聽到自己內心深處的吶喊。	

（《大同版》、2.12、〈教戰守策〉）

⑤「也不是有盜賊出沒其中」，句中「出沒」的「出」和「沒」詞義相反，結合成複詞後整個意思顯然偏重在「出」，一般稱作「偏義複詞」。下列文句加黑點的都是偏義複詞，請指出詞義偏在哪一個單詞。

（一）（薛姨媽）一面歸坐，笑道：「今兒老太太高興，這早晚就來了。」（《紅樓夢·劉老老進大觀園》）

（二）天到多早晚了，還跟著去遊魂！（朱西甯

〈狼〉）

（三）咱們好歹別落人褒貶，少不得弄個新鮮樣兒的，叫芳官唱一齣〈尋夢〉。（《紅樓夢》第五十四回）

（四）石秀道：「我在薊州原曾賣柴。我只是挑一擔柴去賣便了，身邊藏了暗器，有些緩急，扁擔也用得著。」（《水滸傳》第四十七回）

（五）得參休息過一天，看看沒有什麼動靜。（賴和〈一桿「稱仔」〉）

（六）宮中府中，俱為一體，陟罰臧否，不宜異同。（諸葛亮〈出師表〉）

（七）流賊張獻忠出沒蘄、黃、潛、桐間，史公以鳳廬道奉檄守禦。（方苞〈左忠毅公軼事〉）

（八）有國家者得吾說而存之，則將慎擇與共天位之人。（曾國藩〈原才〉）

（九）天有不測風雲，人有旦夕禍福。（俗語）

（《三民版》、6.11、〈施與受〉）

　　④討論「同義複詞」的問題，⑤討論「偏義複詞」的問題，二者對於高中學生而言，都是舊有的能力，很難再從中獲得新的語法知識。

　　（二）詞類的運用

　　關於「詞類的運用」的試題相當多，有十七題，其分佈情形如下：

課數	1	2	3	4	5	6	7	8	9	10	11	12	13	14	15
第一冊	三 三									三 三					
第二冊		南				大				龍					
第三冊					三					南					
第四冊			龍				三							大	
第五冊									龍	龍					
第六冊		大				三			三						

　　首先，在實詞方面，「動詞」、「代詞」、「數詞」、「副詞」都在討論之列，其中比較有特色的題目有以下兩題：

⑥下列各句「」內的數字，若為實指，則在（　）內打○，若為虛指，則打 ×。

（　）1.總此十思，弘茲「九」德。

（　）2.凡「百」元首，承天景命。

（　）3.政通人和，「百」廢俱興。（范仲淹〈岳陽樓記〉）

（　）4.如此再寒暑，「百」沴自辟易。（文天祥〈正氣歌並序〉）

（　）5.樂盤遊，則思「三」驅以為度。（魏徵〈諫太宗十思疏〉）

（　）6.「三」人行，必有我師焉。（《論語・述而》）

（　）7.「三」月不知肉味。（《論語・述而》）

（　）8.曲終收撥當心畫，「四」絃一聲如裂帛。（白居易〈琵琶行並序〉）

（　）9.「千」呼「萬」喚始出來，猶抱琵琶半遮面。（白居易〈琵琶行並序〉）

（　）10.今日割「五」城，明日割「十」城，然後得一夕安寢。（蘇洵〈六國論〉）

（《大同版》、4.14、〈諫太宗十思疏〉）

⑦下列「」中的字詞，何者屬於「時間副詞」？

(A)居「有頃」，倚柱彈其劍

(B)債畢收乎？來何「疾」也

(C)欣然規往，未果，「尋」病終

(D)忽羯鼓一聲，歌喉「遽」發，字字清脆，聲聲婉轉

(E)得西山後「八日」，尋山口西北道二百步，又得鈷鉧潭。

（《龍騰版》、5.9、〈馮諼客孟嘗君〉）

⑥討論的是「數詞」的應用，數詞在文言中的用法相當繁複，也相當具有特色，在高中階段給予詳細的討論有其必要性，我們認為本題是相當好的設計。在這一題而言，只有 5.和8.兩小題為實指其數，其他都是虛數，不是真的數目。⑦討論的是「時間副詞」的問題。副詞往往是在說明、限制其對象的性狀，可分為「時間副詞」、「程度副詞」、「頻率副詞」及「語氣副詞」等等。根據教學經驗，這四種副詞是中學生最感困惑的詞類，倘若能在試題設計上給予重視，對於學生一定助益良多。

另外，在「虛詞」方面，各版本關注的焦點集中在「語氣詞」、「代詞性助詞 — 相、見」、「結構助詞 — 是」以及

「連詞 ─ 所以」上頭，明顯是為考試而設計的題目。其中比較有特色的試題如下：

> ⑥作者於本文大量使用語氣助詞（句首、句末都有）以
> 完成議論。請問作者為何這麼做？有何利弊得失？
>
> 　　　　　　　　　　　（《三民版》、1.10、〈墨池記〉）
>
> ⑦本文第五段有不少語氣詞，諸如：嗟夫、哉、耶、
> 乎、噫等，在感情表達上有不同的作用。請依範例，回
> 答表列中的問題。

嗟夫	感嘆詞，表達悲憤、痛心、讚嘆的情緒。此以「嗟夫」一聲長嘆，撇開上文，轉入感慨。
哉	
耶	
乎	
噫	

> 　　　　　　　　　　　（《南一版》、2.2、〈岳陽樓記〉）

　　⑥、⑦兩題都是對於「語氣詞」的實際交際應用提出設計，這是相當理想的設計，透過問題的回答，學生可以從中獲得應用上的啟發，對於語文教學能夠產生直接的幫助。不過，相當可惜的是，這類題型卻因為答案比較抽象，所以向來被語文教學所忽略。

> ⑧本文第二、三、四段開頭，分別用「若夫」、「至
> 於」、「已而」等詞，這些詞在段落聯繫方面有什麼作

用？

（《三民版》、4.7、醉翁亭記）

⑨下列文句中的「所以」，何者與「所以飾後宮，充下陳，娛心意，說耳目者，必出於秦然後可」的「所以」用法相同？

(A)親小人，遠賢臣，此後漢「所以」傾頹也

(B)四時充美，鬼神降福，此武帝三王之「所以」無敵也

(C)聖人之所以為聖人，愚人之「所以」為愚，其皆出於此

(D)王公貴人「所以」養其身者，豈不至哉？而其平居常苦於多疾。

（《龍騰版》、5.10、〈諫逐客書〉）

　　這兩題討論的是連詞的用法，⑧採用開放性討論的方式設計，如果教師能給予學生適度的引導，這是學習文言連接詞的好機會。⑨則是透過比較來區分「所以」一詞的兩種用法，其中（A）、（B）、（C）三個「所以」都用來解釋原因，（D）則是表示所憑藉的對象。這兩種解釋，都是「所以」一詞在文言中最常見的用法，本題的提出對學生有整理提醒的效果。

　　⑩在「有何見教」、「承蒙相邀」二句中，「見」、「相」二字置於述語之上，具有指示兼稱代的作用，說明述語之下省略賓語「我」。下列「」中的「相」或「見」，其用法若同於前述，請加以說明；若不相同，則在說明欄

打 ╳，並說明其字義。

題 次	文　句	說　明
例	承蒙「相」邀	承蒙邀（我）
例	巫、醫、樂師、百工之人，不恥「相」師。（韓愈〈師說〉）	╳。做「互相」解。
1.	當面取了文書，置酒相待曰……	
2.	遂命將二十隻船，用長索「相」連。	
3.	進不得「相」合，退不能「相」忘。（白居易〈與元微之書〉）	
4.	「相」迎不到遠，直至長風沙。（李白〈長干行〉）	
5.	深林人不知，明月來「相」照。（王維〈竹里館〉）	
6.	都督「見」委，自當效勞。	
7.	肅領命來「見」孔明。	
8.	請勿「見」笑。	

（《大同版》、2.6、〈用奇謀孔明借箭〉）

⑪文言的「見」字，可做虛詞用，詞性、詞義皆複雜。下列文句中的「見」字，何者用法與「是以見放」的「見」相同？不同的，又分別作何解釋？請試作辨析。

（一）孟子見梁惠王。王曰：「叟，不遠千里而來，亦將有以利吾國乎？」（《孟子‧梁惠王上》）

（二）臣以險釁，夙遭閔凶。生孩六月，慈父見背。（李密〈陳情表〉）

（三）採菊東籬下，悠然見南山。（陶淵明〈結廬在人

境〉）

（四）他人見問，故不言；兄之問，則無隱矣。（杜光庭〈虯髯客〉）

（五）人情有所不能忍者，匹夫見辱，拔劍而起，挺身而鬥。此不足為勇也。（蘇軾〈留侯論〉）

（六）其氣充乎其中而溢乎其貌，動乎其言而見乎其文，而不自知也。（蘇轍〈上樞密韓太尉書〉）

（七）斯則僕之褊衷，以此長不見悅於長吏，僕則愈益不顧也。（宗臣〈報劉一丈書〉）

（八）不便之處，尚祈見諒。

（《三民版》、6.9、〈漁父〉）

⑩測驗學生對於「代詞性助詞」的認知能力，⑪測驗學生對於「見」字作被動用法的認知能力，這兩種能力，學生在國中階段均已具備，在這兩題中均作了廣度的開拓，學生藉此可以獲得更周延普遍的應用能力。

（三）詞性的活用

「詞性的活用」向來被重視，但命題也相對的具有傳統性，可歸納為「活用題」與「結構題」兩種，很難有新的突破。現行高中各版本總共出現了十四題，分佈情形如下：

課數	1	2	3	4	5	6	7	8	9	10	11	12	13	14	15
第一冊	翰	大								大			翰		
第二冊	大	翰			三			南		三					

		大						大	
第三冊		大						大	
第四冊				翰					
第五冊		龍				龍			
第六冊									

以下舉兩題作代表性的說明：

⑫「有風自南，翼比新苗」中之「翼」字，系名詞作動詞用，請閱讀下列文句，指出句中哪些字也是名詞作動詞使用。

題　序	文　　句	名詞作動詞用
1.	飯疏食飲水，曲肱而枕之，樂亦在其中矣。(《論語・述而》)	
2.	胡馬依北風，越鳥巢南枝。(《古詩十九首》)	
3.	生乎吾前，其聞道也，固先乎吾，吾從而師之。(韓愈〈師說〉)	
4.	驢不勝怒，蹄之。(唐・柳宗元・〈三戒並序〉)	
5.	臣家貧，客至無器皿、肴、果、故就酒家觴之。(宋・司馬光・〈訓儉示康〉)	
6.	天雨雪。(漢・班固・《漢書.蘇武傳》)	

（大同、2.13、〈談靜〉）

⑬「移風易俗」的語法結構，是由兩組——｛「移」（動詞）＋「風」（名詞）＋「易」（動詞）＋「俗」（名詞）｝所構成。下列詞語中，何者的語法結構與之相同？
(A)佳冶窈窕
(B)彈箏搏髀
(C)蠶食諸侯
(D)虛己資敵
(E)損民益讎。

(《龍騰版》、5.10、〈諫逐客書〉)

⑫是測驗學生對於文言詞彙「名詞作動詞用」的能力，⑬是測驗學生「詞性辨識、安排」的能力，二者均屬傳統式的命題，對於學生的幫助有限。

二、句法

各版本中關於「句法」的相關試題有二十三題，分別討論到「省略」、「語序的調整」、「文言文的特殊用法」以及「句式的變換」等四類，說明如下：

（一）省略

關於「省略」的題目有八題，分佈情形如下：

課數	1	2	3	4	5	6	7	8	9	10	11	12	13	14	15
第一冊								大			翰		三		

第二冊						
第三冊		大				
第四冊	三					
第五冊		大			大	
第六冊		三				

　　這一類題目的說明當具有一致性，很難有新的開創，僅舉兩題作為代表。

　　⑭下列文句的成分都有省略，試依語法填補適當的詞語：

1. 欲以此馳騁（　）當世，然終不遇。
2. 徒步往來（　）山中，人莫識也。
3. （　）見其所著帽，方屋而高，……因（　）謂之方山子。
4. 方山子亦矍然問於所以致此者，余告之（　）故。
5. 鵲起於前，（　）使騎逐而射之，不獲。

（《翰林版》、1.11、方山子傳）

　　⑮文言文常常省略主語或賓語，請在下面的刮號內，填上被省略的主語或賓語：

1. （　）見漁人，乃大驚，問（　）所從來，（　）具答之。（　）便要（　）還家，設酒、殺雞、作食。
2. 此人一一為（　）具言所聞，（　）皆嘆惋。餘人各復延（　）至其家，（　）皆出酒食（　）。（　）

　　　　停數日，辭去。

　　　　　　　　（《大同版》、5.3、〈桃花源記并詩〉）

　　⑭題分別測驗了「主語」、「賓語」、「介詞」等成分的省略辨識。1.小題中括號宜填「以」，是「介詞」的省略；2.小題中括號宜填「愚」、「之」，是「介詞」與「賓語」的省略；3.小題中括號宜填「人」以及「此」，分別是「主語」的省略及介賓結構中「賓語」的省略；4.小題中括號宜填「以」，是介詞的省略；5.小題中括號宜填「方山子」，是「主語」省略。⑮測驗方向大抵如此，茲不贅言。

（二）語序的調整

　　僅有四題，分佈如下：

課數	1	2	3	4	5	6	7	8	9	10	11	12	13	14	15
第一冊				三									大		
第二冊												大			
第三冊					大										
第四冊															
第五冊															
第六冊															

　　傳統的「語序調整」試題大都把關注的焦點放在文言文中，如：

⑯文言文句中，有一否定詞（如：不、末、莫、毋、無），賓語是指稱詞，則句次發生變化（即賓語提前，述語挪後），如本文中「初未之信」即「初未信之」句次的變化。請將下列文句的句次還原。

題　次	變化後句次	還原後句次
例　句	初未之信	初未信之
1.	然以功業大，「人莫之非」。（司馬光〈訓儉示康〉	
2.	莫我知也夫。（《論語・憲問》）	
3.	日月逝矣，「歲不我與（等待）！」（《論語・陽貨》）	
4.	我無爾詐，爾無我虞（欺詐）。（《左傳・宣公十五年》）	

（《大同版》、1.13、〈蠹說〉）

⑰「教以行陣之節」即「以行陣之節教（之）」。下列各句，若與上述句法相同，請指出並加以說明；若不相同，請在說明欄內打　×。

題　次	文　　句	說　　明
例 1	教以行陣之節。	以行陣之節教（之）。
例 2	以去兵為王者之盛節。	×　。
1.	行之既久，「則又以軍法從事」。	
2.	役民之司盜者，「授以刺擊之術」。	
3.	然議者必以為無故而動民，「又悚以軍法」。	

4.	則其一旦將以不教之民而驅之戰。	
5.	教之以進退坐作之方。	
6.	天下苟不免於用兵,「而用之不以漸」。	

(《大同版》、2.12、〈教戰守策〉)

⑱行文時,為了強調賓語,而將其提前,造成句次的變化;同時在提前的賓語與述語之間,加一語氣詞「是」或「之」;例如「無恥之恥」意即「恥無恥」。請將下列變化句式的原意寫出來。

題 次	變化之句次	原意之句次
例 句	無恥之恥	恥無恥
1.	父母惟其疾之憂。(《論語・為政》)	
2.	唯你是問。	
3.	唯利是圖。	
4.	主義是從。	

(《大同版》、3.5、〈廉恥〉)

這三題分別討論到「否定句中代詞作賓語的語序現象」、「介賓結構的調整」、「結構助詞──『之』、『是』的語序調整」,是傳統文言文中最常遇到的問題,讓學生做練習,可以有叮嚀提示的效果。

(三)文言文的特殊用法

關於「文言文的特殊用法」的試題有九題,分為「敬、謙用法」、「兼讀現象[8]」以及「文言特殊句法」三類。分佈情形如下:

課數	1	2	3	4	5	6	7	8	9	10	11	12	13	14	15
第一冊		龍										翰			
第二冊															
第三冊								大							
第四冊															
第五冊						大				翰	南				
第六冊						大	大	南							

　　在「敬、謙用法」方面，出現有三題，以下題為代表：

　　⑲下面引文中哪些屬敬語？哪些屬謙詞？

　　先帝不以臣卑鄙，猥自枉屈，三顧臣于草廬之中，諮臣
　　以當世之事，由是感激，遂許先帝以驅馳。後值傾覆，
　　受任於敗軍之際，奉命於危難之間，爾來二十有一年
　　矣。

　　　　　　　　　　　　（《翰林版》、5.10、〈出師表〉）

　　⑲中「敬語」有三個，「先帝」尊稱已死的國君或帝王；
「枉屈」意謂使對方枉駕屈就；「奉命」臣子奉君王之命令。
「謙詞」有三個，「卑鄙」謙稱自己地位卑微，視見鄙俗；「驅
馳」謙稱自己為國奔走效勞；「草廬」謙稱自己的居處簡陋。

　　⑳「語文中有將兩個字的音加以拼合急讀得現象，例如
　　『需要』合音為『消』字」。試就你所知，再舉出一些
　　例子來。（文言、白話不拘）

　　「合音兼讀」也是文言詞彙的使用中常見的現象，類似文言的標音方式－「反切」。文言中「合音兼讀」的例子相當多，如：「之乎」合成「諸」、「之於」合成「諸」、「何不」合成「盍」、「不可」合成「叵」、「而以」合成「耳」、「不用」合成「甭」等。

　　關於「文言特殊句法」的試題大抵有兩小類，一是「互文」[9]，二是「錯綜」。如下：

　　㉑本文：「……拔三川之地，西併巴蜀，北收上郡，南取漢中，包九夷，制鄢、郢，東據成皋之險，割膏腴之壤，……」敘述秦惠王用張儀之計，四處擴張。文中連用了幾個動詞？表達了幾個意念？

①	
②	

(《南一版》、5.12、〈諫逐客書〉)

　　㉒行文時為了節省文字，變化字面，參互見義，上下文意互相闡發，互相補足，謂之「互文」。如本文中「東犬西吠」，即為「互文」之例。請就所讀的課文中舉出兩則與此相同的文句。

(《大同版》、3.9、〈項脊軒志〉)

㉑是「互文同義」，也就是「抽換詞面」。文中所用的動詞「拔」、「併」、「收」、「取」、「包」、「制」、「據」、「割」等，意思都相同，如此不厭其煩的重複相同的概念是為了表現出一種震撼人心的氣勢，以達到說服的效果。㉒是「互文見義」，它是以省簡精緻的句法來表達豐富多樣化的一種策略。如㉒中「東犬西吠」便可以解釋為「東家犬對西家人吠；西家犬對東家人吠。」藉此說明家人之間已形同陌路，整個家族已經崩解了。

㉓「將軍向寵，性行淑均，曉暢均逝」，「性行淑均」為「性淑行均」語次的交錯。下列詞語中，語法與此相同者，請於其上之空格內打　ˇ。

　□ 1.引喻失義。
　□ 2.陟罰臧否。
　□ 3.志慮忠純。
　□ 4.斟酌損益。
　□ 5.觥籌交錯。（歐陽脩〈醉翁亭記〉）
　□ 6.風霜高潔。（歐陽脩〈醉翁亭記〉）

　　　　　　　　　　（《大同版》、6.6、〈出師表〉）

㉔請仔細判讀，下列句法語序相同者，請在空格內打　ˇ。

1	西伯幽而演易，周旦顯而制禮；不以隱約而弗務，不以康樂而加思。（曹丕〈典論論文〉）	
2	蓬生麻中，不扶而直；白沙在涅，與之俱黑。（荀子〈	

	勸學〉）	
3	句讀之不知，惑之不解，或師焉，或否焉。（韓愈〈師說〉）	
4	朱鮪涉血於有于，張繡剚刃於愛子；漢主不以為疑，魏君待之若舊。（丘遲〈與陳伯之書〉）	
5	（夫以）慕容超之強，身送東市；姚泓之盛，面縛西都。（丘遲〈與陳伯之書〉）	

（《南一版》、6.8、〈與陳伯之書〉）

㉓、㉔兩題都在考察學生對於「錯綜」句型的了解。中國文字因為單音節、方塊字兩大特色，形成了重視對偶的表意風格，不管是「詞語」還是「句子」都有這種現象。㉓中 2.「陟罰臧否」可以調整為「陟臧罰否」；3.「志慮忠純」可以調整為「志忠慮純」；6.「風霜高潔」可以調整為「風高霜潔」。㉔中 1「西伯幽而演易，周旦顯而制禮；不以隱約而弗務，不以康樂而加思。」可以調整為「西伯幽而演易，不以隱約而弗務；周旦顯而制禮，不以康樂而加思。」；3「句讀之不知，惑之不解，或師焉，或否焉。」可以調整為「句讀之不知，或師焉，惑之不解，或否焉。」；4「朱鮪涉血於有于，張繡剚刃於愛子；漢主不以為疑，魏君待之若舊。」可以調整為「朱鮪涉血於有于，漢主不以為疑；張繡剚刃於愛子，魏君待之若舊。」。

（四）句式的變換

僅有兩題，但彌足珍貴。分佈如下：

課數	1	2	3	4	5	6	7	8	9	10	11	12	13	14	15
第一冊			翰												
第二冊															
第三冊															
第四冊															
第五冊							三								
第六冊															

㉕試將下列反問句,用白話改譯成陳述句:

　　(一)仲尼之勝堯,奈何?

　　(二)堯又何德而化?

　　(三)奚待朞年?

　　(四)不亦無術乎?

(《三民版》、5.7、〈難儒者〉)

㉖「先天下之憂而憂,後天下之樂而樂」與出孟子的「樂以天下,憂以天下」,范仲淹改造孟子的句子,在意義上與句法上的效果如何?請說說你的看法。

(《翰林版》、1.3、〈岳陽樓記〉)

㉕是相當好的設計,很值得效法。一般而言,反問句都是「不疑而問」,也就是表面上是問句,實質上是陳述句。因此,只要把反問句的句意翻轉過來,變成了陳述句。具體作法是:加上否定詞或者是去掉否定詞,再拿掉疑問語氣。如第一小題可改為「孔子不應稱許堯是聖人。」;第二小題可改為「沒有人需要

被舜感化。」；第三小題可改為「不必等到一年。」；第四小題可改為「缺乏人君應有的統治術。」㉖是考慮句式不同下的表意效果。范仲淹善用孟子的原意，作了更進一步的改造，以「先」、「後」將聖賢憂天下蒼生之心，作了清楚的凸顯對比，意思更加顯豁深入，讀起來更為響亮，成為傳誦千古的名言。

三、語氣

各版本中，關於「語氣」的相關試題僅有兩題。

課數	1	2	3	4	5	6	7	8	9	10	11	12	13	14	15
第一冊	三										翰				
第二冊															
第三冊															
第四冊															
第五冊															
第六冊															

㉗本文以反詰語氣作結，有何作用？

（《三民版》、1.1、〈傷仲永〉）

㉘下列文句中的「豈」字，何者是表示推測語氣？何者是表示反詰語氣？

1.此「豈」古方山冠之遺像乎？

2.精悍之色，猶見於眉間，而「豈」山中之人哉？

3.皆棄不取，獨來窮山中，此「豈」無得而然哉？

（《翰林版》、1.11、〈方山子傳〉）

「反詰語氣」在語氣教學中向來被重視，它的特色是以反問表達肯定的意思，在文言文中有特定字可作為判斷依據，在教學上是相當具體的語法點。㉘中，1.「豈」是推測語氣，2.、3.中的「豈」則是反詰語氣。

第三節　升學考試的語法試題分析（一）

升學考試向來會影響教學，甚至領導教學[10]。以下兩小節希望透過台灣升高中與升大學聯考試題的考察，整理出語法教學上所應重視的語法點，並檢討歷來語法試題的得與失，藉以獲得日後語法教學上的借鑑。

本小節普查的對象包括「台北區聯招試題」、「台灣省聯招試題」、「高雄市聯招試題」、「北區五專聯招試題」、「中區五專聯招試題」、「南區五專聯招試題」、「國中基本學力測驗」等七種。

時間點起自民國八十五年度（新版本實施前一年），一直到民國九十一年度第一次學測為止。其中八十七年度起，高雄區脫離台灣省聯招，開始獨立聯招。八十九年度教育部規定課本中的語文常識不可以列入命題，因此在八十九年度的聯招考試中沒有語法相關試題。九十年度起，取消高中及五專聯招，改為兩次國中基本學力測驗。

歷屆升高中聯考試題中，有關語法部分的試題共有五十九題。約可分成三大類，包括「詞法」、「句法」以及「語氣與語病的辨識」。

一、詞法

　　升高中聯考試題中有關於詞法的試題有二十八題。依照命題
方向及內容歸納，可分為五小類，包括「文言詞彙」、「構詞
法」、「詞類」、「詞性的活用與比較」和「綜合」等。

（一）文言詞彙

　　從廣義的角度來看，所有關於文言詞彙的考題都可以歸為此
類[11]，如此題數便相當的多。基於詞彙教學是語文教學中最基本
的一種教學來考量，因此不把關於文言詞彙的題目給列入考量。
我們只尋找最具有語法現象的考題來討論，在這種情形下，只找
到一題：

　　　　①（甲）天子誅匈奴，「愚」以為賢者宜死節，有財者
　　　宜輸之（〈卜式輸財報國〉）（乙）無使名過實，守
　　　「愚」聖所臧（〈座右銘〉）　（丙）「愚」兄平生最重農
　　　夫。新招佃地人，必須待之以禮（〈寄弟墨書〉）
　　　（丁）聖人所不知，未必不為「愚」人所知也。(〈問
　　　說〉)　以上各項，「愚」字表示自謙者有　（A）一個
　　　（B）二個（C）三個（D）四個。

　　　　　　　　　　　　　　　（85 北五專）答案：(B)

　　本題考的是文言中「謙詞」的判別。其中（甲）、（丙）句
中的「愚」為自謙的用法；（乙）解釋為「不賣弄、不炫耀」；
（丁）解釋為「愚昧的」。

（二）構詞法

　　關於構詞法的試題共有七題，分為「疊字詞」、「聯綿詞」、「音譯詞」和「合義複詞」等四類。分佈情況如下：

年度	北聯	省聯	雄聯	北五專	中五專	南五專	學測1	學測2
85			×		2		×	×
86			×				×	×
87							×	×
88							×	×
90	×	×	×	×	×	×	3	1
91	×	×	×	×	×	×	1	

（ × 表示該年並未舉行，以下皆同。）

　　②下列疊字的用法，何者是錯誤的？(A)「涓涓」細流（B）汗水「涔涔」（C）果實「磊磊」（D）眾目「睽睽」。

　　　　　　　　　　　　（85 中五專）答案：(C)

　　③下輛何者非「狀聲詞」？（A）濺濺（〈樂府詩選──木蘭詩〉）（B）霍霍（〈樂府詩選──木蘭詩〉）（C）怜怜（〈我所知道的康橋〉）（D）簌簌（〈鄉居情趣〉）。

　　　　　　　　　　　　（85 中五專）答案：(C)

　　這兩題分別測驗「疊字詞」的「摹狀詞」與「狀聲詞」。②中「磊磊」用法不當，「磊」並不能疊字使用，應改為「纍

纍」，表示果實眾多的樣子。③中「怜怜」義同「憐憐」，是膽
小可憐的意思，並非狀聲詞。

> ④「天地」一詞中，「天」、「地」均能單獨成詞，表達
> 意義。下列何者與此相同？（A）蝴蝶（B）蜜蜂
> （C）蜻蜓（D）螳螂。

（90 第一次學測）答案：（B）

> ⑤「自從那天在<u>（甲）阡陌</u>交織的田中，偶然<u>（乙）邂</u>
> <u>逅</u>一群悠遊於朦朧夜色的美麗螢火蟲，及引吭高歌的
> <u>（丙）蟋蟀</u>。讀書一向<u>（丁）囫圇</u>吞棗的他，開始認真
> 的閱讀相關資料，想要更了解那群提燈的小精靈與夜間
> 音樂家。」

上文中畫線的詞，何者拆開後仍各自成詞，且意義<u>不同</u>？
（A）甲（B）乙（C）丙（D）丁。

（91 第一次學測）答案：（A）

「聯綿詞」有兩大特點，第一是聯綿詞一旦拆開，便消失原
本意思，第二是字形多變，因為它本來就是以標音為主[12]。以上
兩題都是針對「聯綿詞」這些特點所做的設計。④中「蝴蝶」、
「蜻蜓」、「螳螂」拆成「蝴」、「蝶」、「蜻」、「蜓」、
「螳」、「螂」之後，無法考察原意，而「蜜蜂」一詞拆成
「蜜」、「蜂」後，仍能單獨成詞，故答案為「蜜蜂」。⑤的設
計則較④更加成熟，而且配合上下文提示詞義，其中（甲）「阡
陌」一詞是聯合式的合義複詞，拆成「阡」、「陌」之後，仍具
有意思，「阡」是南北向的田間小路，「陌」是東西向的田間小

路，是故答案為「阡陌」。

⑥下列選項，何者全部是外來語音譯的詞？（A）披薩、沙發、巧克力（B）邏輯、壽司、腳踏車（C）電視、冰箱、摩托卓（D）蕃茄、麵包、冰淇淋。

（90第一次學測）答案：（A）

「外來語」的構成方式可以是「合義詞」，如「電腦」；也可以是「譯音詞」，如「康伯特」（computer）。以「音譯」方式構成的外來語，其實和「聯綿詞」一樣，都不能拆開表意，而且字形多變。依照這個標準來看，選項中「披薩」、「沙發」、「巧克力」、「邏輯」、「壽司」、「摩托」車、冰「淇淋」等都屬於「譯音詞」。

⑦「喜」、「悅」都是「高興」的意思，「喜悅」一詞就稱為同義複詞。下列「」中的詞語，何者<u>不是</u>同義複詞？（A）這個小孩的「遭遇」，著實令人同情（B）你住的那小小的島，我難以「描繪」（C）「窗戶」要擦乾淨，才不會有礙觀瞻（D）對於過去種種不是，我深感「慚愧」。

（90第一次學測）答案：（C）

「合義複詞」的結構方式不適合也不該做為國中生的考題，因此歷來升學考試中大都改為表意方式的考察，諸如「同義複詞」、「偏義複詞」、「反義複詞」、「變義複詞」等。本題中

「窗戶」一詞是由「窗」與「戶」兩個單詞所構成，偏重「窗」字，是「窗子」的意思，而「戶」是單扇門的意思，並不包含在「窗戶」一詞的意思中，因此「窗戶」一詞的用法應屬「偏義複詞」。

（三）詞類

關於詞類的試題共有八題，分為「實詞」、「虛詞」等兩類。分佈情況如下：

年度	北聯	省聯	雄聯	北五專	中五專	南五專	學測1	學測2
85			×		1		×	×
86			×			2	×	×
87			1				×	×
88			1			1	×	×
90	×	×	×	×	×	×		1
91	×	×	×	×	×	×	1	

首先，在「實詞」方面，有四題。分別測驗「對於實詞的認知」、「『之』字做代詞用」以及「數量詞的考察」等。

⑧下列哪一個選項「」中的詞是實詞？（Ａ）他「望」車外看了一看（Ｂ）陳太丘「與」友期行（Ｃ）「嗟哉」斯徒備（Ｄ）「我」感謝面前的祖父母。

（88雄聯）答案：（Ｄ）

⑨下列何者的「之」字代稱「犯蹕者」？（Ａ）今法如此而更重「之」，是法不信於民也（Ｂ）且方其時，上使立誅「之」則已（Ｃ）廷尉，天下「之」平也（Ｄ）久「之」，以為行已過，即出。（〈張釋之執法〉）

（88 南五專）答案：（Ｂ）

⑩下列「」中的「一」字，何者在表達人、事或物的實際數量？（Ａ）「一提到」桂花，就彷彿聞到了那股子香味（Ｂ）他講話很守信用，是個「說一不二」的老實人（Ｃ）遠眺茫茫大海，覺得個人藐小得真如「滄海一粟」（Ｄ）他和我走到車上，將橘子「一股腦兒」放在我的皮大衣上。

（91 第一次學測）答案：（Ｃ）

⑧中（Ａ）「望」為介詞與「車外」構成介賓短語，說明「看」的方向；（Ｂ）「與」是聯合關係的連詞，「陳太丘與友」為並列關係的名詞短語做該句的主語；（Ｃ）「嗟哉」為嘆詞；（Ｄ）「我」為第一人稱的代詞，屬於實詞。⑨中（Ａ）「之」字指縣人所犯的罪；（Ｂ）「之」字指犯蹕者（違反交通管制的人）；（Ｃ）中「之」字為結構助詞「的」；（Ｄ）中「之」字為助詞，表示順適、暫停的語氣。⑩（Ａ）中「一」作「一旦」解釋，屬於時間副詞；（Ｂ）中「一」、「二」並非真正的數量，而是虛指，目的在強調說話的可信度很高；（Ｃ）「一」是實數，「一粟」是「一顆粟米」的意思；（Ｄ）中「一」作「全部」解釋。

其次，在「虛詞」方面的考題，也有四題。這四題都能兼顧

到中學生的能力，設計上都以實用常見的虛詞用法為主。

⑪下列哪一個選項中的「相」字與「相委而去」（〈陳元方答客問〉）的「相」自用法相同？（A）交「相」問難，審問而明辨之（〈問說〉）（B）則余當以誠意「相」待（〈與荷蘭守將書〉）（C）在旁邊做一個小「相」（〈孔子的人格〉）（D）天祥「相」宋於再造之時（〈文天祥從容就義〉）。

（87 雄聯）答案：（B）

⑪題幹中「相委而去」的「相」為代詞性助詞，代替第一人稱「我」，「相委而去」意謂「委（拋下）我而去（離去）」。（A）「相」解釋做「互相」，為副詞；（B）「相」為代詞性助詞，代第二人稱「你」，整句翻譯為「我一定以誠意來對待你」；（C）「相」解釋做「贊禮的人」，名詞；（D）「相」解釋做「輔佐」，動詞。

（四）詞性的比較與活用

升高中聯招試題中，關於「詞性的比較與活用」的試題最多，共有十二題，分為「詞性的比較」、「詞性的活用」、「詞語的結構方式」等三類。分佈情況如下：

年度	北聯	省聯	雄聯	北五專	中五專	南五專	學測1	學測2
85			×				×	×
86	1		×				×	×

87			1		2		×	×
88							×	×
90	×	×	×	×	×	×	2	3
91	×	×	×	×	×	×	3	

⑫下列哪一個選項「」中的字，其詞性和「苔痕上階綠」（〈陋室銘〉）的「上」字不同？（Ａ）學而不「思」則罔（《論語・論學選》）（Ｂ）廷尉，天下之「平」也（〈張釋之執法〉）（Ｃ）以即墨「距」燕（〈田單復國〉）（Ｄ）早潮「舐」著沙灘（〈一隻白鳥〉）。

　　　　　　　　　　　　　（87 雄聯）答案：（Ｂ）

⑬下列各組「」中的字，何者詞性相同？（Ａ）孔子說：生，於我乎「館」＼請問這兒是李公「館」嗎（Ｂ）「淑」世是孔子的理想＼被愛沖昏頭的你，當心遇人不「淑」（Ｃ）遲到的我，只能「白」瞪著眼，看火車離開＼再怎麼勸他，也是「白」費力氣（Ｄ）他說完了這句格言，就「絕」了氣＼我「絕」不答應你的要求，別打如意算盤了。

　　　　　　　　　　（90 第一次學測）答案：（Ｃ）

　　⑫、⑬這兩題測試學生對於「詞性的辨識與比較」的能力，著重在單詞上，是屬於傳統式的命題方式。⑫題中「苔痕上階綠」的「上」字作「爬上、蔓上」解，為動詞。（Ａ）「思」作「思考」解，動詞；（Ｂ）「平」解釋為「標準」，屬於名詞；（Ｃ）「距」是「抵抗」的意思，動詞；（Ｄ）「舐」為「舔

舐」的意思,也是做動詞用。⑬是基本學測的題目,學測相對於傳統聯招,最大的改變是測試學生帶著走的知識,盡量以白話文為主。(A)前者為「住」,動詞;後者為「寓所」,名詞。(B)前者為「改善」,動詞;後者為「良善」,形容詞。(C)前者為「徒然地」,副詞;後者為「徒然地」,副詞。(D)前者為「停止」,動詞;後者為「一定」,副詞。

⑭下列各選項「」中的文字,何者詞性兩兩相同?(A)讓我們盡情「享受」美麗的人生╲一流的設施提供旅客最佳的「享受」(B)事情被揭穿後,他的「反應」很激烈╲若有疑問,請向本單位「反應」(C)綠化環境需要你我共同「參與」╲阿建「參與」了這次旅遊路線的設計(D)孔孟思想深深「影響」著我們╲因為這次旱災的「影響」,蔬菜產量銳減。

(91 第一次學測)答案:(C)

⑮下列各句「」中的詞語,何者的詞性與其他三者<u>不同</u>?(A)喝一口「冰冰涼涼」的井水(B)他「急急忙忙」的跑走了(C)她有一張「白白淨淨」的臉(D)踏著「整整齊齊」的步伐。

(91 第一次學測)答案:(B)

⑭、⑮這兩題也是測試學生對於「詞性的辨識與比較」的能力,但把測驗的焦點放置在複詞上,更切進學生日常生活的語言應用狀況。⑭(A)前後詞性分別為「動詞」、「名詞」。(B)前後詞性分別為「名詞」、「動詞」。(C)前後詞性皆

為「動詞」。（Ｄ）前後詞性分別為「動詞」、「名詞」。⑮
（Ａ）「形容詞」；（Ｂ）「副詞」；（Ｃ）「形容詞」；（Ｄ）
「形容詞」。這一題具有爭議性，其中對於傳統的「的」、
「地」之分，一律改採「的」的看法。「的」、「地」是否應該
區分，在現行中學教學語法中並未明訂[13]，筆者建議應該作明文
的規定，否則爾後將造成教學上的困擾。

⑯下列哪兩個句子「」內的字，是將名詞轉化為動詞使
用？（甲）中通外直，不「蔓」不枝　（乙）汝幸而
「偶」我，又何不幸而生今日之中國　（丙）得志，
「澤」加於民；不得志，修身現於世　（丁）汝心之
「固」，固不可徹　（Ａ）（甲）（乙）（Ｂ）（乙）（丙）
（Ｃ）（丙）（丁）（Ｄ）（甲）（丁）。

（87 中五專）答案：（Ａ）

⑰「國文老師的服飾很中國」，句中的「中國」原是名
詞，但是前面用程度複詞「很」加以修飾後，變成了形
容詞。下列「」中的詞語，何者的用法語此相同？
（Ａ）她很「寶貝」自己的衣服（Ｂ）班長的行為非常
「商人」（Ｃ）小文在學校總是很「惡劣」（Ｄ）我對他
的印象非常「深刻」。

（90 第一次學測）答案：（Ｂ）

　　⑯、⑰這兩題是測驗學生對於「詞性的活用」的認知與辨識
能力。⑯是傳統的命題方式，著重在文言單詞上，而⑰則符合現
今學測的命題理念。從這兩個題目的變化可以看出語法教學的趨

勢是以白話文為主，傳統的教學觀念必須修正。⑯（甲）「蔓」、（乙）「偶」二字皆名詞作動詞用；（丙）「澤」作「恩澤」解，名詞；（丁）「固」作「固執」解，形容詞。⑰（A）「寶貝」，名詞作動詞用；（B）「商人」，名詞作形容詞用；（C）「惡劣」仍為形容詞；（D）「深刻」亦做形容詞用。

⑱下列何組詞語的語法結構兩兩相同？（A）落花流水＼山明水秀（B）先憂後樂＼有勇無謀（C）手忙腳亂＼膽顫心驚（D）避重就輕＼寧缺毋濫。

（91 第一次學測）答案：（C）

⑲將「必須」二字拆開，分別加上「不」字，成為「不必」、「不須」，都和原詞「必須」的意思相反。下列何者相同？（A）容易＝不容；不易（B）能夠＝不能；不夠（C）應該＝不應；不該（D）生氣＝不生；不氣。

（90 第二次學測）答案：（C）

⑱、⑲這兩題測驗學生對於「詞語的結構方式」的認知與辨識能力。⑱題有爭議，題目問「語法結構」顯得相當空泛，什麼是「語法結構」，是指詞性的依序安排嗎？還是指短語的構成方式？如果是前者，學生具有相關的詞類知識，可以解題；如果是後者，國中並不教短語，叫學生如何作答？我們認為如果⑱題在題幹中能夠略加說明，相信對於學生的做題誘答力更高。而⑲題則有相當清楚的題幹說明，是設計相當完善的題目。⑱（A）

「謂語＋賓語」＋「謂語＋賓語」╲「主語＋謂語」＋「主語＋謂語」；（B）「狀語＋中心語」＋「狀語＋中心語」╲「謂語＋賓語」＋「謂語＋賓語」；（C）皆「主語＋謂語」＋「主語＋謂語」；（D）「謂語＋賓語」＋「謂語＋賓語」╲「狀語＋中心語」＋「狀語＋中心語」。⑲（A）「不容」是不能接受的意思，與「不易」不同；（B）「不夠」是尚有缺欠的意思，與「不能」不同；（C）「不應」與「不該」意思相同，而且與「應該」相反，符合題幹的要求；（D）「不生」是無法產生，與「不氣」意思不同。

二、句法

　　歷屆升高中聯考試題中，有關句法部分的試題，約可分成三類：「基本句型」、「特殊句型」與「語序的變化」等。

（一）基本句型

　　有關於基本句型的考題共有八題，可分為兩類：「句型判斷」、「成分辨識」等。其分佈情形如下表：

年度	北聯	省聯	雄聯	北五專	中五專	南五專	學測1	學測2
85			×				×	×
86	1		×				×	×
87							×	×
88		1	1				×	×
90	×	×	×	×	×	×	2	2
91	×	×	×	×	×	×	1	

⑱有關句子的種類,下列哪一個選項是正確的?(A)
儉,美德也=判斷句(B)我看見了她的嚴厲的眼光=
有無句(C)我讀古今中外的歷史=表態句(D)宋無
不道之君=敘事句。

(88 雄聯)答案:(A)

⑲「秋天是迷人的季節」是判斷句,下列何者不是判斷
句?(A)美是心中有愛(B)她是全班同學的最愛
(C)他總是笑口常開(D)有恆是成功的不二法門。

(91 第一次學測)答案:(C)

⑱、⑲兩題測驗學生對於「基本句型」的辨識能力。學生只
要對於基本句型之間的區分有所了解,這兩題是相當簡單的題
目。⑱(B)應該是「敘事句」;(C)應該是「敘事句」;
(D)應該是「有無句」。⑲(C)「總是」屬於頻率副詞,不
能看到「是」字,就一律視為「判斷句」,本題對於語法教學相
當具有啟發性。另外,從試題上來統計,關於「判斷句」的試題
最多,這一點也值得注意。

⑳用來描述主語的性質或狀態的叫「表語」,下列「」
中的詞語,何者是表語?(A)成功的刻石上,不能沒
有「我的名字」(B)「我」是天空裡的一片雲(C)他
實在太「自我」了(D)你會記得「我們」嗎。

(90 第一次學測)答案:(C)

㉑下列各選項「」中的部分,何者不是該句的主語?

（A）「問題」已浮現在檯面了（B）「他們」簡直是無法無天（C）「屋頂」上的雨水滴落下來（D）「教育」是孔子心愛的職業。

　　　　　　　　　　（90 第二次學測）答案：（C）

　⑳、㉑這兩題是測驗學生對於「句子成分」的辨識能力，都出現在九十學年度改以學測取代聯招以後，顯示「句法教學」被重視。⑳（A）「我的名字」作賓語；（B）「我」是主語；（C）「自我」作表語；（D）「我們」作賓語。㉑（A）「問題」是主語；（B）「他們」是主語；（C）「屋頂上的雨水」是主語，「屋頂上的雨水」為名詞短語，是由定語（屋頂上）＋中心語（雨水）而成；（D）「教育」是主語。

（二）特殊句型

　　特殊句型所包含的句型相當多，但是歷來升學考試都只考「被動句」，根據歸納整理分佈情形如下：

年度	北聯	省聯	雄聯	北五專	中五專	南五專	學測1	學測2
85			×				×	×
86			×		1		×	×
87							×	×
88			1				×	×
90	×	×	×	×	×	×		
91	×	×	×	×	×	×		

㉒下列各句中的「見」字，何者有被動的含意？（A）不得志，修身「見」於世（B）人皆從式，式何故「見」冤（C）「見」機而作，不俟終日（D）城中人「見」齊諸降者盡劓。

（86 中五專）答案：（B）

㉓「馬善被人騎」是個被動式的句子，下列哪一個選項「不是」這類句子？（A）唯恐見得（B）梧桐的枝幹為蟻所蝕（C）流俗顧薄之（D）不為以往的成見所圍。

（88 雄聯）答案：（C）

　　㉒、㉓兩題都是測驗學生「被動句型」的辨識能力。「被動句」屬於特殊句型，白話文的被動句在判斷上比較簡單，因此向來不是命題的重點；文言被動句則有三種固定句型[14]，其一是「主語＋為＋施事賓語＋所＋述語」，其二是「主語＋見＋述語＋（於）＋施事賓語」，其三是「主語＋述語＋於＋施事賓語」。依照這三個固定句型判斷，答案不難獲得。

（三）語序的變動

　　關於「語序的變動」的試題有八題，其分佈情形如下：

年度	北聯	省聯	雄聯	北五專	中五專	南五專	學測 1	學測 2
85	1		×				×	、
86		1	×				×	×
87		1					×	×

88		1					×	×
90	×	×	×	×	×	×	2	2
91	×	×	×	×	×	×		

代表題型：

㉔下列各句的文字順序改變後，何者意思變了？（A）
生，事之以禮＝生，以禮事之（B）子何恃而往＝子恃
何而往（C）七八個星天外＝天外七八個星（D）卻看
妻子愁何在＝卻看妻子在何愁。

（87 省聯）答案：（D）

㉕下列各選項「」中的例子，經調整之後，何者意思改
變了？（A）這件事「何難之有」→有何難（B）「久違
了，故人」→故人，久違了（C）這是辦不成，「一切
唯你是問」→一切唯問你（D）「世界難道不是一個舞
台嗎」→舞台難道不是一個世界嗎。

（90 第一次學測）答案：（D）

　　㉔是傳統的考題，著重在測驗學生對於「古文語序調整習
慣」以及「詩歌語序調整」是否了解。㉕則著重於白話文語序的
調整上，比較符合中學語法教學的重點。㉔（A）「事之以禮」
是介賓短語的位置改變；（B）「子何恃而往」是疑問代詞作賓
語的提前；（C）「七八個星天外」是有無句「天外有七八個
星」的賓語提前；（D）「愁何在」是反問句，意謂不再憂愁，
與「在何愁」截然不同。㉕（A）、（C）是以「之、是」作標

誌的語序調整，表示賓語被提前至謂語之前；（B）是謂語的提
前；（D）將主語與賓語對調，兩者意思大相逕庭。

㉖下列選項，何者前後兩句的意義<u>不同</u>？（A）經歷千
辛萬苦，我好容易才完成任務＼經歷千辛萬苦，我好不
容易才完成任務（B）放榜了，我差一點沒考上高中＼
放榜了，我差一點就考上高中（C）別哭，這一點小傷
有什麼關係＼別哭，這一點小傷沒什麼關係（D）號
外，中華隊大勝美國隊＼號外，中華隊大敗美國隊。

（90 第一次學測）答案：（B）

㉗下列各選項，何者前後兩句文意相同？（A）人人為
我＼我為人人（B）美玉出藍田＼藍田出美玉（C）你
是我的最愛＼你的最愛是我（D）張將軍屢戰屢敗＼張
將軍屢敗屢戰。

（90 第二次學測）答案：（B）

這兩題都是白話文，測驗學生語句稍作改變後的語意辨識能
力。㉖題（B）前句是「考上了」，後句是「沒考上」，兩者的
差別在於前者「差一點沒」表示「實際上有」的意思，後者「差
一點就」表示「沒有」的意思。本題特別值得注意的是（D）選
項出現了「使動詞」的用法，「大敗美國隊」是「使美國隊大
敗」的意思，對於國中學生是比較陌生的概念。㉗（A）、
（C）將主語與賓語對調，意思並不相同；（B）雖然也是將
主、賓語對調，但因為「藍田」是處所名詞，所以對調後意思並
沒有變化；（D）前者「戰」與「敗」之間具有因果關係，表示

「每戰必敗」，後句二者間卻是「轉折關係」，表示「奮戰到底」，二句意思相差很遠。

三、語氣與語病的辨識

升高中聯招試題中關於「語氣與語病」部分，經過統計總共出現十三題，分佈情形如下：

年度	北聯	省聯	雄聯	北五專	中五專	南五專	學測1	學測2
85			×		1		×	×
86	1		×		1		×	×
87		1					×	×
88	2		1		1		×	×
90	×	×	×	×	×	×	3	2
91	×	×	×	×	×	×		

關於「語氣辨識」的代表題型如：

㉖下列哪一項敘述是表達「不滿、生氣的情緒」？（A）此人親驚吾馬，吾馬賴柔和，令他馬，顧不敗傷我乎？而廷尉乃當之罰金（B）縣人來，聞蹕，匿橋下。久之，以為行已過，即出，見乘輿車騎即走耳（C）孤雁，好好的守著更吧！有惡人來，要叫醒我們大家啊（D）你們兩個是一母同胞的兄弟，當和好至老，不可各積私財，至起爭端。

（87 北聯）答案：（A）

㉗下列選項，何者語氣兩兩相同？（Ａ）今天，我就要
你作主＼沒有農夫，哪裡有飯吃（Ｂ）記住，飯碗裡一
粒米都不許剩＼我的天，怎麼這麼酸（Ｃ）大家都像你
這樣怕冷，誰來種田＼爸，我們的小雞全跑到坡上去了
（Ｄ）大約大去之期不遠矣＼籠中鳥的苦悶，大概僅次
於黏在膠紙上的蒼蠅。

（90 第一次學測）答案：（Ｄ）

㉖（Ａ）是漢文帝不滿意張釋之的判決所說的話，句中
「乃」字可以看出憤怒的語氣；（Ｂ）是縣人不小心違反交通管
制後誠惶誠恐的話語，語句短小，顯示出心中的惶恐；（Ｃ）是
命令的語氣；（Ｄ）是父親勸慰兄弟兩人的語氣。㉗（Ａ）前者
是肯定語氣，後者是反問語氣；（Ｂ）前者是叮嚀語氣，後者是
感嘆語氣；（Ｃ）前者是責備語氣，後者是陳述語氣；（Ｄ）都
是感嘆語氣。

關於「病句辨識」的考題僅有兩題，如下：

㉖下列哪一個句子沒有語病？（Ａ）爸爸的一席話，對
於我受到了很大的鼓勵（Ｂ）老師教授他的課業，讓我
們適應生活潮流（Ｃ）儘管交友是一件有益的事，還是
要多交朋友（Ｄ）張伯伯腦中風以後，我無時無刻不掛
念著。

（88 北聯）答案：（Ｄ）

㉗下列各句，何者<u>沒有</u>繁冗多餘的語詞？（Ａ）有養成
閱讀的習慣，等於就猶如擁有一筆珍貴的資產（Ｂ）現

代人經常能夠感受到生活中許多無窮的壓力（C）時時
反省改進，才能使我們有更美好的明天（D）節儉真是
現代人都必須培養的美德。

（90 第一次學測）答案：（C）

㉖（A）是介詞與謂語的不當使用，可以調整為「爸爸的一
席話，『對』我『是』很大的鼓勵。」；（B）是代詞的不當使
用¹⁵，兩個分句中，前一分句的賓語恰好是後一句的賓語，兩者
所使用的代詞應該一致，應改為「老師教授他的課業，讓『他』
適應生活潮流」；（C）「儘管……還是……」是一種「轉折－
讓步句」，前後句義應該有明顯得對立、衝突才可以，如「儘管
下大雨，小強還是堅持上學去。」便是。

㉗題問的是「繁冗多餘的語詞」，這種病句的產生都是因為
在句中對於成分的不當重複使用。如（A）狀語「等於就猶如」
中，「等於」、「就」、「猶如」皆為副詞且意思相同，因此，
可省略為「猶如」；（B）中「經常」為頻率副詞，可以充當狀
語，如「他經常上台北。」；「能夠」為能願動詞，能願動詞也
可以充當狀語，如「他能夠開口笑了。」但是當二者組合成短語
「經常能夠」時，便造成語感上的混淆。其次，本句中「許多無
窮」兩個詞彙意思重複，宜刪去其一。是故，本句可以省略「經
常」、「許多」二詞，而成「現代人『能夠』感受到生活中『無
窮』的壓力」；或者省略「能夠」、「無窮」，而成為「現代人
『經常』感受到生活中『許多』的壓力」。（D）「現代人」為
集合名詞，本身已泛指所有的人，而「都」為範圍副詞，有概指
全體的的意涵，因此「都」與「現代人」在概念上產生衝突，所

以造成語感上的不妥。如果把「現代人」改為「每個人」，而成「節儉真是每個人都必須培養的美德。」就正確了。

第四節　升學考試的語法試題分析（二）

本小節普查的對象為升大學聯招有關語法的試題，包括「日大聯招」、「夜大聯招」、「北部進修推廣學士班聯招」以及「推薦甄選入學考試」等四種升大學考試的試卷。

涵蓋時間自八十二年（推薦甄選入學考試實施前一年）一直到九十一年二月學科能力測驗為止。其中，夜大聯招於民國八十五年停止，自民國八十六年改為推廣教育學程，其中僅有北部仍保有聯招，其餘各區改為各校獨立考試、招生。自民國九十一年起推薦甄試改為學科能力測驗。

根據歸納統計，以上各項考試中關於語法的試題總計有四十八題，以下歸納為三大類：「詞法」、「句法」和「語氣」。

一、詞法

升大學考試中關於「詞法」的相關試題有三十三題，分別討論到「構成方式」、「詞類的運用」以及「詞性的使用」三類。

（一）構成方式

共有十題，分佈狀況如下：

	82	83	84	85	86	87	88	89	90	91
日大聯招						1				×

夜大聯招			2	×	×	×	×	×	×
北進修推	×	×	×	×	1	1			×
推薦甄試	×		1			1		2	1	×
學科能力	×	×	×	×	×	×	×	×	×

①漢字雖一字一義，但亦有兩字不能拆開，須合為一詞始具完整意義者，如「逍遙」、「徜徉」、「琵琶」等即是。下列選項「」內的詞何者屬於此類？（A）道旁樹木的陰影在他們于徐的「婆娑」裡暗示你舞蹈的快樂（B）我只吩咐軍匠等，叫他故意「遲延」，凡應用物件都不與齊備　（C）余出官二年，恬然自安，感斯人言，是夕始覺有「遷謫」意，因為長句，歌以贈之（D）他的心裡永遠在寧靜中保持一片澄明，不為外界風雨塞途而「踟躕」徘徊，不知何去何從　（E）一曲新詞酒一杯，去年天氣舊亭臺，夕陽西下幾時迴？無可奈何花落去，似曾相識燕歸來，小園香徑獨「徘徊」。

　　　　（87日）答案：（A）（D）（E）

②甲‧我「達達」的馬蹄是美麗的錯誤　乙‧猿鳴至清，山谷傳響，「泠泠」不絕　丙‧我有點愧赧，「訕訕」地說，收著呢　丁‧殘燈無焰影「幢幢」，此夕聞君謫九江　戊‧外祖母在這座大樓的遺骸前面點起一炷香，「喃喃」地禱告　己、雖到了飢寒病苦刑答交迫的地步，仍是「熙熙」然貪戀著目前的生的歡喜。上列文句「」內的疊字，用來形容聲音的選項是　（A）甲乙戊　（B）甲丙己　（C）乙丁戊　（D）丙丁己。

（87北進推）答案：（A）

①、②兩題是傳統的「衍聲複詞」考題，比較大的改變是題幹及選項的敘述變的相當清晰，這對於學生來說有很大的幫助。在①中，（A）、（D）、（E）為雙聲的衍聲複詞；（B）「遲延」是並列式的合義複詞；（C）「遷謫」也是並列式的合義複詞。②（甲）「達達」狀馬蹄的聲音；（乙）「泠泠」狀擬山谷傳來的回響聲；（戊）「喃喃」狀擬細語不絕的聲音。而其他選項都是「摹狀詞」。

③甲·臺灣舊有「福爾摩沙」之稱　乙·救人一命，勝造七級「浮屠」　丙·忘了客戶姓名，總是有些「尷尬」　丁·多搭乘「巴士」，可減少塞車時間　戊·珍惜資源，應先做好「垃圾」分類　己·速食店的「漢堡」特餐，頗受歡迎。上列「」內的六個詞彙，屬於“音譯外來語”者計有　（A）三個　（B）四個　（C）五個　（D）六個。

（86北進推）答案：（B）

④甲·總統直選，全民做「頭家」　乙·向歷史負責，為未來「打拼」　丙·選戰花招讓大家看得「霧煞煞」　丁·商品一律七折，特賣會場「強滾滾」　戊·天王巨星登場，魅力果然「紅不讓」　己·黃小姐受到驚嚇，「歇斯底里」地衝出屋外。上列「」內的詞彙，皆屬目前常見，其中來自閩南方言的是：　（A）甲乙丙丁　（B）甲丙丁戊　（C）甲乙丙丁戊　（D）甲丙丁戊

己。

（87 推）答案：（A）

⑤由於受到外來文化的影響，漢語中常有梵文譯音的語
詞，下列「」內的字詞與梵文譯音<u>無關</u>的選項是
（A）永「劫」 （B）「浮圖」 （C）「瑜珈」
（D）「功德」。

（89 推）答案：（D）

③、④、⑤三題分別考察了「外來語」、「閩南語」[16]及
「梵文」三者的譯音狀況。雖然考的名詞學生有的並未全部學
過，但學生如果能掌握「衍聲複詞」－「拆開不表原來意思」、
「字形多變」這兩個原則，這三題都可以迎刃而解。

⑥中文翻譯外國詞語時，或採「音譯」，或採「義譯」，
通常會盡量做到「音譯兼義譯」。不過，翻譯要兼顧
音、義兩方面有時也有其困難，因此所謂「音譯兼義
譯」常常只能照顧到某些部分的聲音與意義。例如
「Utopia」譯為「烏托邦」，不但照顧到聲音，也兼有
「寄託於虛構中的理想國」之意。下列文句「」中的外
來詞，屬於此種「音譯兼義譯」的選項是：(A)近來電
視「叩應」(call-in)節目當道，不少觀眾熱中此道 (B)
老趙與人爭吵時「歇斯底里」(hysteria)的神情，實在令
人不敢恭維 (C)現今某些立法委員質詢時，唱作俱佳，
宛如表演「脫口秀」(talk show) (D)各國政府重要部
門，為了防患電腦「駭客」(hacker)入侵，莫不鞏固電

腦防備設施，嚴陣以待 (E)金門居民最近發現空中常出現一道弧形光圈，此現象是否屬於外太空的「幽浮」(UFO)頓時成為熱門話題。

(90 推)答案：(A)(C)(E)

⑥題問到「譯音兼義譯」的現象，其實就是問到「譯音」之外，還能以「合義」的方式來呈現意思的詞彙。如（A）「叩應」一來是譯音，二來能表達原來的意思，有人「叩」問，就予以回「應」；（C）「脫口秀」一來譯音，二來表現「脫口」而出的味道；（E）「幽浮」一來譯音，二來表現不明飛行物體的意思。這種同時問到「譯音兼譯義」的題目，可以說已經把譯音詞構成方式的命題推展到了極致，對於教學上的啟發相當大。

⑦《出師表》："陟罰臧否，不宜異同"，句中「異同」一詞由「異」和「同」兩個意義相反的字所組成，但只表示「異」一個意義，此稱之為「偏義複詞」。下列文句「」內的詞語，屬於偏義複詞的選項是 （A）「榮辱」之來，必象其德 （B）江流天地外，山色「有無」中 （C）歸「去來」兮，田園將蕪，胡不歸 （D）不問可否，不論「曲直」，非秦者去，為客者逐。

(85 夜) 答案：(C)

在「合義複詞」方面的考題，僅有一題。問的是「偏義複詞」，顯得相當的單薄。其實在「合義複詞」方面，可以設計的

考題相當的多，但因為中學語法教學向來被漠視，出現這種狀況是相當可惜的事。

（二）詞類的運用

在「詞類的運用」方面的考題共有十三題，分佈情形如下表：

	82	83	84	85	86	87	88	89	90	91
日大聯招		1			1					×
夜大聯招			1		×	×	×	×	×	×
北進修推	×	×	×	×		1				×
推薦甄試	×	1	1		1	1	2	2		×
學科能力	×	×	×	×	×	×	×	×	×	1

在這十三題中，分別討論到「文言代詞的用法」、「文言中使動詞的用法」、「副詞的用法」以及「數量詞的用法」等，比較有特色的題目如下：

⑧下列文句「」內屬於「人稱代詞」的選項是　（A）吾不忍其觳觫，「若」無罪而就死地　（B）嫗每謂余曰：某所，「而」母立於茲　（C）往送之門，戒之曰：往之「女」家，必敬必戒，無違夫子　（D）子曰：以吾一日長乎耳，毋吾以也！居則曰：不吾知也！如或知「爾」，則何以哉　（E）滔滔者，天下皆是也，而誰以易之？且「而」與其從辟人之士也，豈若從

辟世之士哉。

（88 推）答案：（B）（C）（D）（E）

　　這一題問的是「文言代詞的用法」，是屬於學習文言文中最基礎的知識，學生不能不會。其中（A）「若」解作「如此、這般」，屬指稱詞，並非人稱代詞；（B）「而」即是「你」；（C）「女」通「汝」，文言「你」的意思；（D）「爾」和（E）「而」相通，都是「你」的意思。

　　⑨「中華隊□□日本隊」，這句話若要表示中華隊獲勝，則□□內可以填入下列哪些詞語？甲・大勝　乙・大敗　丙・逐鹿　丁・力克　戊・稱臣　己・重挫　庚・輕取　辛・飲恨。（A）甲丁己庚辛　（B）甲丙戊己庚　（C）甲乙丙丁己　（D）甲乙丁己庚。

（86 北進推）答案：（D）

　　⑨中牽涉到語法觀念的是（乙）「大敗」一詞，「大敗」是使動的用法，有「使……大敗」的意思[17]。本題的設計頗能引導教學，其他諸如文言特殊的動詞用法如「意動的用法」、「被動的用法」，相信很快的就會浮出檯面。

　　⑩《桃花源記》：「南陽劉子驥，高尚士也，聞之，欣然規往，未果，尋病終。」文中的「尋」為「時間副詞」，是「不久」的意思。下列文句，其中使用「時間副詞」的選項是　（A）《中庸》：「道也者，不可須臾

離也；可離，非道也。」　　（B）《口技》：「旋聞女子
殷勤聲，九姑問訊聲，六姑寒暄聲。」　　（C）《虯髯
客傳》：「時方弈棋，起揖而語；少焉，文靜飛書迎文皇
看棋。」　　（D）《世說新語》：「俄而雪驟，公欣然
曰：『白雪紛紛何所似？』」　　（E）《秦士錄》：「已而
煙塵漲天，但見雙劍飛舞雲霧中，連斫馬首墮地，血淥
淥滴。」。

　　　（84夜）答案：（A）（B）（C）（D）（E）

⑪「今臣亡國賤俘至微至陋」的「至」用來修飾
「微」、「陋」兩個形容詞，稱為「程度副詞」。下列文
句「」內的字，屬於「程度副詞」的選項是　　（A）初
「極」狹，才通人　　（B）從數騎出，「微」行，入古
寺　　（C）毛血日「益」衰，志氣日益微　　（D）此其
所挾持者「甚」大，而其志甚遠也　　（E）默化其麤
頑，日使之「漸」於禮義而不苦其難。

　　　　（87推）答案：（A）（C）（D）

　　⑩、⑪兩題測驗學生對於「副詞」的理解，中學生對於虛詞
的學習以「副詞」最感吃力[18]，因為「副詞」介於「實詞」與
「虛詞」的中間地帶，它又像實詞具有一定的意義基礎，卻又像
虛詞般功能性十足，因此學生在判斷上常見混淆詞類的情況產
生。⑩、⑪兩題在命題上充分掌握了「副詞」的特點，在題幹上
給予足夠的語言環境，學生在作答尚可已有正確的依循，命題的
思維可說相當的周延。⑩問的是「時間副詞」，（A）「須臾」
是時間副詞；（B）「旋」有「隨即」的意思，是時間副詞；

（C）「時」解作「當時」，「少焉」解釋為「沒多久」，都是時間副詞；（D）「俄而」，「不久」的意思，為時間副詞；（E）「已而」也是「不久」的意思，是時間副詞。⑪問的是「程度副詞」，（A）「極」為程度最強的用詞；（B）「微」解釋作「暗中」，是性狀的說明，屬於一般的副詞；（C）「益」是「更加」的意思，亦屬程度副詞；（D）「甚」有「很」、「非常」的意思，也是程度副詞；（E）「漸」解釋為「逐漸習染」，是動詞的用法。

⑫古文中表示數學上的「幾分之幾」，多以兩個數字並列，前者為「分母」，後者為「分子」。下列文句「」內屬於此一表意方式的選項是　（A）蓋予所至，比好遊者尚不能「十一」　（B）安見方六七十，如五「六十」，而非邦也者　（C）夫物之不齊，物之情也，或相倍蓰，或相「什百」　（D）飛來雙白鵠，乃從西北來，十十「五五」，羅列成行　（E）下士冤民，能至闕者，萬無數人，不過「百一」。

（88 推）答案：（A）（E）

⑬中國語文在表達數量時，為了修辭、音韻、節奏等需要，往往不直接道出，而使用拆數相乘的手法，如「五五之喪」，指守二十五個月的喪期，意即三年之喪。下列敘述，使用這種數表示法的選項是　（A）蓋予所至，比好遊者尚不能「十一」　（B）「三五」之夜，明月半牆，桂影斑駁　（C）年時「二八」新紅臉，宜笑宜歌羞更斂　（D)讀書一事，也必須有「一二」知己為伴，時

常大家討論，纔能進益　(E)莫春者，春服既成；冠者
「五六」人，童子「六七」人，浴乎沂，風乎舞雩，詠
而歸。

(89 推) 答案：(B)(C)

　　這兩題測驗學生對於文言「數詞」的應用了解。⑫問「分
數」，文言習慣把分母放在前面，大多為十、百、千、萬，分子
放在後面；據此判斷（A）表示十分之一；（B）指六十見方的
土地，不是分數；（C）是倍數的用法，指「十倍」、「百
倍」；（D）指一行五隻五隻地排列；（E）表示百分之一。⑬
問「乘數」的用法，（A）是十分之一；（B）指十五月圓的時
候，是乘數的用法；（C）指十六歲，是乘數的用法；（D）是
「約數」，指「約一、二人」；（E）也是「約數」，分別為
「約五六人」、「約六七人」。

（三）詞性的使用

　　關於「詞性」的考題有十題，分為「詞性的比較」、「詞性
的活用」和「語法結構」三類。分佈情形如下：

	82	83	84	85	86	87	88	89	90	91
日大聯招					1					×
夜大聯招		1			×	×	×	×	×	×
北進修推	×	×	×	×	1	2				
推薦甄試	×			2	2			1		×
學科能力	×	×	×	×	×	×	×	×	×	

在「詞性的比較」和「詞性的活用」方面，仍然維持一貫的傳統，並沒有值得特別注意之處。倒是在「語法結構」方面，命題上有新的變化產生，如下：

⑭溫庭筠《商山早行》：「雞聲茅店月，人跡板橋霜」，捨棄一切語法關係，全用名詞，羅列出視覺及聽覺等意象，以表現遊子早行之時空場景下的羈愁旅思。下列選項所引詩句之語法，何者與之相同？(A)風鳴兩岸葉，月照一孤舟　(B)鳥聲梅店雨，野色柳橋春　(C)大漠孤煙直，長河落日圓　(D)渡頭餘落日，墟里上孤煙。

（85 推）答案：(B)

⑮「矯俗干名」一詞的語法結構是分別由動詞「矯（正）」與名詞「（習）俗」以及動詞「干（求）」與「名（聲）」，兩對「動詞－賓語」的結構組合而成的。下列詞語中也有相同"動詞賓語結構"的選項是　(A)抱薪救火　(B)倦客思家　(C)動心駭目　(D)位充祿厚(E)遠罪豐家。

（87 北進推）答案：(A)(C)(E)

⑭討論到整句的詞性構成方式，比起傳統的試題顯得更加的切近語法事實。⑮則在題幹中提出了「動詞 － 賓語」的說法，也能夠讓學生意識到語法學習的重要性。⑭、⑮兩題的設計，讓語法教學獲得正視，對於未來語法教學起正面積極的作用。

二、句法

　　「句法」方面，總共出現了十二題，分散在「省略」、「語序的改變」、「特殊句型」、「文言特殊用法」及「複句」上。

（一）省略

　　僅有兩題，分佈如下：

	82	83	84	85	86	87	88	89	90	91
日大聯招										×
夜大聯招			1		×	×	×	×	×	×
北進修推	×	×	×	×						×
推薦甄試	×								1	×
學科能力	×	×	×	×	×	×	×	×	×	

⑯甲、「怡然敬父執，問我來何方。問答未及已，驅兒羅酒漿。」

（杜甫〈贈衛八處士〉）

　試分別說明各詩句的主語：
1-1 「怡然敬父執」的主語為何？(1分)
1-2 「問我來何方」的主語為何？(1分)
1-3 「問答未及已」的主語為何？(1分)
1-4 「驅兒羅酒漿」的主語為何？(1分)

　　乙、有獻不死之藥於荊王者，謁者操以入。中射之士（左右侍從之官）問曰：「可食乎？」曰：「可。」因奪

而食之。王怒，使人殺中射之士。中射之士使人說王
曰：「臣問謁者，謁者曰『可食』，臣故食之。是臣無
罪，而罪在謁者也。」

（《戰國策·楚策四》）

上文「中射之士」的回答顯然是詭辯。試問：

2-1 中射之士問謁者：「可食乎？」從上下文來看，中射之士故意省
略的主語是什麼？(2分)

2-2 謁者直接回答中射之士「可食」，是因為謁者以為中射之士所問
的「可食乎？」的主語是什麼？(2分)

（90推）

這一題考的是「主語」的省略現象。如果要判別何者是主
語，一來要對於該句成分有清晰的了解，二來也要對整體文意有
一定的掌握，這兩個能力缺一不可，這是相當理想的設計。

（二）語序的改變

⑰下列文句，經過調整後，何者意義不變？(A)久矣吾
不復夢見周公－吾不復夢見周公久矣　(B)危疑正所以
明誠－明誠正所以危疑　(C)焚膏油以繼晷－以繼晷焚
膏油　(D)造物者之無盡藏－無盡藏之造物者　(E)大人
世及以為禮－大人以世及為禮。

（82日）答案：(A)(E)

僅有一題，從內容來看，顯得中規中矩，純粹是測驗學生對

於文言文語序調整規律的了解。⑰中（Ａ）是主謂成分的調整；（Ｅ）是介賓短語「以世及」的語序調整。本題碰觸到句法的學習，中學固然不宜要求學生記誦過多的語法條例，但是讓學生了解句子中幾個重要的成分，熟習古文中句子的基本變化情形，還是有必要的。因此，筆者認為有關這類語序變化的考題應該多加設計，讓學生在練習中逐漸地熟悉，進而達成教學目標。

（三）特殊句型

僅有兩題，都是被動句，分佈如下：

	82	83	84	85	86	87	88	89	90	91
日大聯招						1				×
夜大聯招					×	×	×	×	×	×
北進修推	×	×	×	×						×
推薦甄試	×								1	×
學科能力	×	×	×	×	×	×	×	×	×	

兩題的選項中，分別從「文言被動句」與「白話被動句」的判別作設計。兩題中以後者較具特色，如下：

⑱《史記》〈項羽本紀〉：「吾聞先即制人，後則為人所制。」句中的「為」字與下列各句的「給」字用法、意義相同的選項是　(A)你「給」我過來　(B)誰知道那孩子又會「給」狼啣去呢　(C)妳跟我講小的在哭，我「給」你說管他去哭(D)這隻手鐲，是你小時回來那

次，太太「給」我的。

（89推）答案：（B）

本題在題幹上以文言文的方式來呈現，選項則是以白話文的方式呈現，跳脫傳統命題一律以文言文命題的方式。這有兩個好處：一方面測驗學生對於字義的了解，二方面測驗學生對於被動句型的了解。（A）中「給」是使役動詞，有命令、要求的意思。（B）中「給」解釋為「被」，「給（為）狼（所）啣去」是典型的被動句型。（C）中「給」作介詞，與「你」結合成介賓短語，作「說」的狀語。（D）中「給」是動詞，作「給予」的意思。

（四）文言特殊用法

有三題，包括「敬、謙詞的用法」、「節奏點的辨識」、「文言兼讀」三方面。分佈如下：

	82	83	84	85	86	87	88	89	90	91
日大聯招							1			×
夜大聯招					×	×	×	×	×	×
北進修推	×	×	×	×						×
推薦甄試	×					1		1		×
學科能力	×	×	×	×	×	×	×	×	×	

其中「敬、謙詞」與「兼讀」分別在第二節與第三節討論過了，不再贅述。茲舉「節奏點的辨識」一題以為討論。

⑲詩的語言有其節奏，如五言絕句多以２－３音節成句（白日・依山盡），七言絕句多以４－３音節成句（一片孤城・萬仞山）。現代詩相較於古詩，在形式上是自由的，但也未嘗不重視節奏。下列所引古今詩句中，七言的節奏與其他選項<u>不同</u>的是　(A)柔嫩的薔薇刺上，還掛著你的宿淚　(B)我們並立天河下，人間已落沉睡裏　(C)直道相思了無益，未妨惆悵是清狂　(D)香稻啄餘鸚鵡粒，碧梧棲老鳳凰枝。

（88 日）答案：(A)

　　⑲中所提「節奏點」意味著朗讀時聲音停頓的地方，其切分的位置與句中成分有關。以⑲題（A）選項為例，「柔嫩的薔薇刺上，還掛著你的宿淚」是一主謂句，中間用逗號將主語及謂語切分；先看主語「柔嫩的薔薇刺上」，這是一個名詞短語，由定語「柔嫩的」＋中心語「薔薇刺上」所組成，因此只能作 ３－４ 的切分；其次，在謂語「還掛著你的宿淚」部分，這是一個動詞短語，由動詞「掛著」（前面帶有狀語「還」）＋賓語「你的宿淚」所組成，因此也只能作 ３－４ 的切分。

　　（五）複句

　　關於「複句」討論的試題共有四題，包括「因果關係」、「假設－條件關係」、「遞進關係」等三類，分佈狀況如下：

	82	83	84	85	86	87	88	89	90	91
日大聯招							1			×
夜大聯招					×	×	×	×	×	×
北進修推	×	×	×	×						×
推薦甄試	×					1	2			×
學科能力	×	×	×	×	×	×	×	×	×	

⑳下列文句，述及事件"前因後果"的選項是　(A)三折肱而成良醫　(B)君子多欲，則貪慕富貴，枉道速禍　(C)獨孤臣孽子，其操心也危，其慮患也深，故達　(D)居廟堂之高，則憂其民；處江湖之遠，則憂其君　(E)昔者先王知兵之不可去也，是故天下雖平，不敢忘戰。

　　　　　　　（88推）答案：(A)(B)(C)(E)

㉑《論語‧子路》:「名不正則言不順」的語意關係是「若名不正，則言不順」。下列文句，也具有此種「若不……則不……」語意關聯性的是　(A)不悱不求　(B)不悱不發　(C)不怨天，不尤人　(D)不在其位，不謀其政　(E)其身不正，雖令不從。

　　　　　　　（87推）答案：(B)(D)(E)

㉒「顧修史固難，修臺之史更難，以今日修之尤難」，此三句之文意有程序上的層層推進。下列文句，屬於此種表現方式的是　(A)九姑之聲清以越，六姑之聲緩以蒼，四姑之聲嬌以緩　(B)不違農時，穀不可勝食也；數罟不入洿池，魚鱉不可勝食也；斧斤以時入山林，材木不可勝用也　(C)始臣之解牛之時，所見無非牛者；

三年之後，未嘗見全牛也。方今之時，臣以神遇而不以
目視，官知止而神欲行　(D)初看傲來峰削壁千仞，以
為上與天通；及翻至傲來峰頂，才見扇子崖更在傲來峰
上；及至翻到扇子崖，又見南天門更在扇子崖上；愈翻
愈險，愈險愈奇　(E)說到對土地的感情，穿皮鞋的不
如穿布鞋的，穿布鞋的不如穿草鞋跟赤腳的。連赤腳也
有程度之分，那些踏過水田裡爛泥漿的腳，就要比走硬
土的人感受得更加深刻一些。

　　　　　　　　　（88 推）答案：（C）（D）（E）

⑳問得是「因果關係」。（A）「三折肱」為因，「成良
醫」為果，中間以「而」作銜接；（B）「君子多欲」為因，
「貪慕富貴，枉道速禍」為果，中間以「則」作銜接；（C）
「操心也危，其慮患也深」為因，「達」為果，中間以「故」作
銜接；（D）是「並列關係」的複句；（E）「知兵之不可去
也」為因，「天下雖平，不敢忘戰」為果，中間以「是故」作銜
接。

㉑比較複雜，「若不……則不……」兼具「假設」與「條
件」關係，回答此題必須先對選項中的意思作一了解，再逐一以
「若不……則不……」的句型去判讀。如（B）「若不」悱，
「則不」發；（D）「若不」在其位，「則不」謀其政；（E）
「若」其身「不」正，「則」雖令「不」從。

㉒問「遞進關係」。（A）、（B）都是「並列關係」的複
句；（C）「始臣之解牛之時，所見無非牛者；三年之後，未嘗
見全牛也。方今之時，臣以神遇而不以目視，官知止而神欲

行」，以時間先後「始」、「三年之後」、「方今之時」，作遞進依據；（D）「初看傲來峰削壁千仞，以為上與天通；及翻至傲來峰頂，才見扇子崖更在傲來峰上；及至翻到扇子崖，又見南天門更在扇子崖上；愈翻愈險，愈險愈奇」，其遞進標誌為「初」、「及」、「及至」。（E）「說到對土地的感情，穿皮鞋的不如穿布鞋的，穿布鞋的不如穿草鞋跟赤腳的。」則不用連詞作標誌，純以語意比較作遞進深入。

三、語氣

　　升大學考試中，關於「語氣[19]」的試題出奇地少，僅有三題。分佈如下：

	82	83	84	85	86	87	88	89	90	91
日大聯招										×
夜大聯招				1	×	×	×	×	×	×
北進修推	×	×	×	×						×
推薦甄試	×		1	1						×
學科能力	×	×	×	×	×	×	×	×	×	

　　㉓下列文句，何者使用「假設語氣」？(A)方今之務，莫若使民務農而已矣　(B)或有弗諱，寡人將誰屬國　(C)孰謂少者歿而長者存，彊者夭而病者全乎　(D)苟能充之，足以保四海；苟不充之，不足以事父母　(E)向使四君卻客而不內，疏士而不用，是使國無富利之實，而秦無彊大之名也。

（84 推）答案：（B）（D）（E）

㉔下列文句，使用「祈使語氣」的選項是 (A)願陛下矜愍愚誠，聽臣微志；庶劉僥倖，保卒餘年 (B)當獎率三軍，北定中原，庶竭駑鈍，攘除奸凶，興復漢室，還於舊都 (C)臣亡國賤俘，至微至陋，過蒙拔擢，寵命優渥；豈敢盤桓，有所希冀(D)重念蒙君實視遇厚，於反覆不宜鹵莽，故今具道所以，冀君實或見恕也 (E)錄大辟囚三百餘人，縱使還家，約其自歸以就死：是以君子之難能，期小人之尤者以必能也。

（85 夜）答案：（A）（B）（D）

㉕古人為文，有時會使用反詰語氣，增加文句變化，這類文句通常是無疑而問的，只是用問句的形式表示肯定或否定，並不一定要求回答，如《戰國策》：「嘻！亦太甚矣，先生又惡能使秦王烹醢梁王。」。下列各選項，何者不屬於反詰語氣？(A)長鋏歸來乎！無以為家 (B)四海之內，皆兄弟也。君子何患乎無兄弟也 (C)學而時習之，不亦說乎？有朋自遠方來，不亦樂乎 (D)許君焦、瑕，朝濟而夕設版焉！君之所知也。夫晉，何厭之有 。

（85 推）答案：（A）

　㉓題問「假設語氣」，回答此題必須具備認知「文言假設語氣詞」的能力。如（B）「或」，解釋為「如果」，假設語氣詞；（D）「苟」，解釋為「如果」，假設語氣詞；（E）「向使」，解釋作「假使」，假設語氣詞。㉔問「祈使語氣」，

（Ａ）「願」、「庶」有祈使語氣；（Ｂ）「庶」有祈使語氣；（Ｃ）是反詰語氣；（Ｄ）「冀」有祈使語氣；（Ｅ）是批判語氣。㉕問反詰語氣，（Ａ）有問有答，應屬提問語氣；（Ｂ）「何」表現出反詰語氣；（Ｃ）句中「不亦……乎」是文言反問句的固定句式之一；（Ｄ）句中「何……之有」也是文言反問句的固定句式之一。

第五節　討論與建議

一、詞法

（一）構詞法

　　關於構詞法的考題，集中在「詞的辨識」、「衍聲複詞」、「合義複詞」等三方面。比較特殊的現象是，「合義複詞」的考題僅止於「同義複詞」、「偏義複詞」等以表意方式為主的複詞用法上，對於複詞內在的結構方式付之闕如。

　　國中部分基於學生能力，當然不宜討論過多，但是在高中課程中，卻仍舊因循著國中的路子，對於抽象的、概念的部分能省就省，當然教學上是輕鬆了，不過學生究竟學到了什麼呢？漢語詞彙除少數單音詞外，在今日絕大部分都是複音詞，要體會詞彙意義，就必須了解該詞彙的構造組成，才能分析出它與其他義近詞彙間的差別，我認為身為語文教師不能苟且地認為「讀書百遍，其義自見」是學習語文的唯一真理，應該藉助有條理的分析來幫助學生，才算善盡責任。

如果以上的說法是正確的，那就說明了現今語文教師普遍忽視語法教學這個事實，而忽視的理由在於教師本身對於語法的生疏，不懂得如何以語法指導學生辨識文辭之美，因此，造成學生選詞造句的能力嚴重不足，是可以想見的結果了。

（二）詞類

詞類的考題大都與字、詞義相結合，以兩相比較的方式進行命題，傳統的「文言」、「單詞」的詞類題偏重於記憶，近幾年來則改採「口語化」、「複詞」的方式命題，靈活度顯然提昇不少。

（三）詞性的活用

詞性的活用題向來在語法試題中佔大多數，相信在以後的命題中也會不斷的出現。詞性的活用本來就是漢語語法的一大特色，如果能透過試題的不斷提示，對於學生語文知識的學習必然能產生積極的幫助。

但詞性也正因為能夠活用，命題更必須小心，特別是國、高中的學生對於「詞類」與「成分」二者的概念仍未能釐清，太過於簡單的題幹陳述將會使的學生莫衷一是，無法判別。所以，有關於詞性的考題必須在題幹處給予足夠的答題資訊，這才是良好的命題策略。

（四）特殊的文言詞彙運用

從廣義的角度來看，文言詞彙都屬於語法的範疇，過去的語法試題對於文言詞彙的命題相當的多，相當的難，難在冷僻艱

深，對於學生的學習常常帶來負面的效果；但是從狹義的角度來看，學生學習國語文並不以文言文為核心，國、高中階段的文言文難度並不高，學生只要能掌握幾個特定的文言詞彙的用法，其實也就夠了，實在不必做過度細緻的剖析分辨。

二、句法

（一）基本句型

這部分的考題集中在國中階段，國中的語法體系中提出了普通句型「敘事句」、「有無句」、「表態句」及「判斷句」。對此，筆者認為有商榷的必要：

首先，這套系統的實用性不高。學生僅能透過它來分析簡單句型，至於其他繁複的句型則必須不斷的疊床架屋，增加新的術語，學生在操作上顯得吃力不耐煩。

其次，是產生不必要的誤導。我們都知道「詞」或「短語」只要加上一定的語氣、語調，就是句子，強調四大基本句型似乎僵化了學生對於「句子」這個概念的認知，學生遇到單詞句或短語句時，往往不知所措，無法據之進行分析。

因此，筆者建議關於「基本句型」的說明，必須從根本的教學語法體系中重新界定，讓名實相符。

（二）語序的調整

在過去，這一類的考題都以「倒裝句」名之，這種說法明顯是有缺失的，都犯了「以今非古」的毛病；這幾年來，命題觀念成熟了，改稱為「語序的調整（改變）」，這是很大的進步。

　　再從命題的素材來看，過去的命題素材集中在文言特殊的語序變化上，這當然對於閱讀文言文起很大的幫助，不過對於學生的語文表達能力的幫助，卻相當有限。其實，白話中運用到「語序調整」的機會非常多，比如「你不要管這件事。」和「這件事你不要管。」二者所強調的對象，所呈現的語氣明顯不同，而這些不同點正是學生在學習語文表達上所應該重視的地方。這幾年來，命題上開始重視口語上的語序變化現象，這使得語法與修辭產生了聯繫，對於學生的語文表達能力產生莫大的幫助，這是相當可喜的現象。

（三）省略

　　不管是文言文或是白話文，書面語或是口語，「省略」都是常見的現象，學生了解各種狀況下的省略，對於閱讀、寫作都有幫助，所以這種命題方式是恰當而且是必要的。

（四）特殊句型

　　漢語特殊句型其實就是文言句型[20]中與現代白話句型不同的句型。就中學階段而言，漢語的特殊句型不多，但各具特色。如果在命題上給予清晰的界定誘導，對於學生的幫助很大。觀察過去的語法試題，關於特殊句型僅止於「被動句」的介紹，這暴露出中學語法教學中關於句型教學的嚴重不足，筆者認為這是爾後必須加強的重點之一。

（五）複句

　　國中部分，複句僅在課本的練習試題中，以造句的方式出

現，並沒有出現在升學的試題中，筆者認為這是相當妥善的安排；不過，倘能在每一課都予以加強練習，對於學生的助益會更大。另外，在複句句型練習時，句型的挑選宜應注意典範性，清楚地標示出複句中連詞，讓學生在學會這個句型後，能在日後流暢地操作運用。

高中部分，各家版本的教學語法體系都已經提到了複句，因此在命題上便應該給予更多的關注，一來學生會因而對複句的關聯現象投注更多的注意，間接增強語文的操作能力；二來對於複句的切分剖析也關係著邏輯概念的強與弱，多學習複句對於一個人的邏輯判斷能力會有正面增強的效果。

三、語氣

過去對於「語氣」的考題侷限在「反詰語氣」、「祈使語氣」、「假設語氣」三方面上，而且命題上也相當的單調，偏重於文言文。原因很簡單，語氣是表現在口語中的一種現象，在書面語中的確很難呈現，而文言文有語氣詞可以幫助判斷，因此設計上比較不成問題。

這一點是可以克服的。白話文中當然也有「語氣」的使用，它表現在：

（一）語氣助詞：如「嗎」、「呢」、「嘛」、「吧」………。

（二）嘆詞：如「嗯」、「咦」、「唉」、「喔」………。

（三）語氣副詞：如「一定」、「或許」、「反正」、「難道」……。

（四）語序調整：如「你說這下子怎麼辦？」和「這下子怎

麼辦？你說。」，二者語氣明顯不同，後者比起前者來的強烈。

（五）標點符號：如胡適在〈差不多先生傳〉一文中，描繪差不多先生病危時說話斷斷續續的語氣：「活人同死人也差……差……差……不多，凡事只要……差……差……不多就……好了，何……必……太……太……認真呢？」，完全是透過刪節號的運用來呈現。

（六）變化句式：如陳冠學〈田園之秋選〉：「牛群在原野上狂奔，羊群在唉唉慘叫，樹林在盡力縮矮，那個敢把手舉得最高，頭伸得最長，定立時被劈殺。」句中兩組排比句，句式簡潔有力，強調出大西北雨降臨的肅殺氣氛。而當大雨過去，氣氛寧靜祥和時，陳冠學則選擇了參差不齊、有長有短的句式來呈現，「終於雷聲愈來愈遠，雷光只在遙遠的天邊橫掃。太陽又出來了，一片清新的空氣、鮮潔的色彩，彷彿聽見了貝多芬田園交響曲第四樂章牧羊人之歌。」（陳冠學〈田園之秋選〉），可見句式的變化對於語氣的傳達，也具有一定程度的幫助。

以上六種情形，筆者認為日後在白話文「語氣題」中可以多加設計。

「語氣」的教學是現今語文教學中最薄弱的一環，問題的癥結出在兩方面：

一方面「語氣」本身比較朦朧抽象，而且每個人先天的感悟程度亦不相同，因此，教師在教學上訊息傳遞不易。

二方面對於「語氣」方面的研究也未見落實，造成教師在教學資訊的取得普遍困難。

解決之道在於推廣與落實，教育部應邀請學者專家進行「語氣」方面的相關研究，並將研究成果推廣，使「語氣」教學受到

應有的重視；其次，教師也應努力突破「語氣」朦朧的本質，嘗試將它落實在教學之中。

四、語病

語病的考題有兩種方式，一種是句子成分的不當安排，一種是句子成分的重複使用，這兩種方式都與教學語法息息相關，是相當優秀的命題理念。

現今關於「語病」的教學，大抵是在作文教學中順帶進行的，絕大多數的教師會將學生作文中產生語病的文句修改成正確的句子，教師所憑藉的是他多年來的語文經驗與知識，往往都是「知其然」，卻「不知其所以然」。關於「句子成分的重複使用」的問題，學生很容易從閱讀中感受出來[21]，教學上並不是困擾。但是對於「句子成分的不當安排」所造成的病句，學生如果未經教師的系統地講解是不可能了解的。

目前，對於病句的研究並不多，絕大多數都是教師在教學耕耘中所獲得的經驗談，如果能全面地蒐集，有系統地爬梳出造成病句的規律性，對於日後語文教學將有莫大的助益。

註 釋 ────────────

[1] 重疊構詞是由兩個相同的音節組成的詞彙現象，在漢語中十分常見。重疊詞可分為「疊音詞」和「疊義詞」兩大類。疊音詞是由兩個相同的字所構成，用來描摹一種聲音，或形容一種狀態。疊音詞和字的本義無關，它只是表現聲音的符號。疊音詞雖然有兩個音節，但只是一個語素，因此，疊音詞不屬於「構詞法」的範疇。重疊構詞的另一種形式是「疊義詞」。疊義詞是由兩個相同的語素所構

成，具有實質的意思。當疊義詞單用的時候，通常與原來相差不遠，而疊音詞並不具有這種現象，這是因為疊義詞是兩個語素的重疊，而疊音詞僅是兩個音節的重疊。疊義詞隸屬於「構詞法」中。參見竺家寧：《漢語詞彙學》（台北：五南圖書出版有限公司，1999年10月，初版），頁 280-329。

2　舊版《國中國文》在第五冊〈語文常識三〉中，列有「文言常用虛詞淺釋」一單元。參見舊版《國民中學國文教科書》第五冊（台北：國立編譯館，1993 年 8 月，改編本三版），頁 396-404。但是在新版《國中國文》中對於虛詞的用法，則不再列入〈語文常識〉單元中來討論。參見國立編譯館：《國中國文教師手冊》第四冊（台北：國立編譯館，2000 年 1 月，正式本，初版）。

3　朱自清：《朱自清全集》（台南：文國書局，1992 年，初版），頁 473-497。

4　國立編譯館，《國中國文教師手冊》第四冊，頁 25。

5　對於「文言虛字」，舊版《國中國文》在第五冊中列有專章討論，稱為「文言常用虛字淺釋」，參見舊版《國民中學國文教科書》第五冊，頁 89-96。到了新版的《國中國文》則取消了此一單元，對於重要的文言虛詞僅零星散見各課「討論與練習」中。此舉有利有弊，取消當然可以避免中學師生過度地鑽研，使教學能專注在範文整體的學習上；但是完全不講，學生對於「文言虛字」的認知便缺乏一定的依據，我認為在中學階段「文言虛字」還是要講解，但是要更扼要地講解，只要提出中學階段學生會遇到的重要虛字就可以了。

6　「代詞性助詞」一詞是教學語法中常用的說法，隸屬於「結構助詞」。「結構助詞」是附著在詞或詞語結構（短語）前後或中間的助

詞，它的功能在於改變詞語的結構型態。所謂「代詞性」是就其功能而言。舊版《國民中學國文教科書教師手冊》對於代詞性助詞的解釋如下：「具有指示稱代的作用，放在動詞之上，動詞之下的賓語省略，被省略的賓語是一個指稱詞。」參見舊版《國民中學國文教科書教師手冊》第五冊（台北：國立編譯館，1993 年 8 月，改編本三版）頁 120 以及頁 421。

7 黃六平先生說：「有一種賓語移至於動詞之前的句式，也是為了加重賓語強調語勢的作用，如『愎諫違卜，固敗是求』（《左傳·僖十五年》），賓語『敗』置於動詞『求』前，再在賓語和動詞之間插個無實義的助詞『是』字。這種用法的助詞，除『是』字外，還有『之』、『焉』、『或』、『來』、『斯』、『實』等。」參見黃六平：《漢語文言語法綱要》（台北：漢京文化事業有限公司，1983 年 4 月，初版），頁 48-49。

8 「合音兼讀」又稱為「急讀」，是指一個字表示兩個詞，從語音的角度，這個字是合音詞，即兩個詞的讀音的拼合，是故這一個字同時表示了兩個詞的意義。參見王正白：《文言實詞知識》（安徽：教育出版社，2000 年 10 月，第三版），頁 281-284。侯雲龍先生說：「從語法的角度看，這個字是兼詞，及兼有兩個詞的詞義、詞性和語法作用。兼詞不是一個獨立的詞類，要拆開來理解。」參見侯雲龍：《文言文知識表解》（台北：新學識文教出版中心，1990 年 1 月，初版），頁 127。

9 這裡所謂的「互文」是籠統的概括，包括有「互文同義」與「互文見義」兩種；這麼概括的理由是這兩種現象都出現在句子當中，因此放在一起說明。二者的區別：「互文同義」的上下文，意義是相同

的，如「門當戶對」，「門當」即是「戶對」；而「互文見義」的上下文，意義是相加的，如「神出鬼沒」一詞宜理解為「神出鬼沒」。參見侯雲龍：《文言文知識表解》，頁 173-175。

10　「考什麼，念什麼；不考什麼，就不念什麼」是學生普遍的讀書心態，林鍾隆認為：「這是偏頗的讀書方法，不能完全責怪學生為考試而讀書；考試方法上不知講究的教師們，也是不能辭其咎的。」因此，林鍾隆主張要設計出適當的考察辦法，「考什麼、念什麼的情況也就因為有了『全盤』考察，也就非『全盤』用功不可，這樣的考試領導教學也就沒有弊害了」。參見林鍾隆：〈國文科教學測驗的探討〉，列於《國文教學談叢》一書（台北：益智書局，1980 年 7 月，初版），頁 56-57。

11　竺家寧說：「詞彙學研究的範圍，上不及句型，下不及音素音位，而是在兩者之間的一個語言層次。這個層次又可以再區分為三個小層次：詞素、詞、詞組。」又說：「我們研究漢語詞彙由單音節發展為複音節詞，首先就得確定『詞』的定義，才有立論的基礎。……詞和詞組古今往往不同。現代的某些詞，在古代也可能是詞組。例如：『妻子』古代指『妻和子』，是詞組，現代指『丈夫』的相對概念，是單一的詞。」竺家寧的意思是，欲了解一個詞彙前，語法的先行判斷（單音節詞區分出詞素或詞，複音節詞區分出詞或詞組）是為必要的手段。換言之，對每一個詞彙的了解，都有語法的運用在其中。參見竺家寧：《漢語詞彙學》，頁 8-15。

12　參見施待仁：〈什麼叫聯綿詞？〉，收錄於《古代漢語三百題》一書（台北：建宏出版社，1994 年 9 月，初版），頁 383-385。

13　「的」、「地」二字作為結構助詞的用法，不僅現行中學教學語法沒

有作明確的規定，甚至在中學課本所選範文中，對於「的」、「地」的使用也非常的混亂，這使得教師在教學上無所適從。針對「的」、「地」不分的現象，蔡謀芳先生曾經如此說過：「語文活動的基本原則是：形式隨內容而變。不同的內容需要不同的形式來表達。……當語文的現況不符理想時，就是我們設法調整的時候。」他又說：「原來白話文中，形容詞、副詞、所有格三者的詞尾都有分別：『的』字是形容詞的詞尾，『地』字是副詞的詞尾，『底』字是所有格的詞尾。如今作者在使用上，已加以混同。語法的形式既少了一種區別，意念的表出就多了一種困擾。因此這三種詞尾的分別用法，有再發揚的必要。」參見蔡謀芳：《表達的技術──語法十七講》（台北：文津出版社，1996 年 3 月，初版），頁 58-66。

14 參見劉井農：《漢語文言語法》（北京：中華書局，1994 年 6 月，第一版），頁 287-297。

15 代詞的不當使用，在中學生的寫作表達中經常出現，其中頻率最高的應屬「代詞複指」現象，比如：「他把他的弟弟送到我家就走了。他是一個可愛的孩子，我們都很喜歡他。可是沒幾天他就把他帶回去了，我們好懷念他啊！」本句中共有七個「他」字，其中只有第一、第二、第七個「他」語意明白，其餘皆模糊難辨。「代詞複指」會帶來歧義，教師不能不察。參見凌芝：《實用學生作文手冊》（台北：書林出版有限公司，1991 年 12 月，初版），頁 66。

16 筆者認為在類似這種全國性大型的考試中，出現以地方方言為內容的題目，是很不恰當的。雖然，學生懂了「衍聲複詞」的特點，就可以解決這方面的問題，但是仍然對於不熟悉此一地方方言的其他考生不公平。

[17] 關於「使……大敗」的說明，請參見楊如雪：《文法　ABC》（台北：萬卷樓圖書有限公司，1998 年 9 月，初版），頁 399-404。

[18] 「副詞」究竟如何定位，目前的說法仍然混沌不明。大陸語法學者張誼生對於「副詞」作了以下定義：「副詞是主要充當狀語，一部份可以充當句首修飾語或補語，在特定的條件下一部分還可以充當高層謂語或準定語的具有限制、描摹、評註、連接等功能的半開放類詞。」因此，張誼生認為：「確定漢語副詞的基本原則應該是：以句法功能為依據，以所表意義為基礎。」參見張誼生：《現代漢語副詞研究》（上海：學林出版社，2000 年 6 月，第一版），頁 10。從張誼生的說法中，我們可以觀察出「副詞」的確很難斷言究竟屬於「實詞」還是「虛詞」。因此，在教學上，筆者建議掌握以下兩點，武斷地將「副詞」歸於「虛詞」中，以解決學生判斷上的困擾。①「副詞」在正常語言環境下，不能充當句子的主要成分，如主語、謂語、賓語。②「副詞」絕大多數不能獨立使用。

[19] 就嚴格的語法定義「語氣」，只分為四種，分別是：語調平均，句尾稍微下降的「陳述語氣」；語調先上昇後下降的「感嘆語氣」；語調逐漸下降的「命令語氣」；句末語調上昇的「疑問語氣」。參見邢福義：《漢語語法學》（吉林：東北師範大學出版社，1996 年 11 月，第一版），頁 121-125。但是，我們也必須注意到「副詞」中有「語氣副詞」一類，它又細分為許多小類，諸如：「表肯定語氣的」、「表推測語氣的」、「表估計語氣的」、「表反問語氣的」、「表意外語氣的」、「表希望語氣的」，……。當這些語氣副詞出現在句中時，便賦予該句一定的語氣，教師在解釋時也勢必說明該句具有某某語氣。參見朱業顯：《文言語譯》（台北：書林出版有限公司，1998　年　10

月,一版),頁 94-97。當然以上這兩種「語氣」間是有區分的,前者是就說話的語調來判斷,後者是就語意的內容來判斷。但若就文言教學而言,後者比起前者來的重要許多。

20 鄭清風曾經對於文言句型做過整理,他把文言句型區分為十三類,五十種。參見鄭清風:《基礎文言學習辭典》(台北:文橋出版社,1988 年 6 月,初版)頁 393-404。

21 劉永讓曾經針對學生作文「用詞重複」的現象,提出以下建議:「要防治這一用詞重複的錯誤,有三件事情應當特別注意:一是在語文常識方面要認識詞義詞性,並多蒐集詞彙,以備應用。二是在日常生活中養成良好的口語習慣。三是在句型上要時時求變。參見劉永讓:〈用詞的重複堆砌與拙劣〉,列於梁實秋主編的《寫作研究》一書中(台北:中國語文月刊社,1976 年 5 月,再版),頁 79-85。

第五章

中學教學語法芻議

說　　明

【目　　的】

　　本章的目的在於提供中學生一套可行性高的教學語法體系。現行的中學語法體系，國中部分太過簡單，以致於無法產生語法教學上的實質意義；高中部分百家爭鳴，導致學生面對不同版本時，產生莫衷一是的困擾。本章針對以上兩點，嘗試結合台灣與大陸語法學界對於中學教學語法的看法，重新架構一套適合教與學的語法，期能使台灣的中學語法教學步上正軌，對語文教學產生助力。

【原　　則】

　　1.重視中學生的學習能力，定義力求簡明，分析注重實用，舉例符合經驗。

　　2.重視語言交流實際，點出語法教學的大方向，對於特殊的語法現象點到為止，避免造成捨本逐末的教學扭曲。

　　3.採用必要的術語，化繁為簡，做到「詞、短語、句子」三位一體的語法教學[1]。

　　4.所有的例句盡量從國民中學的國文課本中尋找，期使中學生在學習語法規則的過程中減少文意上的影響。

5.分析的過程中，務必做到清楚地交代，使學生能不斷地從舊經驗中，建構出新的知識。

【要　　點】

1.在語法層級上加入「語素」這一層級。

2.將「詞語結構」改稱為「短語」。

3.強調「短語」的中樞位置。

4.力求「詞」、「短語」、「句子」的結構方式的統一。

5.在「單句」的分析上，避開了傳統簡單句——敘事句、有無句、表態句、判斷句——的說法[2]。

6.在「複句」的分系上，維持傳統教學語法的觀點，將複句分為「聯合複句」、「偏正複句」兩大類；其下又分成九小類，將「轉折複句」歸入「偏正複句」中，「目的複句」併入「因果複句」中[3]。

7.對於句子的分析，採用「符號法」，力求簡便。

【參考資料】

修正過程中，主要參考的資料如下：

1.上海師範大學中文系漢語教研室著，《語法初階》[4]

2.王力，《中國語法理論》[5]

3.王年雙，《國語語法》[6]

4.田小琳、黃成穩、莊文中，〈中學教學語法系統提要（試用）〉[7]

5.朱德熙，《語法講義》[8]

6.呂叔湘，〈漢語語法分析問題〉[9]

7.呂叔湘，《中國文法要略》[10]

8.李裕德，《現代漢語實用語法》[11]

9.汪麗炎，《漢語語法》[12]

10.邢福義，《漢語複句研究》[13]

11.林語堂，《中國話的語法》[14]

12.高名凱，《漢語語法論》[15]

13.張靜，〈漢語教學語法體系建議方案〉[16]

14.張先亮：《理論語法研究與比較》[17]

15.莊文中，〈中學語法實施意見（試用）〉[18]

16.許世瑛，《中國文法講話》[19]

17.黎錦熙，《國語文法》[20]

18.舊版《國中國文》（第五冊）〈語文常識一、文法簡介〉[21]

19.新版《國中國文》（第四冊）〈語文常識（上）、語法上篇〉、〈語文常識（下）、語法下篇〉[22]

20.國立編譯館版《文法與修辭》上冊[23]

21.大同版《文法與修辭》上冊[24]

22.三民版《文法與修辭》上冊[25]

23.翰林版《文法與修辭》上冊[26]

第一節　語法單位

一、語素

語素是最小的語法單位，是語言中最小的語音和語義的結合

體，不可以再切分。

語素的種類，按照音節區分，可分為「單音節語素」、「雙音節語素」以及「多音節語素」三種。

二、詞

詞可以分為實詞和虛詞兩大類：

實詞表示實在的意義，能夠作短語或句子的成分，加上語氣、語調後，大多數的詞能夠獨立成句。實詞包括「名詞」、「動詞」、「形容詞」、「數詞」、「量詞」、「代詞」。

虛詞一般不表示實在的意義，不作短語或句子的成分（只有「副詞」可以作狀語），它們的基本用途是表示語法關係。虛詞包括「副詞」、「介詞」、「連詞」、「助詞」；另外，「嘆詞」和「狀聲詞」有某些表達作用，但沒有實在意義，也屬於虛詞。

三、短語

短語在語法的層級中居於中樞的地位，極為重要。

一方面，短語是由詞和詞組合構成的語言單位，所以又比詞高一級；二方面，短語和詞一樣，可以充當句子的成分；三方面，大多數的短語只要帶上一定的語氣、語調，便成為一個句子。

短語可分為名詞短語、動詞短語、形容詞短語、主謂短語和介賓短語等。

四、句子

　　句子是語言的使用單位，是由詞和詞或短語所組合構造而成的。

　　每個句子都帶有一定的語氣、語調。在正常的連續說話中，句與句之間有較大的停頓，在書面上用一定的標點（句號、問號、驚嘆號）表示出來，一個句子表示一個相對完整的意思，完成一次語言溝通。

　　句子成分主要有主語、謂語、賓語、定語、狀語、補語等。

　　兩個或兩個以上的單句組合成複句，可分為聯合複句與偏正複句兩大類。

第二節　語素

　　語素是語言中最小的語音語義結合體，它能夠或可以單獨成詞，也能夠或可以互相組合成詞。如：

　　　①皇天不負苦心人。（藍蔭鼎〈飲水思源〉）

　　①是由「皇天」、「不」、「負」、「苦心人」等四個詞所組成。其中「不」與「負」單獨成詞，而「皇天」這個詞由「皇」和「天」所組成，「苦心人」由「苦」、「心」、「人」所組成。換言之，①共有「皇」、「天」、「不」、「負」、「苦」、「心」、「人」等七個語素。

　　語素除了是最小的語音語義結合體，也是構詞單位外，語素還是最小的語法單位。以①作句子成分分析如下：

①皇天 ‖〔不〕負（苦心）人。（藍蔭鼎〈飲水思源〉）

由以上分析可以得知，①是一個主謂句，其中主要成分為：主語「皇天」，謂語「負」，賓語「人」，修飾成分為狀語「不」，定語「苦心」，這些成分都是由語素或者是由語素所構成的。它們都各自充當句子的成分，具有自己本身的語法意義，所以說語素又是語法的最小單位。

語素的種類，按照音節區分，可分為「單音節語素」、「雙音節語素」以及「多音節語素」三種。在此必須強調，語素是最小的語音語義結合體，已經不能再切分；因此，不管語素音節多寡，均只能視為一個語素。

一、單音節語素

數量最多。如：

天、地、花、草
追、趕、跑、跳
胖、瘦、美、醜
剛、才、就、更

二、雙音節語素

數量上並不多，又分為兩小類：

（一）古代遺留下來的「聯綿詞」，如：

鴛鴦、坎坷、藍縷、吩咐

玫瑰、蜻蜓、糊塗、顢頇

天竺、芙蓉、蘿蔔、胡同

（二）外來語的「譯音詞」，如：

布丁、夾克、秀斗、幽默

叩應、血拼、基因、邏輯

芒果、咖啡、摩登、沙發

三、多音節語素

數量又更少，主要是音譯的外來語，如：

模特兒、甘迺迪、馬拉松、巧克力

歇斯底里、羅曼蒂克、莎士比亞、亞特蘭大

阿爾及利亞、克羅埃西亞、亞特蘭提斯、美索不達米亞

前面提到語素具有構詞能力，但語素的構詞能力有強弱的區分。依構詞能力強弱，語素又可分成三類：

一、自由語素

有的語素可以單獨成詞，而且可以和其他語素組合成一個詞，組合時位置可以在前，也可以在後，這種語素稱為「自由語素」。以「水」為例：

②水車怎麼會動呢？聽到水聲，看到流水淙淙。老人又想了，想了再想，豁然開朗，要是沒有水只有水車，跟

只有米沒有火煮一樣沒有用，所以要拜就拜水啊！（藍
蔭鼎〈飲水思源〉）

②中「要是沒有『水』只有水車」、「所以要拜就拜『水』
啊」兩句中的「水」（不含「水車」一詞中的「水」字）都單獨
成一個詞。而且「水」也能跟「車」、「聲」、「流」等語素或
前或後的組成「水車」、「水聲」、「流水」等三個詞。以上說
明了「水」是一個自由語素。其他如：

> 人、人類、好人
> 花、花園、香花
> 跑、跑車、慢跑
> 單、單獨、孤單

二、半自由語素

有些語素則不能單獨構成一個詞，可是它可以和其他語素組
成一個詞，組合時它的位置可以在前，也可以在後，這種語素稱
為「半自由語素」。如：

> 機工、機場、機會、機密
> 司機、輪機、電機、轉機
> 勞苦、勞累、勞心、勞作
> 辛勞、功勞、疲勞、耐勞

三、不自由語素

　　有些語素不但不能單獨構成一個詞，而且當它們和其他語素組合成詞時，位置也是固定的，只能在前，或者只能在後，這種語素稱為「不自由語素」。

　　（一）有些語素只能在前，如：

　　　　老鼠、老師、老虎、老陳
　　　　小孩、小花、小心、小劉
　　　　第一、第三、第五、第九
　　　　初一、初二、初學、初來
　　　　阿牛、阿妹、阿媽、阿爺

　　（二）有些語素只能在後，如：

　　　　桌子、椅子、老子、兒子
　　　　木頭、指頭、石頭、路頭
　　　　花兒、孩兒、碗兒、瓶兒
　　　　仇家、專家、行家、作家
　　　　老者、行者、弱者、記者
　　　　社員、團員、黨員、人員
　　　　中性、惡性、良性、鹼性
　　　　赤化、惡化、老化、液化

第三節　構詞法

　　比語素高一級的語法單位是詞。由一個語素所形成的詞叫單純詞，由兩個或更多的語素所形成的詞叫合成詞。語素與詞的關

係如下表：

語　　　素	詞	單純詞＼合成詞
〔人〕	人	單　純　詞
〔民〕	×[27]	×
〔履〕	×	×
〔歷〕	×	×
〔我〕	我	單　純　詞
〔們〕	×	×
〔葡萄〕	葡萄	單　純　詞
〔人〕＋〔民〕	人民	合　成　詞
〔履〕＋〔歷〕	履歷	合　成　詞
〔我〕＋〔們〕	我們	合　成　詞
〔葡萄〕＋〔樹〕	葡萄樹	合　成　詞

　　由上表得知，單純詞並不存在構詞的問題，因為不管單純詞是單音節、雙音節還是多音節，它都是由一個語素所形成；構詞法主要討論的對象是由兩個或兩個以上的語素所形成的合成詞。

　　合成詞的構詞法有以下六種：

一、聯合式

　　又稱並列式。這種合成詞是由兩個意義相同、相近、或相對、相反的語素以平等的方式構成。例如：

> 學習、道路、奇怪、善良、勇猛、冷暖、買賣、恩怨、
> 忘記、東西

二、偏正式

又稱主從式。這種合成詞的一部份語素在限制、修飾或補充另一部份語素。可以再分為「前偏後正式」、「前正後偏式」兩種。

（一）前偏後正式

紅茶、茶杯、青菜、菜農、老人、熱愛、粉碎、後退、金字塔、合作社

（二）前正後偏式

說明、改正、打倒、擴大、推廣、提高、房間、信件、人口、馬匹

三、主謂式

又稱陳述式。這種合成詞的前一個語素是被陳述、說明的對象，後一個語素則是陳述、說明前一個語素的。例如：

天崩、地震、海嘯、溪流、眼紅、心急、冬至、性急、腦膜炎、胃下垂

四、述賓式

又稱動賓式、支配式。這種合成詞的前一個語素表示動作、行為，後一個語素表示動作、行為所支配、涉及的對象。例如

出席、畢業、放心、握手、司機、進步、司令、領隊、
探親、負責

五、重疊式

這種合成詞是以語素重疊的形式構成的。重疊式合成詞和疊
音語素表面上看起來一樣，其實有別。疊音語素的兩個音節是一
個語素，不能分開，否則就沒有意思或轉換成別的意思，譬如
「猩猩」、「彬彬」；而重疊式合成詞的每一個音節都是一個語
素，不重疊仍然表示相同的意思。例如：

爸爸、媽媽、星星、常常、人人、看看、剛剛、偏偏、
漸漸、說說

六、附加式

這種合成詞就是一般所謂的「派生詞」，是由詞根和詞綴構
成，其中詞根才是這個合成詞的基本意義，而詞綴只是某種附加
意義的虛語素。依據詞綴的不同位置，可分成四類：

（一）前附加式

老師、老虎、阿姨、阿爸、第一、初五、可怕、本校、
非金屬、非生物

（二）後附加式

花兒、綠化、桌子、彈性、木頭、作者、畫家、俗氣、
創造性、教育界

（三）中附加式

花裡花俏、怪裡怪氣、稀哩嘩啦、劈哩啪啦、黑不溜
秋、傻不稜燈

（四）前後附加

可靠性、本土性、非理性、非會員、老美式、老中國
式、非自動化

有些語法體系將構詞方式區分為「衍聲的」和「合義的」兩
種，所以有「衍聲複詞」與「合義複詞」的說法，對照如下：

衍　聲　複　詞	合　義　複　詞
1.雙音節單純詞	1.聯合式
2.多音節單純詞	2.偏正式
3.重疊式	3.述賓式
4.附加式	4.主謂式

第四節　詞類

詞是構成句子最基本的語言成分，按照它們在造句時的不同
功能，可以把詞區分為「實詞」和「虛詞」兩大類。

一、實詞

實詞具有比較實在的詞彙意義，可以表示一種概念，能夠單

獨充當語句的成分。實詞包括「名詞」、「動詞」、「形容詞」、「數詞」、「量詞」、「代詞」等六種。

（一）名詞

凡是人、事、物的名稱以及學術上所使用、所創造的名稱，都是名詞。名詞在句中主要是充當主語或賓語。名詞有以下各小類：

1.普通名詞，如：

人、水、花、學校、醫院、汽車、鋼琴

2.抽象名詞，如：

精神、能力、質量、友誼、關係、規則

3.時地名詞，如：

昨天、今年、中午、門口、機場、城市

4.專有名詞，如：

台灣、彰化、倫敦、孔丘、管仲、孫文

5.方位名詞，如：

上、右、前、中間、旁邊、底下、之外

6.集合名詞,如:

人類、馬匹、槍枝、紙張、車輛、詞彙

(二)動詞

凡是表示人、事、物的動作、行為,或說明人、事、物存在發展的狀況,以及對人、事、物的含義、屬性、現象、關係等作邏輯判斷的詞,稱為動詞。在句子中,動詞通常充當謂語,除少數不及物動詞外,大多動詞作謂語時帶有賓語。動詞可分以下六類:

1.一般動詞,如:

說、笑、跑、支持、討論、調查、消失

2.心理動詞,如:

愛、想、驚、佩服、喜歡、注意、重視

3.使役動詞,如:

使、讓、叫、要求、命令、禁止、督促

4.能願動詞,如:

能、要、肯、可以、應該、願意、必須

5.趨向動詞，如：

去、來、進、出去、過來、回去、打開

6.判斷動詞，如：

是、為、乃、即、係

（三）形容詞

凡是可以用來表示人、事、物的形狀、性質、狀態的詞，叫做形容詞。形容詞一般充當定語、謂語，有時也可以充當狀語、補語。形容詞作謂語時不帶賓語。可分為：

1.一般形容詞，這類形容詞可以被副詞「很」、「不」、「十分」……修飾，如：

大、小、多、少、美、醜、正直、大方

2.特殊形容詞，這類形容詞在一般情形下，不可以被副詞「很」、「不」、「十分」……修飾，如：

初級、彩色、個別、筆直、雪白、綠油油

（四）數詞

凡是表示人、事、物的數目多少或次序先後的詞，稱為數詞。在白話文中，數詞通常置於量詞之前。用法有三：

1.基數，如：

一、兩、三、六、十、百、千、萬、億

2.序數，是表示次序的數詞，主要是將「第」放在數詞前頭，但也有其他的辦法。如：

第一、初二、長女、次子、頭等、五樓、民國九十一年、2002 年

3.概數，是表示不確定的數目，表現的方式很多種。如：

七八個人、上萬張票、三十多歲、一百七十公分左右、萬把塊、五十以上、將近二十、成千上百、一些、許多、少數

（五）量詞

凡是表示人、事、物的單位以及動作行為的單位的詞，屬於量詞。量詞一般置於數詞之後，二者結合成數量短語充當定語或補語。分為兩類：

1.名量詞，是表示人、事、物的單位。如：

尺、吋、斗、個、枝、輛、雙、公里、公斤

2.動量詞，是表示動作、行為的單位。如：

回、次、趟、頓、場、番、遍、下

（六）代詞

凡是能夠指示、稱代人、事、物以及它們的性質、狀態、動作，甚至詞、短語和句子的，稱作代詞。分為三類：

1.人稱代詞，如：

你、我、他、它、咱、他們、自己

2.指示代詞，如：

這、那、這兒、那裡、這樣、那般、這會兒、那會兒

3.疑問代詞，如：

誰、什麼、怎麼、哪些、多少

二、虛詞

虛詞缺乏實際的詞彙意義，意義比較空虛，只能作為語句結構或句子之間的工具，或是表示某種語氣與情感。虛詞又分為：

「副詞」、「介詞」、「連詞」、「助詞」、「嘆詞」和「狀聲詞」六種。

（七）副詞

凡是對動詞或形容詞的性狀，從情狀、程度、範圍、頻率、時間或語氣等方面加以修飾、限制的詞，均屬於副詞。一般分為六小類：

1.情狀副詞，如：

幾乎、漸漸、逐漸、逐步、互相、果然、依然、仍然、猛然、擅自、特地、差點兒

2.程度副詞，如：

很、頗、極、最、太、頂、怪、越、十分、極其、稍稍、稍微、多麼

3.範圍副詞，如：

全、都、共、就、只、單、僅、淨、一共、一起、一同、一道、一齊、總共

4.頻率副詞，如：

又、再、還、也、常常、往往、經常、時常、再三、屢

次、一在、不斷、反覆、總是

5.時間副詞,如:

剛、正、將、老、老是、總、總是、已、已經、曾經、
馬上、立刻、一向、向來、原先、永遠、隨時、忽然

6.語氣副詞,如:

不、沒、別、准、一定、或許、也許、反正、簡直、難
道、必然、未必、好在、幸虧、偏偏、索性、何嘗

(八)介詞

介詞是介繫名詞、代詞和名詞短語給句子裡的動詞或形容詞
的一種詞類。介繫的目的在使動詞或形容詞獲得對象、範圍、比
較、時間、處所、目的、手段、方式、依據、工具等關係上的釐
清。

1.表示對象、範圍、比較的,如:

對、對於、關於、把、將、被、讓、叫、比、和、根、
同、給、為、在

2.表示時間、處所的,如:

自、從、自從、當、往、朝、沿著、在、向、順著、

由、於

3.表示目的、手段、方式的，如：

　　為了、為著、為、按照、以、通過

4.表示依據、工具的，如：

　　根據、依照、憑著、遵照

（九）連詞

連詞是出現在詞和詞、短語和短語、句子和句子或段與段之間，具有聯繫作用的詞。常用的連詞有以下幾類：

1.連接詞、短語的連詞，如：

　　與、和、跟、同、及、或、而、則

2.連接句子的連詞，如：

　　不但、而且、雖然、但是、於是、因為、所以、即使、
　　縱然、只要等

有些連接句子的連詞常兩個一組連用。如：

　　因為……所以、雖然……但是、既……又、與其……不

如、惟……故、不但……而且、如果……就、只要……
就、只有……才

3.聯繫段落與段落的連詞，又稱為關聯詞。如：

至於、因此、然而、然則、所以

（十）助詞

助詞是附著在詞、短語或句子的前、後，起輔助作用，表示
某種結構關係以及時態、語氣等作用的詞類。

1.結構助詞，如：

的、地、得、所、是、似的

2.時態助詞，如：

著、了、過

3.語氣助詞，如：

啊、嗎、呢、吧、呀、的、了、麼、哩

（十一）嘆詞

可以獨立使用，以表示呼喚、感嘆、回應等聲音的詞叫嘆
詞。常見的嘆詞如：

啊、哼、呸、唉、嘿、喔、咦、嗨、哎啊、哈哈

（十二）狀聲詞

狀聲詞不表示什麼意義，主要是模擬人或事物的某種聲音。例如：

噹、刷、鳴、嘟、砰砰、咚咚、啪啪、嚶嚶、轟隆隆、沙沙沙、嗡嗡嗡、淅瀝瀝、嘩啦啦、叮叮噹噹、滴滴答答、稀哩嘩啦、劈哩啪啦

第五節　短語的構成

短語是由兩個或是兩個以上的詞，包括實詞與虛詞，按照一定的語言規律組合起來的，所以短語是比詞更高一級的語法單位。

短語的功能和實詞一樣，可以充當句子的成分；有的短語加上語氣、語調，或是書寫時加上句號、驚嘆號或問號等標點符號，便成為句子。

短語的構成方式主要有以下五種：

一、聯合式

又稱並列式。這種短語是由兩個或兩個以上的詞組成，詞與詞之間的關係是平行的、並重的，彼此沒有主從的區分。可以直接聯合，或用頓號隔開，也可以借助「與」、「和」、「及」、

「同」、「或」、「又」、「並」、「而」、「而且」、「又⋯⋯又」、「既⋯⋯又」、「也⋯⋯也」等連詞連接。例如：

①他所喜歡的性格是「剛毅木訥」。(張蔭麟〈孔子的人格〉)

②點點的熒光，明滅閃爍在「草叢、樹林、籬邊、水際」。(陳醉雲〈蟬與螢〉)

③十五始展眉，願同「塵與灰」。(李白〈長干行〉)

①「剛毅木訥」是以直接聯合的方式所組成的短語，中間沒有使用連詞作連接，也沒有使用頓號隔開。②「草叢、樹林、籬邊、水際」是以頓號隔開然後再以聯合的方式所組成的短語。③「塵與灰」是在「塵」、「灰」之間用連詞「與」作聯合的短語。

二、偏正式

又稱主從式。這種短語是由兩個部分所組成，其中主要部分稱為「中心語」，從屬部分分別稱為「定語」、「狀語」、「補語」，其功能是對中心語加以修飾、限制或補充、說明。分述如下：

(一)定語＋中心語

簡稱為「定心式」。這種短語由定語和中心語所組成，在前的定語為從屬的部分，在後的中心語(名詞或名詞短語)為主要的部分，定語對中心語有修飾、限制或領屬的作用。有時候定語

與中心語之間可以加上結構助詞「之」、「的」。例如：

　　④每天，天剛亮，「我母親」便把我喊醒。(胡適〈母親的教誨〉)

　　⑤我們住的是「低矮簡陋的農舍」。(洪醒夫〈紙船印象〉)

　　⑥見藐小微物，必細察其紋理，故時有「物外之趣」。(沈復〈兒時記趣〉)

　　④短語「我母親」中，「我」是定語，對中心語「母親」起領屬作用，二者間沒有加結構助詞。⑤短語「低矮簡陋的農舍」中，「低矮簡陋」是定語，對中心語「農舍」起修飾作用，二者間加結構助詞「的」。⑥短語「物外之趣」中，「物外」是定語，對中心語「趣」起限制作用，二者間加上結構助詞「之」。

　　(二)狀語＋中心語

　　簡稱為「狀心式」。這種短語由狀語和中心語所組成，在前的狀語為從屬的部分，在後的中心語(動詞、形容詞或動詞短語、形容詞短語)為主要的部分，狀語對中心語有修飾、限制的作用。狀語與中心語之間有時候可以加上結構助詞「地」。例如：

　　⑦電光只在遙遠的天邊「橫掃」。(陳冠學〈田園之秋選〉)

　　⑧生老病死的過程也往往令人「無法捉摸」。(杏林子

〈生之歌二則〉〉

⑨在美麗的夏夜裡「愉快地旅行」。（楊喚〈夏夜〉）

⑩雨是「最尋常」的，一下就是三兩天。（朱自清〈春〉）

　　⑦短語「橫掃」中，「橫」是狀語，對中心語「掃」起修飾作用，兩者間沒有加結構助詞「地」。⑧短語「無法捉摸」中，「無法」是狀語，對中心語「捉摸」起限制作用，兩者間沒有加結構助詞「地」。⑨短語「愉快地旅行」中，「愉快」是狀語，對「旅行」起修飾作用，兩者間加上結構助詞「地」。⑩短語「最尋常」中，「最」是狀語，對中心語「尋常」起限制作用，兩者間沒有加結構助詞「地」。以上⑦、⑧、⑨的中心語由動詞擔任，⑩的中心語由形容詞擔任。

　　（三）中心語＋補語

　　簡稱為「心補式」。這種短語由中心語和補語構成，在前面的中心語（具有動詞性或形容詞性）為主要部分，在後面的補語為從屬部分。補語對於中心語有補充、說明的作用。中心語與補語之間有時可以加上結構助詞「得」。例如：

　　⑪因為裂痕太深，泥巴塞在裂痕裡「洗不乾淨」。（吳晟〈不驚田水冷霜霜〉）

　　⑫我在書房裡寫稿，聽你們在客廳「談得很高興」。（林良〈父親的信〉）

　　⑬「靜極」了，這朝來水溶溶的大道。（徐志摩〈我所

知道的康橋〉）

　　⑪短語「洗不乾淨」中，「洗」為中心語，「不乾淨」為補語，對中心語「洗」起說明作用，兩者間沒有加結構助詞「得」。⑫短語「談得很高興」中，「談」為中心語，「很高興」為補語，對中心語「談」起修飾作用，兩者間加上結構助詞「得」。⑬短語「靜極」中，「靜」為中心語，「極」為補語，對中心語「靜」起說明作用，兩者間沒有加結構助詞「得」。其中，⑪、⑫的中心語由動詞擔任，⑬的中心語由形容詞擔任。

三、主謂式

　　又稱造句式。這種短語是由主語和謂語兩個部分所組成，主語在前，是謂語所陳述、說明或描寫的對象，謂語在後，對主語進行描述或說明。例如：

　　⑭在胡漢傑家，我看到「雞蛋買賣」是怎樣進行。（林良〈父親的信〉）
　　⑮甘霖乃是自天而降，一切都是「天賜」神恩。（藍蔭鼎〈飲水思源〉）
　　⑯你知道「中國最有名的人是誰」？（胡適〈差不多先生〉）

　　⑭短語「雞蛋買賣」中，「雞蛋」是主語，「買賣」是謂語，兩者之間是陳述和被陳述的關係。⑮短語「天賜」中，「天」是主語，「賜」是謂語，兩者之間是陳述和被陳述的關

係。⑯短語「中國最有名的人是誰」中，「中國最有名的人」是主語，「是誰」作謂語，兩者之間是說明與被說明的關係。

四、述賓式

又稱動賓式。這種短語由述語和賓語兩個部分所組成，述語在前，通常是由動詞擔任，表示一種動作、行為；賓語在後，表示動作、行為所支配或涉及的對象。例如：

　　⑰「交友」是一件有益的事。（林良〈父親的信〉）
　　⑱「關心我們」最多的首推父母。（邵僩〈讓關心萌芽〉）
　　⑲從前我常見「提籠」「架鳥」的人，清早在街上溜達。（梁實秋〈鳥〉）

⑰短語「交友」中，「交」是述語，「友」是賓語，兩者之間是支配與被支配的關係。⑱短語「關心我們」中，「關心」是述語，「我們」是賓語，兩者之間是支配與被支配的關係。⑲兩個短語「提籠」、「架鳥」中，「提」、「架」是述語，「籠」、「鳥」是賓語，兩者之間是支配與被支配的關係。

以上四種短語的構成方式都是由實詞與實詞的組合，還有一種短語是由虛詞（介詞）與實詞（賓語）所構成，稱為「介賓式」。

五、介賓式

　　這種短語是由一個介詞和它後面的名詞、代詞或名詞短語所組成，用來表使動作、行為的方向、方法、依據、處所、對象、時間、原因、目的等。例如：

　　　⑳雨落「在屏東的香蕉田裡」。（余光中〈車過枋寮〉）
　　　㉑他一直要求跟著老人，「向老人」學習捕魚。（蔣經國〈生存與奮鬥的啟示〉）
　　　㉒使他不要「以願望」代替實際作為。（吳奚真譯〈麥帥為子祈禱文〉）

　　⑳短語「在屏東的香蕉田裡」作動詞「落」的補語，表示動詞「落」的處所，其中「在」是介詞，「屏東的香蕉園裡」屬於定心式的名詞短語，在此作賓語。㉑短語「向老人」作動詞「學習」的狀語，說明動詞「學習」的對象，其中「向」是介詞，「老人」是名詞作賓語。㉒短語「以願望」作動詞「代替」的狀語，說明動詞「代替」的依據，其中「以」是介詞，「願望」是名詞作賓語。

第六節　短語的分類

　　短語的種類劃分有兩種方式，一種如第五節所討論的，是從短語的內部構成方式進行劃分；另一種是從短語外部的語法功能進行劃分，這是本小節所要討論的內容。
　　所謂短語的外部語法功能，就是短語成為句子的一個成分後，在使用中的語法功能。分為以下五種基本類型：

一、名詞短語

名詞短語是以名詞為主體的短語，它的性質與作用與名詞相當，可以充當句子的「主語」、「賓語」、「定語」。名詞短語可以分為以下兩類：

（一）聯合式的名詞短語

這種短語一般是由兩個或兩個以上的名詞並列組合構成。如：

①「廣播和電視」可以使人增廣見聞，獲得新知。（劉真〈論讀書〉）

①中聯合式名詞短語「廣播和電視」作句子的主語。

（二）定心式的名詞短語

這種短語是由定語和以名詞充當的中心語所組合構成。如：

②並不是說你們不可以結交「異性朋友」。（秦涵〈酸橘子〉）

②中定心式名詞短語「異性朋友」充當句子的賓語。

二、動詞短語

動詞短語是以動詞為主體的短語，它的性質與作用基本上與

動詞相同，它的前面可以加狀語，後面可以加賓語或補語。動詞短語可以充當句子的「主語」、「謂語」、「賓語」、「定語」、「狀語」。分為以下兩類：

（一）聯合式的動詞短語

這種短語一般是由兩個或兩個以上的動詞並列組合構成。如：

　　③瞧他們「或上或下」，或緩或急，或明或暗的在夜空中晃漾。（陳醉雲〈蟬與螢〉）

③中聯合式動詞短語「或上或下」充當謂語「晃漾」的狀語。

（二）狀心式的動詞短語

這類動詞短語主要是由狀語和以動詞充當的中心語所組合構成。如：

　　④但他「終於講定」了價錢，就送我上車。（朱自清〈背影〉）

④中狀心式動詞短語「終於講定」充當句子的謂語。

（三）心補式的動詞短語

這類動詞短語主要是以動詞作中心語以及它的補語所組合構

造而成。如：

    ⑤大家都很稱讚差不多先生樣樣事情「看得破」，「想得
通」。（胡適〈差不多先生傳〉）

⑤中心補式動詞短語「看得破」、「想得通」作句子的謂
語。

（四）述賓式的動詞短語

這類動詞短語主要是由謂語（動詞）和它的賓語所組合而
成。

    ⑥教育是孔子心愛的職業，政治是他的抱負，「淑世」
是他的理想。（張蔭麟〈孔子的人格〉）

⑥中述賓式動詞短語「淑世」充當句子的主語。

三、形容詞短語

形容詞短語是以形容詞為主體的短語，它的性質與作用基本
上與形容詞相同，它的前面可以加狀語，後面可以加補語。形容
詞短語可以充當句子的「謂語」、「賓語」、「定語」、「狀
語」、「補語」。分為以下三小類：。

（一）聯合式的形容詞短語

這種短語一般是由兩個或兩個以上的形容詞並列組合構成。

如：

⑦他的「廣博而深厚」的同情到處流露。(張蔭麟〈孔
子的人格〉)

⑦中聯合式形容詞短語「廣博而深厚」作定語,修飾中心語
「同情」。

（二）狀心式的形容詞短語

這類形容詞短語主要是由狀語和以形容詞作中心語所組合構
成。如：

⑧牠留下的是「無限的迷惘」。(梁實秋〈鳥〉)

⑧中狀心式形容詞短語「無限的迷惘」充當句子的賓語。

（三）心補式的形容詞短語

這類形容詞短語主要是以形容詞作中心語以及它的補語所組
合構造而成。如：

⑨一連嘗了幾個,都「酸得嚥不下」,只好擱在一邊。
(琹涵〈酸橘子〉)

⑨中心補式形容詞短語「酸得嚥不下」充當謂語。

四、主謂短語

主謂短語是由主語和謂語兩個部分所組成。它的主語在前，是陳述、說明或描寫的對象，謂語在後，是描述或說明的內容。在一般情況下，主謂短語的主語是由名詞、代詞或名詞短語擔任，謂語是由動詞、形容詞或動詞短語、形容詞短語所充當。主謂短語是一種全能性質的短語，它可以充當句子的每一種成分。

⑩「讀書有三到」：心到、眼到、口到。（劉真〈論讀書〉）

⑪古人說：「人在畫圖中」。（吳敬梓〈王冕的少年時代〉）

⑫這些「童年吃冰」的記憶，如今都已經消失殆盡。（古蒙仁〈吃冰的滋味〉）

⑩中主謂短語「讀書有三到」充當主語。⑪中的主謂短語「人在畫圖中」充當賓語。⑫中的主謂短語「童年吃冰」充當定語，修飾中心語「記憶」。

五、介賓短語

這種短語是由一個介詞和它後面的名詞、代詞或名詞短語所組成，用來表使動作、行為的方向、方法、依據、處所、對象、時間、原因、目的等。介賓短語在句子中，一般能充當狀語或補語。例如：

⑬許多鳴蟲，總愛「在清涼恬靜的夜裡」，唧啾應和著嘹亮的歌唱。(陳醉雲〈蟬與螢〉)[28]

⑭小弟弟和小妹妹也闔上眼睛走「向夢鄉」了。(楊喚〈夏夜〉)

⑬中介賓短語「在清涼恬靜的夜裡」充當謂語「應和」的狀語。⑭中介賓短語「向夢鄉」充當謂語「走」的補語。

第七節　句子的成分

句子是由詞和詞或短語和短語所組合構造而成，也就是說，詞與短語是組構成句的基本材料。我們分析一個句子，不能只看它的組構材料，因為句子與句子間的差異點並不在於詞、短語這些組構材料上，而是在於彼此間成分的不同。這就像「水」、「石」、「鋼筋」、「水泥」是蓋房子的材料，當房子蓋好之後，我們對於房子的結構則有「樑」、「柱」、「牆」、「地板」、「天花板」等不同稱呼是相同的道理。

根據詞或短語在句子中的組構能力與語義關係，句子成分可以分為一般成分和特殊成分兩大類，一般成分又分為基本成分與修飾成分。

基本成分包括：主語、謂語（有時帶賓語）。

修飾成分包括：定語、狀語、補語。被修飾成分稱為中心語。

特殊成分包括：複語、獨語、兼語。

簡介如下：

一、基本成分：主語、謂語

　　一個主謂句可以分為兩部分，前一部分是被陳述、說明的對象，叫做主語；後一個部分是對主語所做陳述、說明的內容，叫做謂語。當分析句子時，我們在主語和謂語之間用 ‖ 隔開二者，前面的是主語，後面的是謂語。

（一）主語

　　主語是謂語的陳述對象，指出謂語說的是誰或者是什麼的句子成分。一般來說，當作主語的詞多數是名詞或代詞，而動詞、形容詞或其他短語也可以充當主語，但要受到一定條件的限制。

　　　①我 ‖ 最喜歡聽你跟琪琪在一起談學校裡的事。（林良〈父親的信〉）
　　　②朋友 ‖ 買了一件衣料。（宋晶宜〈雅量〉）
　　　③小雞和小鴨們 ‖ 關在欄裡睡了。（楊喚〈夏夜〉）
　　　④人的一生 ‖ 就是上天與社會的賜予。（藍蔭鼎〈引水思源〉）
　　　⑤學 ‖ 不可以已。（荀子〈勸學〉）

　　①中代詞「我」充當主語。②中名詞「朋友」充當主語。③中聯合式名詞短語「小雞和小鴨們」充當主語。④偏正式名詞短語「人的一生」充當主語。⑤動詞「學」充當主語。

（二）謂語

　　謂語是在句子中用來陳述、說明主語的成分，可以回答「是誰」、「做什麼」、「怎麼樣」等問題。一般來說，當作謂語的主要是動詞和形容詞、動詞短語和形容詞短語。其他詞類、短語在一定條件下也能作謂語。當動詞作謂語時，有時候可以帶賓語，以 ＿＿ 作標誌。賓語一般由名詞或名詞性短語充當。

　　　　⑥我‖愛　鳥。（梁實秋〈鳥〉）
　　　　⑦現代社會‖富裕了。（古蒙仁〈吃冰的滋味〉）
　　　　⑧聲音‖悽愴而尖厲。（鍾理和〈草坡上〉）
　　　　⑨我‖身體平安。（朱自清〈背影〉）
　　　　⑩雨‖是　一首濕濕的牧歌。（余光中〈車過枋寮〉）

　　⑥中以述賓式動詞短語「愛鳥」充當謂語，其中動詞「愛」帶有賓語「鳥」。⑦中以形容詞「富裕」作謂語。⑧中以聯合式的形容詞短語「悽愴而尖厲」充當謂語。⑨中以主謂短語「身體平安」充當謂語。⑩中以述賓式動詞短語「是一首濕濕的牧歌」充當謂語，其中「一首濕濕的牧歌」為定心式名詞短語，充當謂語「是」的賓語。

二、修飾成分：定語、狀語、補語

　　修飾成分（定語、狀語、補語）和被修飾成分（中心語）是屬於句子的次要成分，都包含在主語、謂語的內部。定語的中心語有名詞性；狀語、補語的中心語則可能具有動詞性或形容詞性。

　　當我們進行句子分析時，首先我們在主語和謂語之間用　‖

隔開二者,前面的是主語,後面的是謂語,動詞謂語句若帶有賓語則以 ── 標誌。接著才去找定語、狀語、補語,我們用( )表示定語,用〔 〕表示狀語,用〈 〉表示補語。如:

(三班)班長‖〔用幾句話〕〔就〕〔向老師〕說〈清楚〉了(班裡剛才發生)的(不愉快)的事情。[29]

例句中,「三班」、「班裡剛才發生」、「不愉快」為定語,後二者與中心語「事情」之間帶有結構助詞「的」;「用幾句話」、「就」、「向老師」為中心語「說」的狀語;「清楚」為中心語「說」的補語,「了」是時態助詞,表動作完成。

(一)定語

定語是在名詞前面修飾、限制名詞的句子成分。它能夠回答「什麼樣的」、「多少」、「誰的」這類問題。在結構上,有部分的定語和中心語之間,必須帶上結構助詞「的」。一般說來,除了虛詞外,實詞或短語都可以充當定語。

⑪草上‖閃爍著(無邊)(亮晶晶)的水珠。(陳冠學〈田園之秋選〉)

⑫(有風度)的運動家‖要有(服輸)的精神。(羅家倫〈運動家的風度〉)

⑬那(定然不甜)的果子‖又有什麼好滋味呢?(琦涵〈酸橘子〉)

⑭我住的房子‖面對(一條)(寬敞)的大街。(陳黎

〈聲音鐘〉)

⑮這一句話∥充滿著（樂觀、鎮）的（奮鬥）精神。
（蔣經國〈生存與奮鬥的啟示〉)

⑪中同時以形容詞「無邊」和 ABB 式重疊詞「亮晶晶」[30]
充當中心語「水珠」的定語，中間使用結構助詞「的」作區隔。
⑫中述賓式動詞短語「有風度」充當中心語「運動家」的定語，
中間使用結構助詞「的」作區隔；述賓式動詞短語「服輸」充當
中心語「精神」的定語，中間使用結構助詞「的」作區隔。⑬中
狀心式形容詞短語「定然不甜」充當中心語「果子」的定語，中
間使用結構助詞「的」作區隔。⑭中數量短語「一條」和形容詞
「寬敞」同時充當中心語「大街」的定語，中間使用結構助詞
「的」作區隔。⑮中聯合式的形容詞短語「樂觀、鎮定」和形容
詞「奮鬥」同時充當中心語「精神」的定語，中間使用結構助詞
「的」作區隔。

（二）狀語

狀語是在動詞、形容詞前面修飾、限制動詞、形容詞的句子
成分。它可以回答「怎樣」、「多少」、「多久」此類的問題。
在結構上，有些狀語和中心語之間，必須帶上結構助詞「地」。
一般說來，用來充當狀語的多半是副詞、能願動詞、形容詞、數
量詞和介賓短語。

⑯我∥［開始］欣賞鳥。（梁實秋〈鳥〉)
⑰公路∥［平坦］地展開了。（艾雯〈路〉)

⑱我‖〔真心〕希望<u>你們都能珍惜年少時光</u>。(琹涵
〈酸橘子〉)

⑲自然‖〔有時〕〔很〕像戲劇。(陳冠學〈田園之
秋選〉)

⑳那熟悉的聲音‖〔也許〕〔又〕出現了。(陳黎
〈聲音鐘〉)

⑯中以時間副詞「開始」充當中心語「欣賞」的狀語,中間
不用結構助詞「地」作區隔。⑰中以形容詞「平坦」充當中心語
「展開」的狀語,中間使用結構助詞「地」作區隔。⑱中以定心
式名詞短語「真心」充當中心語「希望」的狀語,中間不用結構
助詞「地」作區隔。⑲中分別以名詞「有時」和程度副詞「很」
來充當中心語「像」的狀語,中間不用結構助詞「地」作區隔。
⑳中分別以語氣副詞「也許」和頻率副詞「又」充當中心語「出
現」的狀語,中間不用結構助詞「地」作區隔。

(三)補語

補語和狀語的功能相似,不過位置相反。補語是用在動詞、
形容詞後面,來說明、補充其結果、程度、趨向、數量、時地或
性狀的句子成分。在結構上,有些補語和中心語之間,必須帶上
結構助詞「得」。

㉑我的淚‖很快地流〈下來〉了。(朱自清〈背影〉)

㉒少女和小孩……‖彷彿隨時隨地都可以從畫中走〈出
來〉。(杏林子〈生之歌二則〉)

㉓我‖常常一坐〈好幾個小時〉。(蔣勳〈久違了，故人〉)

㉔他‖就死〈在他的畫旁〉。(杏林子〈生之歌二則〉)

㉕因為一個人‖渺小得〈真如滄海一粟〉。(蔣經國〈生存與奮鬥的啟示〉)

㉑中聯合式動詞短語充當中心語「流」的補語，中間不用結構助詞「得」作區隔。㉒聯合式動詞短語「出來」充當中心語「走」的補語，中間不用結構助詞「得」作區隔。㉓中定心式名詞短語「好幾個小時」充當中心語「坐」的補語，中間不用結構助詞「得」作區隔。㉔中介賓短語「在他的畫旁」充當中心語「死」的補語，中間不用結構助詞「得」作區隔。㉕中述賓式動詞短語「真如滄海一粟」(「真」為「如」的狀語)充當中心語「渺小」的補語，中間使用結構助詞「得」作區隔。

三、特殊成分：複語、獨語、兼語

句子成分除了基本成分、修飾成分外，還有特殊成分。

(一)複語

句子中兩個詞語同指一個對象，我們稱為複語。分為同指複語與外位複語兩種。例如：

㉖我老漢每日兩餐小菜飯是不少的。(吳敬梓〈王冕的少年時代〉)

㉗我們應當注意「昨日死」、「今日生」六個字。(甘績

瑞〈從今天起〉)

㉘國父　中山先生嘗謂：「革命的基礎在高深的學問。」（劉真〈論讀書〉）

㉙有一種芋冰，它們裝成大桶，由小販騎著腳踏車沿街四處販賣兜售。（古蒙仁〈吃冰的滋味〉）

㉚古代希臘人以為「健全的心靈，寓於健全的身體。」這也是深刻的理論。（羅家倫〈運動家的風度〉）

㉖中「我」就是「老漢」，是同指複語。㉗中「昨日死，今日生」就是指「六個字」，是同指複語。㉘中「國父」就是「中山先生」，是同指複語。㉙中「有一種芋冰」是外位主語，「它們」是形式上的主語，兩者指同一意念，是外位複語。㉚中「古代希臘人以為『健全的心靈，寓於健全的身體。』」是外位主語，「這」是形式上的主語，兩者指同一意念，是同指複語。

（二）獨語

一個詞語能夠單獨成句，或在句子中作獨立的表意成分，我們稱為獨語。獨語可以是感嘆語、呼告語或是應諾語。例如：

㉛唉！我現在想想，那時真是太聰明了！（朱自清〈背影〉）

㉜主啊！請陶冶我的兒子。（吳奚真譯〈麥帥為子祈禱文〉）

㉝朋友，在你人生的過程中，已跋涉過幾多道路？（艾雯〈路〉）

㉞是的，有一天痛苦會過去，眼淚也會過去。（杏林子〈生之歌二則〉）

㉟先生說：「錯了。是山西，不是陝西。」（胡適〈差不多先生傳〉）

㉛中的「唉」是獨語中的感嘆語。㉜中的「主啊」是獨語中的呼告語。㉝中的「朋友」是獨語中的呼告語。㉞中「是的」是獨語中的應諾語，表示肯定的語氣。㉟中的「錯了」也是獨語中的應諾語，表示否定的語氣。

（三）兼語

在兼語句中，一個詞語同時兼做上句的賓語和下句的主語，我們稱為兼語。例如：

㊱我看見我（的）鬢髮皆白。（梁雲坡〈射手〉）

㊲他媽媽叫他去買紅糖。（胡適〈差不多先生傳〉）

㊳家中便只剩了那三隻小兔看守門戶。（張秀亞〈溫情〉）

㊴我相信他就是成熟而有智慧的人。（邵僩〈讓關心萌芽〉）

㊵我從來不知道她醒來坐了多久了。（胡適〈母親的教誨〉）

㊱可拆成「我看見我（的）鬢髮」和「我（的）鬢髮皆白」兩句，「我（的）鬢髮」是兼語。㊲可拆成「他媽媽叫他」和

「他去買紅糖」兩句，「他」是兼語。㊳可拆成「家中便只剩了那三隻小兔」和「那三隻小兔看守門戶」兩句，「那三隻小兔」是兼語。㊴可拆成「我相信他」和「他就是成熟而有智慧的人」兩句，「他」是兼語。㊵可拆成「我從來不知道她」和「她醒來坐了多久了」兩句，「她」是兼語。

第八節　句子的分類

句子是語言的使用單位，它是由單獨一個詞或短語所構成。每個句子都有一定的語氣、語調，可以表達一個完整的意思，能夠完成一次言語上的溝通。客觀地說，句子並不是現成的語言單位，句子和詞不同，句子是在使用時，人們依據表達的實際需要而臨時組合構造而成，因此，句子有無限的可能性。但是，我們透過語法的學習，就能掌握句子的功能、特徵及其組裝、應用的規律，達到以簡馭繁的目的。

對於句子的分類，一般有以下兩個途徑：

首先，從句子的用途來分析，主要有四種：表示陳述的，表示疑問的，表示祈使的，表示感嘆的。其次，從句子的結構分析，主要分為兩大類：一類是單句，一類是複句。簡介如後：

一、句子的用途

這是從句子的語調來區別句子種類的一種方式。語調是指整個句子高低抑揚的調子，不同的語調反映出不同的語氣類型，顯現句子不同的語氣和作用。

（一）陳述句

這種句子使用陳述語氣，語調平直，書面語句尾一般用句號；通常用來說明、描寫、判斷。例如：

①夏秋之際，是一個鳴蟬競奏的時節。（陳醉雲〈蟬與螢〉）
②我看見了她的嚴厲眼光，便嚇住了。（胡適〈母親的教誨〉）

（二）疑問句

這種句子使用疑問語氣，語調上升，書面語句尾一般用問號，有時會加上「嗎」、「麼」、「呢」、「吧」等語氣助詞；這種句子提出一個問題，用來對某種人、事、物發問。例如：

③要是上頭沒有水不斷地來，下頭的水又有什麼用呢？（藍蔭鼎〈飲水思源〉）
④如果他能從這扇門望見日出的美景，你又何必要求他走向那扇窗去聆聽鳥鳴呢？（宋晶宜〈雅量〉）

（三）祈使句

這種句子使用祈使語氣，語調下降，書面語句尾一般用句號或驚嘆號；是用來表示命令、禁止、勸告、請求等情感訴求的句子。例如：

⑤還站在那裡不動，趕快下來幫忙啊！（吳晟〈不驚田水冷霜霜〉）

⑥讓我們記著吧！各有各的長處。（陳醉雲〈蟬與螢〉）

（四）感嘆句

這種句子使用感嘆語氣，語調下降，書面語一般用驚嘆號，有時會加上「啊」、「啦」、「呢」、「了」等語氣助詞；是用來表示快樂、憤怒、驚訝、悲痛、厭惡等強烈感情的句子。例如：

⑦你沒有老子，是多麼得意的事！好用來說嘴！（胡適〈母親的教誨〉）

⑧天氣這樣寒冷，田水這樣冷霜霜，大家真打拚，這麼早就來工作啊！（吳晟〈不驚田水冷霜霜〉）

二、單句

從句子的結構上來看，句子主要分為兩大類：一類是單句，是由詞或短語所構成；另一類是複句，是由兩個或兩個以上的分句（即單句）所組合構造而成。

先介紹單句。

單句，又分為兩類：主謂句和非主謂句。

（一）主謂句

主謂句是由主謂短語帶上一定的語氣、語調所構成。其基本句型是：

主語 ‖ 謂語

　　主謂句中以謂語成分為整句的表意核心；因此，我們又可以依照謂語的性質及其構成的不同，把主謂句分為「名詞謂語句」、「動詞謂語句」、「形容詞謂語句」、「主謂謂語句」等四種。

　　1.名詞謂語句
　　這種主謂句的謂語成分是由名詞或者是名詞短語所充當。例如：

　　　⑨今年 ‖ 足球年。
　　　⑩小強 ‖ 賊頭賊腦。
　　　⑪滿天 ‖ 烏雲。（陳冠學〈田園之秋選〉）
　　　⑫昨天 ‖ 下午。（吳晟〈不驚田水冷霜霜〉）

　　⑨以名詞短語「足球年」充當謂語。⑩以兩個偏正式名詞短語「賊頭」、「賊腦」充當謂語。⑪以名詞短語「烏雲」充當謂語。⑫以時間名詞「下午」充當謂語。

　　2.動詞謂語句
　　這種主謂句的謂語成分是由動詞或者是動詞短語所充當。例如：

⑬春天的腳步 ‖ 近了。（朱自清〈春〉）

⑭朋友 ‖ 買了一件衣料。（宋晶宜〈雅量〉）

⑮懷疑與好奇 ‖ 為科學之母。（劉真〈論讀書〉）

⑯村舍與樹林 ‖ 是這地盤上的棋子。（徐志摩〈我所知道的康橋〉）

⑬以動詞「近」充當謂語，不帶賓語，帶有語氣助詞「了」。⑭以述賓式動詞短語「買了一件衣料」充當謂語，帶有語氣助詞「了」。⑮以述賓式動詞短語「為科學之母」充當謂語。⑯以述賓式動詞短語「是這地盤上的棋子」充當謂語。

3.形容詞謂語句

這種主謂句的謂語成分是由形容詞或者是形容詞短語所充當。例如：

⑰天上風箏 ‖ 漸漸多了。（朱自清〈春〉）

⑱草木 ‖ 嬌小玲瓏。（鍾理和〈草坡上〉）

⑲老人的生活 ‖ 十分平安寧靜。（藍蔭鼎〈飲水思源〉）

⑳他的視盼 ‖ 和藹中帶有嚴肅。（張蔭麟〈孔子的人格〉）

⑰以狀心式形容詞短語「漸漸多」充當謂語，帶有語氣助詞「了」。⑱以聯合式形容詞短語「嬌小玲瓏」充當謂語。⑲以狀心式形容詞短語「十分平安寧靜」充當謂語。⑳以聯合式形容詞短語「和藹中帶有嚴肅」充當謂語。

4.主謂謂語句

這種主謂句的謂語成分是由主謂短語所充當。例如：

　　㉑市聲∥鼎沸。（梁實秋〈鳥〉）

　　㉒濟南∥名士多。（劉鶚〈大明湖〉）

　　㉓雄兔∥腳撲朔。（佚名〈木蘭詩〉）

　　㉔下午∥大雨滂沱。（陳冠學〈田園之秋選〉）

　　㉑以主謂短語「鼎∥沸」充當謂語。㉒以主謂短語「名士∥多」充當謂語。㉓以主謂短語「腳∥撲朔」充當謂語。㉔以主謂短語「大雨∥滂沱」充當謂語。

（二）非主謂句

　　非主謂句是由主謂短語以外的短語或單個詞帶上一定的語氣、語調所構成。一般分為「名詞非主謂句」、「動詞非主謂句」、「形容詞非主謂句」、「嘆詞非主謂句」、「狀聲詞非主謂句」等五種。

1.名詞非主謂句

　　這種非主謂句是由名詞或名詞短語帶上一定的語氣、語調所構成。

　　㉕「沈大人啊！」這個傲世的城名有用嗎？（白靈〈億載金城〉）

㉖「春！」這勝利的晴空彷彿在你的耳邊私語。（徐志摩〈我所知道的康橋〉）

㉗枯藤、老樹、昏鴉。小橋、流水、平沙。古道、西風、瘦馬。（馬致遠〈天淨沙〉）

㉘「美麗的夏夜啊！」涼爽的夏夜啊！（楊喚〈夏夜〉）

㉕獨語（呼告語）「沈大人」帶語氣助詞「啊」，作名詞非主謂句用。㉖「春」為名詞作非主謂句，不帶語氣助詞。㉗是由三個分句所構成，其中每個分句都是由聯合式名詞短語作名詞非主謂句用，不帶語氣助詞。㉘「美麗的夏夜」為定心式名詞短語作非主謂句，帶有語氣助詞「啊」。

2.動詞非主謂句

這種非主謂句是由動詞或動詞短語帶上一定的語氣、語調所構成。

㉙「摘了一天的蕃薯蒂。」（陳冠學〈田園之秋選〉）

㉚「可別惱！」看，像牛毛、像花針、像細絲。（朱自清〈春〉）

㉛「盼望著」，盼望著，東風來了，春天的腳步近了。（朱自清〈春〉）

㉜「帶一卷書」，走十里路，選一塊清靜地，看天，聽鳥，讀書。（徐志摩〈我所知道的康橋〉）

㉙「摘了一天的蕃薯蒂」為述（補）賓式動詞短語作非主謂句，「一天」作補語。㉚「可別惱」為狀心式動詞短語作非主謂句。㉛「盼望著」為動詞作非主謂句，其中「盼望著」兩句疊用，帶有歌詠、讚美的語氣。㉜「帶一卷書」為述賓式動詞短語作非主謂句，其下五句也都是述賓式動詞短語作動詞非主謂句。

3.形容詞非主謂句

這種非主謂句是由形容詞或形容詞短語帶上一定的語氣、語調所構成。

㉝颱風了，真大的風！「冷死了！」
㉞「不要緊」，他們去不好！（朱自清〈背影〉）
㉟你看，「多美！」妻微笑說道。（鍾理和〈草坡上〉）
㊱「多可憐哪……」妻守在雞籠旁，悽然看著小雞啄穀粒。（鍾理和〈草坡上〉）

㉝「冷死了」為狀心式形容詞短語作非主謂句。除此之外，㉝中的第一句「颱風了」為述賓式動詞短語作動詞非主謂句，第二分句「真大的風」為定心式名詞短語作名詞非主謂句。㉞「不要緊」亦為狀心式形容詞短語作非主謂句。㉟「多美」為狀心式形容詞短語作非主謂句。㊱「多可憐」為狀心式形容詞短語作非主謂句，帶有語氣助詞「哪」。

4.嘆詞非主謂句

這種非主謂句是由嘆詞帶上一定的語氣、語調所構成。

㊲「哇!」這麼冷。(吳晟〈不驚田水冷霜霜〉)

㊳當我老邁時,「啊!」我看見我鬢髮皆白。(梁雲坡〈射手〉)

㊴「唉!」我現在想想,那時真是太聰明了!(朱自清〈背影〉)

㊵「嗯」,是有那麼一點海浪的回音!(白靈〈億載金城〉)

㊲「哇」為嘆詞作非主謂句。㊳「啊」為嘆詞作非主謂句。㊴「唉」為嘆詞作非主謂句。㊵「嗯」為嘆詞作非主謂句。

5.狀聲詞非主謂句

這種非主謂句是由狀聲詞帶上一定的語氣、語調所構成。

㊶「噓……」大家安靜!

㊷「唧唧復唧唧」,木蘭當戶織。(佚名〈木蘭詩〉)

㊸「啾啾啾……」小雞銳聲悲鳴。(鍾理和〈草坡上〉)

㊹「珠---珠---珠---」她向草坡那面高聲叫雞。(鍾理和〈草坡上〉)

㊶「噓……」狀擬禁語聲,為狀聲詞非主謂句。㊷「唧唧復唧唧」狀擬紡織機上機杼穿梭的聲音,為狀聲詞非主謂句。㊸「啾啾啾……」狀擬小雞啼聲,是狀聲詞非主謂句。㊹「珠---珠---珠」為狀擬喚雞聲,亦是狀聲詞非主謂句。

（三）特殊句型

特殊句型也隸屬於單句之中，因為它們的構造方式比較特殊，所以另外提出討論。

1.雙賓句

雙賓句是動詞謂語句的變形，它是在述賓式動詞短語作謂語的後方再加上一個賓語。其基本句型為：

主語‖謂語（述賓式動詞短語）＋賓語

例如：

㊺小強‖還欠 艾咪 十塊錢。
㊻老師‖送 每個同學 一本書。
㊼大家‖叫 他 圓通大師。（胡適〈差不多先生傳〉）
㊽火車‖不肯等 他 兩分鐘。（胡適〈差不多先生傳〉）

㊺中謂語「欠」帶雙賓語「艾咪」、「十塊錢」。㊻中謂語「送」帶雙賓語「每個同學」、「一本書」。㊼中謂語「叫」帶雙賓語「他」、「圓通大師」。㊽中謂語「等」帶雙賓語「他」、「兩分鐘」。

2.連動句

連動句也是動詞謂語句的變形，它是在動詞或動詞短語作謂

語的後頭再加上一個動詞或動詞短語。基本句型為：

主語‖謂語（動詞或動詞短語）＋ 謂語（動詞或動詞短語）

例如：

㊾我們‖在水道上放 紙船 遊戲。（洪醒夫〈紙船印象〉）

㊿蝴蝶和蜜蜂‖帶著 花朵的蜜糖 回來了。（楊喚〈夏夜〉）

(51)火紅的太陽‖也滾著 火輪子 回 家 了。（楊喚〈夏夜〉）

(52)老殘‖告辭動 身 上 車。（劉鶚〈大明湖〉）

㊾中述賓式動詞短語「放紙船」後面帶上謂語「遊戲」。㊿中述賓式動詞短語「帶著花朵的蜜糖」後面帶上心補式動詞短語「回來」，帶有結構助詞「了」。(51)中述賓式動詞短語「滾著火輪子」後面帶上述賓式動詞短語「回家」，帶有結構助詞「了」。(52)中有一個動詞「告辭」，兩個動詞短語「動身」、「上車」。有時因為標點符號的點斷不妥，一個句子中可能會出現二個以上的動詞，此時我們不能一律視為「連動句」來看，「連動句」的特點是：它的主語是同一個，如果句中的動詞的主語不一，那就不是連動句了。比如說：「我看那邊月台的柵欄外有幾個賣東西的等著顧客。」句中動詞有三個，分別是「看」、

「有」、「等著」，其中僅「看」的主語為「我」，因此這句不是連動句，應為兼語句。

3.兼語句

兼語句也是動詞謂語句的變形，它是由述賓式動詞短語加上一個主謂短語所構成，由述賓式動詞短語中的賓語充當主謂短語的主語[31]。基本句型為：

主語‖謂語（述賓式動詞短語）＋謂語（主謂短語）

例如：

(53)她‖看我清醒了。（胡適〈母親的教誨〉）
(54)我‖看見他戴著黑布小帽。（朱自清〈背影〉）
(55)她‖洞悉我們好逸惡勞，因循怕難的心理。（陳幸蕙〈我再說一次〉）
(56)我‖最喜歡聽你跟琪琪在一起談學校裡的事。（林良〈父親的信〉）

(53)中「我」兼作「她看我」的賓語和「我清醒了」的主語。(54)中「他」兼作「我看見他」的賓語和「他戴著黑布小帽」的主語。(55)句中「我們」兼作「她洞悉我們」的賓語和「我們好逸惡勞，因循怕難的心理」的主語。(56)中「你跟琪琪」兼作「我最喜歡聽你跟琪琪」的賓語和「你跟琪琪在一起談學校裡的事」的主語。「喜歡」雖是心理動詞，然在本句中作狀語使用。

4.把字句

　　把字句也是動詞謂語句的變形，它是把述賓式動詞謂語句中的賓語，用介詞「把」予以提前的一種特殊句式，其目的是為了強調對於賓語的處置、影響及結果。基本句型為：

主語 ‖ 把＋賓語＋謂語（動詞或動詞短語）

> ㊗她 ‖ 才把 我的衣服 穿好。（胡適〈母親的教誨〉）
> ㊙這樣的鳥聲 ‖ 把 我 從夢境喚起。（梁實秋〈鳥〉）
> ㊾中國青年應該有的志願 ‖ 是要把 中華民國 重新建設起來。（孫文〈立志作大事〉）
> ㊿清道婦…… ‖ 終於把 那個空塑膠袋 捉了回來。（邵僴〈那默默的一群〉）

　　㊗中賓語「我的衣服」本為受動對象，位置應在「穿好」之後；今用介詞「把」與賓語「我的衣服」組成介賓短語充當心補式動詞短語「穿好」的狀語，以說明處置的對象。㊙中賓語「我」本來是狀心式動詞短語「從夢境喚起」所支配的對象，位置本在其後；今用介詞「把」與之結合成介賓短語充當狀心式動詞短語「從夢境喚起」的狀語，以說明所受到的影響。㊾中「中華民國」為受動對象，受到狀心（補）式動詞短語「重新建設起來」的支配，透過介詞「把」與賓語「中華民國」組合成介賓結構，作為狀心（補）式動詞短語「重新建設起來」的對象。㊿中賓語「那個空塑膠袋」本為受動對象，經由介詞「把」與賓語

「那個空塑膠袋」組成介賓結構，用以說明心補式動詞短語「捉了回來」的對象。

5.被動句

　　被動句也是動詞謂語句的變形，它的特點在於它的主語是受動對象，受到施動者的某種動作、行為或影響的句子。通常被動句會在施動者的前面帶上介詞「被」（口語中用「讓」、「叫」、「給」），以表示被動關係。基本句型為：

　　主語（受動對象）‖被＋賓語（施動者）＋謂語（動詞或動詞短語）

　　例如：

　　　　㉑她們的名字‖不會被 人 知道。（邵僩〈那默默的一群〉）
　　　　㉒路面‖已經被 風 吹洗得相當乾淨。（邵僩〈那默默的一群〉）
　　　　㉓犯規的行動……‖未被 裁判者 所覺察。（羅家倫〈運動家的風度〉）
　　　　㉔沒有一個‖不是被 閃電與霹靂 震懾得氣脫委頓。（陳冠學〈田園之秋選〉）

　　㉑中主語「她們的名字」是受動對象，「被」所構成的介賓短語「被人」中的賓語「人」是施動者。㉒中主語「路面」是受

動對象，「被」所構成的介賓短語「被風」中的賓語「風」是施動者。⑥中主語「犯規的行動」是受動對象，「被」所構成的介賓短語「被裁判者」中的賓語「裁判者」是施動者。⑥中主語「沒有一個（人）」是受動對象，「被」所構成的介賓短語「被閃電與霹靂」中的賓語「閃電與霹靂」是施動者。

三、複句

　　兩個或兩個以上彼此意思有聯繫的句子，結合成為一小段明確而整體的表意單位，稱為「複句」。構成複句有五個基本條件，分別為：

　　1.必須有兩個以上的單句，稱為「分句」。

　　2.分句間必須在意義上彼此關聯。

　　3.分句可以是主謂句，也可以是非主謂句，彼此互不作句子成分。

　　4.分句間須有語音停頓，書面語用逗號或分號作標誌。

　　5.一個複句只有一個句調，句末有較大的語音停頓，書面語用句號、驚嘆號或問號作標誌。

　　複句的構成主要有兩種方式：

　　一種是分句間不用「連詞」作聯繫，如：

　　　　⑥螢，小小的螢；點點的熒光，明滅閃爍在草叢、樹林、籬邊、水際。（陳醉雲〈蟬與螢〉）

　　⑥共有四個分句，彼此間不用連詞作區隔。

　　另一種，是分句間用「連詞」作聯繫，如：

　　⑥但我以為這樣的嬉戲，未免太捉弄牠們了，為了自己
　　一時高興，害牠們驚避顛仆，雖然有趣，總有點不忍
　　心。（陳醉雲〈蟬與螢〉）

　　⑥中共有六個分句，其中以「但」、「為了」、「雖然」、
「總」作連詞。

　　一般將複句分為「聯合複句」和「偏正複句」兩大類，這是
依據分句間的結構關係所做的區分。凡是複句中的分句間的關係
可以延長的就是聯合複句，凡是複句中的分句間的結構關係不能
延長的就是偏正複句[32]。比如說：

　　⑥或者小強去，或者艾咪去。
　　⑥或者小強去，或者艾咪去，或者老張去。
　　⑥或者小強去，或者艾咪去，或者老張去，或者我們都
　　去。

　　⑥是基本句型，「或者……或者……」表示選擇關係，在第
一層的切分上屬於聯合關係的複句。⑥又比⑥多了一個分句，仍
然維持選擇關係，其原有的關係延長了。⑥又比⑥增加了一個分
句，其原有的選擇關係不變，繼續延長。

　　從理論上說，聯合關係所構成的複句可以不斷的增加分句，
其既有的關係可以隨之不斷的延長。其切分狀況如下：

⑥⑦或者小強去｜或者艾咪去。（｜表第一層切分符號，下同。）

⑥⑧或者小強去｜或者艾咪去｜或者老張去。

⑥⑨或者小強去｜或者艾咪去｜或者老張去｜或者我們都去。

偏正關係所構成的複句則不然，雖然它可以增加分句，但是它的關係不會因而隨之延長。例如：

⑦⑩假如小強不去，那麼就艾咪去。

⑦⑪假如小強不去，老張也不去，那麼就艾咪去。

⑦⑫假如小強不去，老張也不去，老王也不去，那麼就艾咪去。

⑦⑩是基本句型，「假如……那麼就……」表示假設關係，在第一層的切分上屬於偏正關係的複句。⑦⑪又比⑦⑩多了一個分句，不過只是句式的延長，仍維持原有的假設關係。⑦⑫又比⑦⑪多了一個分句，句式繼續延長，原有的假設關係並沒有延長。其切分狀況如下：

⑦⑩假如小強不去｜那麼就艾咪去。（｜表第一層切分符號，下同。）

⑦⑪假如小強不去‖老張也不去｜那麼就艾咪去。（‖表第二層切分符號，下同。）

⑫假如小強不去‖老張也不去‖老王也不去｜那麼就艾咪去。

⑩到⑫都只在第一層切分上產生一次假設關係，是屬於偏正關係；其他延長的部分都算是第二層切分，均屬於聯合關係。

依據切分的原則，複句又可以細分為九種主要類型。其中屬於聯合複句的有並列複句、遞進複句、選擇複句、順接複句；屬於偏正複句的有因果複句、轉折複句、假設複句、條件複句、解說複句。說明如下：

（一）並列複句

並列複句的各分句之間說的是相關、對等的事，彼此間不存在遞進、選擇、順接等關係，語序往往可以任意調整。並列複句常用的連詞是「而」、「又」、「一面……一面」、「一邊……一邊」、「一方面……另一方面」、「既……又」、「既……也」等等。例如：

⑬朦朧地，山巒靜靜地睡了！朦朧地，田野靜靜地睡了！（楊喚〈夏夜〉）

⑭在學校裡，你應該多認識幾位朋友，多跟他們談話，多去了解他們。（林良〈父親的信〉）

⑮在這個惱人的季節裡，有著蟬在白晝大聲地呼嘯，高昂地歌唱，有著螢在黑暗的夜空輕盈地閃耀，殷勤地照料。（陳醉雲〈蟬與螢〉）

⑦由平行對等的兩個分句所組成,分句間不用連詞連接。⑦
是由平行對等的三個分句所組成,分句間不用連詞連接。⑦後四
個分句兩兩一組為並列複句,彼此之間不用連詞連接。

（二）遞進複句

遞進複句的各分句之間有層層遞進的關係,也就是說,後一
分句的意思比前一分句更進一層。遞進複句常用的連詞是
「更」、「還」、「而且」、「甚至」、「不但……,而且…
…」、「不僅……,也……」、「尚且……,何況……」等等。
例如:

> ⑦她覺得衣料就是衣料,不是棋盤,也不是稿紙,更不
> 是綠豆糕。(宋晶宜〈雅量〉)
> ⑦在胡漢傑家,我看到雞蛋買賣是怎樣進行,並且後來
> 常常幫母親去買雞蛋。(林良〈父親的信〉)
> ⑦一個人做人做事應當飲水思源,滿懷感激;不但要感
> 激,更要發揚光大,否則就白費了一生。(藍蔭鼎〈飲
> 水思源〉)

⑦為遞進複句,其中二、三、四分句間用連詞「也」、
「更」作連接。⑦為遞進複句,其中二、三分句間用連詞「並
且」作連接。⑦為遞進複句,其中三、四分句間用連詞「不但…
…更要……」作連接。

（三）選擇複句

選擇複句的各分句分別列舉幾種狀況，並要求從中作一選擇。選擇複句常用的連詞有「與其……，不如……」、「寧可……，也不……」、「要麼……，要麼……」、「或者……，或者……」、「是……，還是……」、「不是……，就是……」等等。例如：

⑦有運動家風度的人，寧可有光明的失敗，決不要不榮譽的成功。（羅家倫〈運動家的風度〉）

⑧白兔同小兔，不知是希冀灰兔能再活轉，抑或是表示牠們深切的哀悼。（張秀亞〈溫情〉）

⑧愛因斯坦想盡量給聽眾一個印象：即他的貢獻不是源於甲，就是由於乙。（陳之藩〈謝天〉）

⑦為選擇複句，其中二、三分句之間用連詞「寧可……，決不要……」作連接。⑧為選擇複句，其中二、三分句間用連詞「不知是……，抑或是……」作連接。⑧為選擇複句，其中二、三複句間用連詞「不是……，就是……」作連接；從另一個角度來看，本複句亦可視為解說複句。

（四）順接複句

順接複句的各分句表示幾個動作連續進行，前後連貫，分句間有一定的先後順序，語序不可打亂。順接複句常用的連詞有「又」、「還」、「就」、「便」、「接著」、「然後」、「於是」、「跟著」。例如：

㉛聽完了老祖母的故事，小弟弟和小妹妹也闔上眼睛走
上夢鄉了。（楊喚〈夏夜〉）

㉜我站在田埂上，不斷搓著手，腳伸向秧田裡的水探一
探，一股冷冽的寒氣直透入體內，連忙縮起來，叫了一
聲：「哇！這麼冷。」（吳晟〈不驚田水冷霜霜〉）

㉝我在書房裡寫稿，聽你們在客廳談得很高興，就會放
下筆，靜靜地坐在椅子上，回想自己的童年。（林良
〈父親的信〉）

㉛為順接複句，動作間不用連詞作連接。㉜為順接複句，動
作間不用連詞作連接。㉝為順接複句，其中二、三分句之間用關
聯詞「就」作連接。

（五）因果複句

因果複句是指分句之間說明或推論原因和結果的複句。其中
表示原因的是偏句，表示結果的是主句。因果複句常用的連詞有
「因為」、「因此」、「因而」、「所以」、「由於」、「因為
……所以……」、「既然……就……」、「之所以……是因為…
…」等等。例如：

㉞人與人偶有摩擦，往往都是由於缺乏那份雅量的緣
故；因此，為了減少摩擦，增進和諧，我們必須努力培
養雅量。（宋晶宜〈雅量〉）

㉟每個人都應該盡量去認識新朋友，因為朋友能擴大自
己的生活領域，使我們更認識這個世界。（林良〈父親

的信〉）

⑧朋友能增長你的知識，擴充你的生活經驗，所以朋友真像是一本一本的好書。（林良〈父親的信〉）

⑧為因果複句，表示原因的分句在先，中間用連詞「因此」作標誌，表示結果的分句在後。⑧為因果複句，表示結果的分句在先，表示原因的分句在後，中間用連詞「因為」作連接。⑧為因果複句，表示原因的分句在先，表示結果的分句在後，其中用連詞「所以」作連接。

（六）轉折複句

轉折複句是由兩個有轉折關係的分句所組成，後一個分句的意思並不按照前一分句的意思說下去，而是轉到相反的另一面。其中前面表示原來意思的分句是偏句，轉到另一方面的後面分句是正句。轉折複句常見連詞有「卻」、「然而」、「但是」、「不過」、「雖然……，卻……」、「雖然……，但是……」、「儘管……，可是……」等等。例如：

⑧於是，創業的人都會自然而然的想到上天，而敗家的人卻無時不想到自己。（陳之藩〈謝天〉）

⑧我身體平安，惟膀子疼痛的厲害，舉箸提筆，諸多不便，大約大去之期不遠矣。（朱自清〈背影〉）

⑨在大家的關心下，有人懂得力爭上游，以不辜負期許；有人卻喪失了自主的能力，只一味喜歡在庇蔭下生活。（邵僩〈讓關心萌芽〉）

⑧⑧為轉折複句，偏句在前，主句在後；其中分句間用連詞「而」作連接。⑧⑨為轉折複句，偏句在前，主句在後；其中一、二分句間用連詞「惟」作連接。⑨⑩為轉折複句，偏句在前，主句在後，以分號作區隔；句中「卻」作狀語，並非連詞。

（七）假設複句

假設複句是指前一分句提出一種假設狀況，後一分句則說明了該假設狀況實現後會有什麼結果。前面提出假設的分句是偏句，後面說明結果的分句是正句。假設複句常見的連詞有「如果」、「假如」、「要是」、「倘若」、「即使」、「假使」、「假若」、「若是」等等。例如：

⑨①要是沒有水車，杵就一點作用也沒有。（藍蔭鼎〈飲水思源〉）
⑨②如果他能從這扇門望見日出的美景，你又何必要求他走向那扇窗去聆聽鳥鳴呢？（宋晶宜〈雅量〉）
⑨③若是把牠比作天上的星，星就沒有這樣的活動，這樣的玲瓏，也不能有著這樣撲朔迷離、一閃一滅的熒光。（陳醉雲〈蟬與螢〉）

⑨①為假設複句，提出假設的偏句在前，說明結果的正句在後；用連詞「要是」帶出假設偏句。⑨②為假設複句，提出假設的偏句在前，說明結果的正句在後；用連詞「如果」帶出假設偏句。⑨③為假設複句，提出假設的偏句在前，說明結果的正句在

後；用連詞「若是」帶出假設偏句。

（八）條件複句

　　條件複句是指前一個分句提出一個條件，後一個分句則說明有了這個條件後就會產生的相應結果。前面說出條件的一分句是偏句，說明相應結果的後面句是正句。條件複句中常見的連詞有「就」、「才」、「便」、「只要……，就……」、「只有……，才……」、「無論……，都……」、「不論……，也要……」、「除非……，才……」等等。例如：

　　　　⑭無論怎樣重罰，總不許我哭出聲音來。（胡適〈母親的教誨〉）
　　　　⑮獨是凡人生在世間一天，便有一天應該做的事。（梁啟超〈最苦與最樂〉）
　　　　⑯昨天下午，一看天氣颳起寒風，就知道昨晚一定會下霜。（吳晟〈不驚田水冷霜霜〉）

　　⑭為條件複句，提出條件的偏句在前，說明相應結果的主句在後；用連詞「無論」帶出條件偏句。⑮為條件複句，提出條件的偏句在前，說明相應結果的主句在後；用連詞「便」帶出條件偏句。⑯為條件複句，提出條件的偏句在前，說明相應結果的主句在後；用連詞「就」帶出結果正句。

（九）解說複句

　　解說複句中一個分句總述一種情況，其他分句則對該情況加

以解釋、說明。其中，總述的分句是偏句，解釋、說明的分句是主句。解說複句一般不用連詞作聯繫。例如：

⑰當夏秋之間，在月暗星稀、鳴蟲競奏的夜晚，點綴著黃昏夜空夜空的是什麼呢？那就是螢了。（陳醉雲〈蟬與螢〉）[33]

⑱各色各樣的紙船，或列隊而出，或千里單騎，或比肩齊步，或互相追逐，或者乾脆是曹操的戰艦——首尾相連。（洪醒夫〈紙船印象〉）

⑲如果我學得了一絲一毫的好脾氣，如果我學得了一點點待人接物的和氣，如果我能寬恕人，體諒人，——我都得感謝我的慈母。（胡適〈母親的教誨〉）

⑰「當夏秋之間，在月暗星稀、鳴蟲競奏的夜晚，點綴著黃昏夜空夜空的是什麼呢？」是總述偏句，最後一句是解說正句，中間沒有使用連詞作連接。⑱第一分句「各色各樣的紙船」為總述偏句，其後五個分句都是解說正句，中間沒有使用連詞作連接。⑲前三分句「如果我學得了一絲一毫的好脾氣，如果我學得了一點點待人接物的和氣，如果我能寬恕人，體諒人」是總述偏句，末句是解說正句，中間沒有使用連詞作連接，但使用破折號作區分。

註 釋

1 這是大陸語法學者莊文中的說法。參見莊文中：《中學教學語法和語法教學》（北京：語文出版社，1999年1月，第一版），頁161。

2　所謂「敘事句」、「有無句」、「表態句」、「判斷句」是就句子的功能
而作的分類，這種分類方式在語法教學上固然方便，但在語文教學
中做為句子的分析依據時，卻顯得明顯不足。我認為中學的教學語
法的確要簡明扼要，但並非跳躍式、選擇式地講解，而是循序漸
進，去蕪存菁，扼要的介紹全部體系，讓學生懂得語法的大致全
貌，知道學習的必經路徑，才不會造成學生見樹不見林的毛病產
生。

3　將「轉折複句」歸入偏正複句中，「目的複句」併入「因果複句」中
是為了學習上的方便。「轉折複句」有的語法體系視為聯合複句，但
筆者依照分句間關係是否可以延續的觀點，認定「轉折複句」的分
句間有主從的區分，是故納入偏正複句中；另外，關於「目的複
句」的辨識對於中學生而言明顯吃力，為了不造成學習上的困擾，
所以筆者將它納入因果複句中。

4　上海師範大學中文系漢語教研室著：《語法初階》（台北：書林出版
有限公司，1997 年 3 月，一版）。

5　王　力：《中國語法理論》（台中：藍燈文化事業公司，1987 年 9
月，初版）。

6　王年雙：《國語語法》（未刊本，1999 年版）。

7　田小琳、黃成穩、莊文中：《中學教學語法系統提要（試用）》（北
京：人民教育出版社　中學語文室，1984 年 1 月）。

8　朱德熙：《語法講義》（北京：商務印書館，1999 年 9 月，第一版）。

9　呂叔湘：〈漢語語法分析問題〉見《漢語語法論文集》（北京：商務
印書館，1984 年 4 月，增定第一版），頁 481-571。

10　呂叔湘：《中國文法要略》（台北：台灣商務印書館，1977 年 3 月，

台一版）。

[11] 李裕德：《現代漢語實用語法》（北京：教育科學出版社，1995 年 8 月，第一版）。

[12] 汪麗炎：《漢語語法》（上海：上海大學出版社，1998 年 12 月，第一版）。

[13] 邢福義：《漢語複句研究》，（北京：商務印書館，2001 年 1 月，第一版）。

[14] 林語堂：《中國話的語法》（台北：台灣學生書局，1994 年 9 月，學一版）。

[15] 高名凱：《漢語語法論》（台北：台灣開明書局，1993 年 2 月，台二版）。

[16] 張　靜：〈漢語教學語法體系建議方案〉，見張靜：《漢語語法疑難探解》（台北：台灣商務印書館，1994 年 4 月，初版），頁 491-532。

[17] 張先亮：《理論語法研究與比較》（浙江：教育出版社，1998 年 4 月，第一版）。

[18] 莊文中：《中學教學語法和語法教學》（北京：語文出版社，1999 年 1 月，第一版）。

[19] 許世瑛：《中國文法講話》（台北：台灣開明書局，1988 年 10 月，修訂 19 版）。

[20] 黎錦熙：《國語文法》（台北：台灣商務印書館，1983 年 11 月，台四版）。

[21] 國立編譯館：《國民中學國文教科書》第五冊（台北：國立編譯館，1993 年 8 月，改編本三版），頁 33-37。

[22] 國立編譯館：《國民中學國文教科書》第四冊（台北：國立編譯館，

90 年 1 月，正式本，再版）。

23　國立編譯館：《高級中學文法與修辭教科書》上冊（台北：國立編譯館，1997 年 8 月，三版）。

24　楊如雪編著：《文法與修辭》上冊（台中：大同資訊企業股份有限公司，2001 年 2 月，初版）。

25　何永清編著：《文法與修辭》上冊（台北：三民書局，2000 年 8 月，初版）。

26　黃春貴編著：《文法與修辭》上冊（台南：翰林出版事業股份有限公司，2001 年 8 月，初版）。

27　「民」在白話中為半自由語素，並不獨立成詞，它可以和其他語素組成一個詞，組合時它的位置可以在前，如「國『民』」，也可以在後，如「『民』國」；而在文言中，「民」則可以獨立成詞，如「是法不信於『民』也。」（《史記·張釋之執法》）。

28　本句是一個病句。句中如果以「應和」作謂語，那麼它的賓語是「嘹亮的歌唱」，「應和」是及物動詞，必須有對象的，比如說：「大家紛紛應和小強的說法。」但是在本句前後，找不到「是誰」在嘹亮的歌唱，因此，本句可以有兩種改法：一種是將「嘹亮的歌唱」刪去，然後在「喎啾應和」前加上「彼此」，這樣文意才顯得通順。另外一種，不將「嘹亮的歌唱」刪去，那麼也應該在「嘹亮的歌唱」前加上「彼此」，這樣改也行的通。

29　此例摘自〈中學教學語法系統提要（試用）〉。參見田小琳、黃成穩、莊文中：《中學教學語法系統提要（試用）》（北京：人民教育出版社 中學語文室，1984 年 1 月）。

30　「亮晶晶」既非重疊式合成詞，也不是單純的疊音語素，它是由形

容詞「亮」與疊音語素「晶晶」所構成的詞，一般的語法書籍稱之為「ABB 式重疊詞」。參見竺家寧：《漢語詞彙學》（台北：五南圖書出版有限公司，1999 年 10 月，初版），頁 282。

31 有些心理動詞後面帶上主謂短語時，容易誤判成兼語句。例如：「我真心希望你們都能珍惜年少時光。」（琹涵〈酸橘子〉）句中「希望」為心理動詞作述語，「你們都能珍惜年少時光」為主謂短語作賓語。因此，這個句子只是一般的主謂句，不可視為兼語句。

32 參見張先亮：《理論語法研究與比較》（浙江：教育出版社，1998 年 4 月，第一版），頁 347-348。

33 本句中「在月暗星稀、鳴蟲競奏的夜晚，點綴著黃昏夜空夜空的是什麼呢？」為配合語氣，以標點將一句區隔成三，在分句的判斷上容易造成誤解，先還原如下：「在月暗星稀鳴蟲競奏的夜晚點綴著黃昏夜空夜空的是什麼呢？」，應該視為一句。

第六章

中學語法教學的實際

　　文本的閱讀是從詞語、句子開始,而終止於段落、篇章之上。中學語法教學不能夠僅止於語法知識的介紹,必須教導學生一套有系統的分析策略,才算是完成教學的任務。以下從白話文及文言文兩個角度做實際演練。

第一節　白話文的語法教學

　　關於白話文的語法教學,筆者認為應該把重心擺在「句子」的教學上,因為在白話文方面,詞語的問題並不多,而且相對而言,白話詞彙比起文言詞彙來得淺顯,是故無須做過多細膩的分析。「句子」的教學則不然,在過去的中學語文教學中,除了教師偶爾給予學生做造句練習外,甚少能針對「句子」來進行教學,以致於學生在造句行文之際,所憑據的只是從有限的閱讀中所獲得的朦朧語感,這麼寫與那麼寫之間,缺乏有效客觀地指導,再加上缺乏大量的閱讀,語文的低落是顯而易見的事,是故「句子」的教學有其必要性存在。在「句子」的教學上,宜注意以下三點:

一、段旨的掌握

　　一般來說,白話文均已將篇章、段落區分清楚,對於閱讀的幫助很大。以說理為主的文章往往會將該段的段旨置於該段的開

頭，並以句號做為結束的標誌，其它的部分則為對於該段旨的說明、解釋或陳述。從語法的角度來看，這是一種「偏正」的關係，段旨為「正」的部分，其他用來說明、解釋或陳述段旨的文字則屬「偏」的部分。例如：

①交友是一件有益的事。每個人都應該盡量去認識新朋友，因為朋友能擴大自己的生活領域，使我們能夠更深刻認識這個世界。（林良〈父親的信〉）

②一個人在成長的歲月中，一定會接受到很多人的關心。關心我們最多的首推父母，他們對於子女的關心可以說是無微不至；其次關心我們的要推師長，他們一定要把我們教育成人，到社會上出人頭地，建立一番事業。（邵僩〈讓關心萌芽〉）

③什麼事叫做大事呢？大概地說，無論那一件事，只要從頭至尾徹底做成功，便是大事。譬如從前有個法國人叫做柏斯多，專用心力考察普通人眼所不能見的東西——那種東西極微渺，極無用處。在普通人看起來，必以為算不得一回什麼事，何必枉費功夫去研究它呢？但是柏斯多把它的構造、性質，和對於別種東西的關係，從頭至尾研究出來，成一種有系統的結果，把這種東西叫做微生物。由研究這種微生物，便發現微生物對於各種動植物的妨害極大，必須要把他撲滅才好。現在世界人類受到撲滅這種微生物的益處，不知道有多少。柏斯多立志研究的東西，雖然說是很小，但是他徹底得到了結果，便是成了大事，所以他在歷史上便享大名。（孫

文〈立志做大事〉〉

①「交友是一件有益的事。」為本段的段旨,是「正」的部分,其餘的文字是對段旨的說明,為「偏」的部分。②「一個人在成長的歲月中,一定會接受到很多人的關心。」為本段的段旨,是「正」的部分,其他文字提到關心我們的人有父母、師長,是針對段旨所做的闡釋,是「偏」的部分。③「什麼事叫做大事呢?大概地說,無論那一件事,只要從頭至尾徹底做成功,便是大事。」為本段的段旨,是「正」的部分,接著舉柏斯多為例,說明「無論那一件事,只要從頭至尾徹底做成功,便是大事。」的道理,是「偏」的部分。

如果是以記敘、抒情為主的文章,方向相反,作者會先略做提示、陳述或說明後,才點出段旨,那就變成「先偏後正」的關係了。例如:

④在這個熱惱的季節裡,有著蟬在白晝大聲的呼嘯,高昂的歌唱,有著螢在黑暗的夜空輕盈的閃耀,殷勤的照料,牠們都各有各的長處,我們不能加以鄙視,也無從加以軒輊。(陳醉雲〈蟬與螢〉)

⑤深山裡,田間溪邊住著一位老人。老人在小溪旁架起了水車,替鄉人搗米拿點小報酬維持生活。日昇日落,日復一日,老人的生活十分平安寧靜,他覺得心滿意足。(藍蔭鼎〈飲水思源〉)

⑥朋友買了一件衣料,綠色的底子帶白色方格,當她拿給我們看時,一位對圍棋十分感興趣的同學說:

「啊，好像棋盤似的。」

「我看到有點像稿紙。」我說

「真像一塊塊綠豆糕。」一位外號叫「大食客」的同學緊接著說。

我們不禁哄堂大笑，同樣的一件衣料，每個人卻有不同的感覺。那位朋友連忙把衣料用紙包好，她覺得衣料就是衣料，不是棋盤，也不是稿紙，更不是綠豆糕。

人人的欣賞觀點不盡相同，那是和個人的性格與生活環境有關。（宋晶宜〈雅量〉）

④段末「牠們都各有各的長處，我們不能加以鄙視，也無從加以軒輊。」為本段的段旨，是「正」的部分，前面對於蟬與螢的相關陳述為「偏」的部分。⑤段末「老人的生活十分平安寧靜，他覺得心滿意足。」為本段的段旨，是「正」的部分，前面對於老人的生活描述是屬於「偏」的部分。⑥是由四個小段落所組成，前三段敘事，陳述一件往事，藉以引發旨意，為「偏」的部分；最後在段末以「人人的欣賞觀點不盡相同，那是和個人的性格與生活環境有關。」針對上述三小段做了總結的說明，是為本段的段旨，是「正」的部分。

二、句子的掌握

段落是由與段旨相關的數個單句或複句所組合而成，由於句子的種類相當繁複，再加上寫作時語氣的表達必須透過標點符號的協助，所以在句子的判斷上有一定程度的困難。因此，在教學的過程中必須藉由語法的分析給予適度的指導，才能使學生學會

正確的掌握句子。茲將步驟說明如下：

　　首先，是先將句子略做區隔，然後才進行句子的分析。分析時，應著重於句子間彼此關係的釐清，而非進行語法句型的教學討論，絕不能拆解得過度細緻，因為如此將會造成學生見樹不見林的反效果。例如：

> ⑦我母親管束我最嚴。她是慈母兼任嚴父。但她從來不在別人面前罵我一句，打我一下。我做錯了事，她只對我一望。我看見了她的嚴厲眼光，便嚇住了。犯的事小，她等到第二天早晨我睡醒時才教訓我。犯的事大，她等到晚上人靜時，關了房門，先責備我，然後行罰，或罰跪，或擰我的肉。無論怎樣重罰，總不許我哭出聲音來。她教訓兒子，不是藉此出氣叫別人聽的。（胡適〈母親的教誨〉）

⑦可以區隔成七個句子，其中有單句，有複句。

> ⑧我母親管束我最嚴。
> ⑨她是慈母兼任嚴父。但她從來不在別人面前罵我一句，打我一下。
> ⑩我做錯了事，她只對我一望。
> ⑪我看見了她的嚴厲眼光，便嚇住了。
> ⑫犯的事小，她等到第二天早晨我睡醒時才教訓我。
> ⑬犯的事大，她等到晚上人靜時，關了房門，先責備我，然後行罰，或罰跪，或擰我的肉。

　　⑭無論怎樣重罰，總不許我哭出聲音來。她教訓兒子，
不是藉此出氣叫別人聽的。

　　⑧是本段的段旨，主語「我母親」為定心式偏正短語，謂語
「管束我最嚴」為述賓短語（「最嚴」為補語，修飾、限制述語
「管束」）。⑨為轉折複句，屬於偏正複句，前面「她是慈母兼
任嚴父」為偏句，後面「但她從來不在別人面前罵我一句，打我
一下」為正句，強調母親在人前對它的尊重；由以上的考察，我
們可以發現，兩句中的句號應該改為逗號，才能清楚表達出轉折
的關係。⑩為順接複句，說明當他犯了錯之後，母親對他的處置
態度。⑪為因果複句，屬於偏正複句，「我看見了她的嚴厲眼
光」表示原因，「便嚇住了」表示結果。從這句話可以看出胡適
母親的威嚴。⑫為條件複句，提出條件的偏句在前，說明相應結
果的主句在後；二者之間並沒有使用連詞做連接；這句話照應首
段，解釋母親每天一早為何喚他起床後要對他作叮嚀。⑬比較複
雜，有三種複句關係，其一是條件關係，首句「犯的事大」提出
條件，其餘則說明相應的結果；其二，「她等到晚上人靜時，關
了房門，先責備我，然後行罰」為順接關係的複句，說明母親對
他所犯的錯的一連串處置情形；其三「或罰跪，或擰我的肉」為
選擇關係，表示母親「行罰」的方式。從整個複句來看，複句的
構成往往是複雜多樣的，因此，教師在分析一個複句時，必須有
條不紊地逐層講解，才能將該一複句的眉目釐清。⑭也有兩種複
句關係，整體為因果複句，「無論怎樣重罰，總不許我哭出聲音
來」為結果，「她教訓兒子，不是藉此出氣叫別人聽的」為原
因；若單就前兩句「無論怎樣重罰，總不許我哭出聲音來」來

看，則為條件關係，前者為條件，後者為結果。

其次，在分析句子時，有幾點必須特別注意，分別是「標點符號的使用」、「省略的說明」以及「語序變置的辨識」。

（一）標點符號的使用

標點符號是白話文書面語獨有的表意協助工具，它可以彌補書面語無法表現語氣、語調的缺憾。我們可以這麼說，標點符號的使用是讓書面語更趨近口語化的重要策略。不過，也正因為如此，往往造成順了語氣，卻拆散了句子的現象。這種現象在以「是」作謂語的主謂句型中最常出現，比如說：「人的一生，就是上天與社會的賜予。」[1]（藍蔭鼎〈飲水思源〉）、「我所想的，是我在小學時代的幾個好朋友。」[2]（林良〈父親的信〉）、「這種奇怪的心理狀態，一直是我心中的一個謎。」[3]（陳之藩〈謝天〉），這三個句子中間都以逗號將主語、謂語成分作區隔，一來強調主語，二來簡化句式。當遇到這種情形，教學上必須給予還原，否則會造成學生誤判成複句的錯誤。其他的類似狀況，說明如下：

⑮這種精神，常從體育的運動場上，帶進政治的運動場上。（羅家倫〈運動家的風度〉）

⑯春天，像小姑娘，花枝招展的，走著，笑著。（朱自清〈春〉）

⑰在沁涼如水的夏夜中，有牛郎織女的故事，才顯得星光晶亮。（陳之藩〈失根的蘭花〉）

⑮是一個單句，中間以逗號區隔成三等分，「這種精神」是以定心式名詞短語作句子的主語，「常從體育的運動場上」為介賓結構，是句子中的狀語部分[4]，修飾謂語「帶進」，謂語部分「帶進政治的運動場上」則由述賓式動詞短語所構成。⑯是一個複雜的單句，主語「春天」，「像小姑娘，花枝招展的」是句子的狀語，修飾由聯合式動詞短語擔任謂語的「走著，笑著」。句中「像小姑娘，花枝招展的」應作「像花枝招展的小姑娘」，但朱自清將其中的定語「花枝招展的」移至外位，就產生了凸顯的效果，這明顯是一種寫詩的手法。朱自清這篇散文，向來被認為是一首散文詩[5]，從這一句就可以得到印證。⑰是一個條件關係的複句，前面「在沁涼如水的夏夜中，有牛郎織女的故事」為條件偏句，後面「顯得星光晶亮」為結果主句，中間以連詞「才」作連接。這個句子是一個病句，在條件偏句「在沁涼如水的夏夜中，有牛郎織女的故事」中，顯然「在沁涼如水的夏夜中」是主語，但是「在沁涼如水的夏夜中」是一個介賓短語，介賓短語並不能充當句子的分句[6]，我們應該去掉介詞「在」，把句子改成「沁涼如水的夏夜中，有牛郎織女的故事，才顯得星光晶亮。」，如此才顯得合理。

（二）省略的說明

省略其實是語文表達中常有的現象，如果語言環境足夠說明的話，再多的省略也能被接受。比如說小孩子牙牙學語階段所唱的兒歌「兩隻老虎」就充滿了省略現象：

　　兩隻老虎，兩隻老虎。跑得快，跑得快。一隻沒有耳

朵，一隻沒有尾巴。真奇怪，真奇怪。

　　例子中「跑得快」的主語是老虎，「真奇怪」的主語是唱歌的人，雖然兩個主語都省略了，但是並不妨礙牙牙學語的小孩子的學習，正因為它的語言環境充足。但是，在教學上，教師有責任要說明省略的現象與原因，讓學生在往後的自學過程中具備足夠的能力解決相關的問題。例如：

　　⑱元朝末年，出了一個嶔崎磊落的人。（吳敬梓〈王冕的少年時代〉）
　　⑲在學校裡，你應該多認識幾位朋友，多跟他們談話，多去了解他們。（林良〈父親的信〉）
　　⑳到了小布政司街，覓了一家客店，名叫高昇店，將行李卸下，開發了車價酒錢，胡亂吃點晚飯，也就睡了。（劉鶚〈大明湖〉）

　　⑱中首句「元朝末年」為外位的狀語，對謂語「出」作修飾。一般而言，時間副詞作狀語時經常放至句外，做重點式的提示。因此謂語「出了一個嶔崎磊落的人」缺乏主語，主語應為「中國」（或者是「諸暨縣」）。⑲中第三、四句的主語承上省略，還原後原句「在學校裡，你應該多認識幾位朋友，你應該多跟他們談話，你應該多去了解他們。」顯得複雜冗贅，可見做到適度的省略也是一種正確的表達策略。⑳這段文字每一句的主語都是書中主人翁「老殘」，雖然這一整段文字完全不用主語，但因為前後的語言環境充足，所以完全不影響閱讀，這在在證明了

省略是語文中的常態。

（三）語序變置的辨識

　　漢語語法的特色之一，就是語序的穩定，但往往為了因應語氣的表達需要，語序常有變置的現象。語序變置意謂著某個句子成分被強調重視，對於表達有增強的效果。一般來說，句子成分中以「定語」、「狀語」最容易出現語序變置的現象。比如說，頻率副詞「總是」便常常調整位置以表現不同的語氣，如：「小強總是說話不得體。」意謂小強其他方面還好，說話方面則有待加強；「小強說話總是不得體。」意謂小強的談話內容不得體；「總是小強說話不得體。」意謂只有小強這個人說話不得體，其它的人還好。但中學生所學有限，如果不予以告知，學生便會誤解語法有許多的例外現象，這對於語法的教學會帶來負面的效果。因此，在教學上必須給予適度地提醒。如：

　　　㉑這是深冬時節，朝陽未起的清晨，特別寒冷。（吳晟〈不驚田水冷霜霜〉）
　　　㉒去年冬天，一個朋友送來了兩隻小兔兒。（張秀亞〈溫情〉）
　　　㉓在學校裡，你應該多認識幾位朋友，多跟他們談話，多去了解他們。（林良〈父親的信〉）

　　㉑「特別寒冷」為定語，位置本來應在修飾對象「清晨」之前，為了強調氣候的寒冷，所以作者將它調整至外位。原來語序應是「這是深冬時節，朝陽未起，特別寒冷的清晨。」㉒「去年

冬天」為時間名詞作狀語，位置本來應在限制的對象「送來」之前，原來語序應該是「一個朋友去年冬天送來了兩隻小兔兒。」㉓表示處所的介賓短語「在學校裡」為狀語，位置本來應在限制的對象「認識」之前，還原成正常語序應是「你應該在學校裡多認識幾位朋友，多跟他們談話，多去了解他們。」

　　另外，要特別說明的是，狀語的變置現象比起定語的變置現象頻繁，而且對於語氣的強調有增加的效果[7]，如：「他突然領悟了。」（藍蔭鼎〈飲水思源〉）中「突然」為狀語，可以將其變置成「突然，他領悟了。」，語氣頓時顯得比原來加強了不少。語序的變置攸關作者表意上的考量，因此，教師在教學上必須適時地將變置情形略作提醒。

三、語句的變換練習

　　這是語法與修辭間整合的可行方式之一[8]。相同的詞語經由不同的組合，可以產生千變萬化的意思。同樣的，一個意思也可以用幾種不同的句式來表達，而句式不同，所呈現出的語氣和語調也就不同，所呈現的語言風格和修辭效果也就不同。因此，適度地學習語句的變換規律，可以提供學生在寫作上多一點選擇，閱讀上更切合作者的想法。

　　比如說：「大雨滂沱」（陳冠學〈田園之秋選〉）這是一個主謂短語，我們可以經由調整變成「滂沱大雨」，便成了定心式的偏正短語，二者所表達的意義分別為，「大雨滂沱」是說「大雨」怎麼樣？「滂沱大雨」則是說「怎麼樣」的大雨，二者所強調的重點有所不同。因此，在表達上究竟選擇哪一種句式，還必須視上下文作決定，比如說「台中目前大雨滂沱。」，若用「滂

沱大雨」取代「大雨滂沱」則不行，因為如果講成「台中目前滂
沱大雨。」就缺少了謂語（動詞），必須改成「台中目前下起滂
沱大雨。」才行。又如「滂沱大雨下了一整天。」一句，若用
「大雨滂沱」取代「滂沱大雨」，改成「大雨滂沱下了一整
天。」則不行，因為「大雨滂沱」意思已經完足，硬是強加進
來，便造成了句式（單句、複句）之間的混淆，改善的方法是在
兩個分句中間加上逗號，成為解說複句，「大雨滂沱，下了一整
天。」才合乎句法。

總而言之，語句之間的變換練習，只是提供學生多一種選
擇，在使用上仍必須依照上下文作考量，並不具有替換上的必然
性。以下分三個角度來說明：

（一）短語與短語

有些短語間可以進行變換。如：

　　㉔研究語法[9]
　　㉕完成於三天前
　　㉖很激烈地打鬥
　　㉗去過台北三次

㉔「研究語法」為述賓短語，可以調整成「語法研究」，就
變成狀心式偏正短語。㉕「完成於三天前」為心補式（介賓短語
「於三天前」作補語）偏正短語，可以調整成「於三天前完
成」，就變成了狀心式（介賓短語「於三天前」作狀語）偏正短
語。㉖「很激烈地打鬥」為狀心式偏正短語，可以調整成「打鬥

得很激烈」，就變成了心補式偏正短語。㉗述賓短語「去過台北三次」中以數量短語「三次」作補語，可以調整成「去過三次台北」，數量短語「三次」變成了狀語。

（二）短語與句子

有些短語可以調整成主謂句，相反的，有些主謂句也可以調整成短語。這種短語與主謂句間的變換務必考慮原先短語所存在的語言環境，絕不能機械化的調整替換。

1.定心式偏正短語 ⇄ 主謂句

㉘世界的屋脊西藏

㉙我們住的是「低矮簡陋的農舍」。（洪醒夫〈紙船印象〉）

㉚「點點的熒光」，明滅閃爍在草叢、樹林、籬邊、水際。（陳醉雲〈蟬與螢〉）

㉛「剛上小學的我」，正在念打倒偶像及破除迷信等內容的課文。（陳之藩〈謝天〉）

㉘「世界的屋脊西藏」是定心式的偏正短語，可以變換為主謂句「西藏，世界的屋脊。」㉙「低矮簡陋的農舍」為定心式偏正短語，可以變換為「農舍低矮簡陋」，成了主謂句，不過若放回原來的語境中則不妥。㉚「點點的熒光」為定心式偏正短語，可變換為「熒光點點」，成為主謂句，因為有逗號的區隔，原先的「點點的熒光」一來可視為「明滅閃爍在草叢、樹林、籬邊、水際」的主語，但亦可視為一個獨立的名詞非主謂句，故「熒光

點點」可以取代「點點的熒光」，並不影響上下文意。㉛「剛上小學的我」為定心式偏正短語，可變換為「我剛上小學」，成為主謂句，因為有逗號的區隔，原先的「剛上小學的我」一來可作為「正在念打倒偶像及破除迷信等內容的課文」的主語，但亦可視為一個獨立的名詞非主謂句，故「我剛上小學」可以取代「剛上小學的我」，並不影響上下文意。

　　2.述賓短語 ⇄ 主謂句

　　　　㉜吃了飯
　　　　㉝累死我了
　　　　㉞我看到「雞蛋買賣」是怎麼進行。（林良〈父親的信〉）
　　　　㉟一幅動人的畫面出現了。（張秀亞〈溫情〉）

　　㉜「吃了飯」為述賓短語，可變換為主謂句「飯吃了」。㉝「累死我了」是帶有補語的述賓短語，可以變換為「我累死了」，成為主謂句。㉞「雞蛋買賣」為主謂短語，在句中擔任兼語，如果調整成「買賣雞蛋」則成了述賓短語，同樣作兼語。㉟「一幅動人的畫面出現了。」是主謂句，可以調整成述賓短語「出現了一幅動人的畫面。」，就便成了動詞非主謂句。

　　（三）句子與句子

　　有些句子皆可以有變換的關係。如：

　　1.主謂句 ⇄ 主謂句

㊱五輛車一組。

㊲藍田出美玉。

　　㊱當主謂句是由數量名詞短語擔任主、謂語時，主、謂語可以對調，如「五輛車一組。」可以調整為「一組五輛車。」㊲主謂句「藍田出美玉。」強調藍田「出產」美玉，而主謂句「美玉出藍田。」則強調美玉「出產自」藍田，二者雖然可以變換，但是意思上有些許不同。其他如：「他就是國文老師」、「國文老師就是他」，二者所強調的各有輕重，前者強調他的身份是「國文老師」，後者強調國文老師就是「他」，不是別人，也是一樣的道理，在使用上都必須詳加區別。

　　另外，必須說明的是，並非所有的主謂句均可作如是調整，好比說「一場大雨總得下三天。」與「三天總得下一場大雨。」，前者強調某次下雨的時間長達三天，後者說明某地下雨的的頻率很高，三天就下一次，二者的意思截然不同。可見語句間的變換，無法邏輯、機械化，在練習上，仍必須視上下文的文意進行判斷，關於這點，教師在進行語句變換練習時，必須特別予以指出說明。

　　2.主謂句 ⇄ 主謂（賓）倒裝句
　　主謂句往往只是一般的陳述語氣，因此有時為了語氣上的強調，可以將謂語或謂語中的賓語提前至主語之前。如：

㊳靜寂了，這朝來水溶溶的大道。（徐志摩〈我所知道的康橋〉）

㊴你住的小小的島我正思念。(鄭愁予〈小小的島〉)

㊵我最不能忘記的是他的背影。(朱自清〈背影〉)

㊶人的一生中,最適合吃冰的年紀,是小學到初中這個階段。(古蒙仁〈吃冰的滋味〉)

㊳中謂語「靜寂了」已提前至主語之前,是主謂倒裝句,還原為「這朝來水溶溶的大道靜寂了。」就成了主謂句。㊴中賓語「你住的小小的島」已經提前至主語之前,是主謂(賓)倒裝句,還原後為「我正思念你住的小小的島。」㊵是主謂句,其中賓語「他的背影」可以提前至主語之前,而成為「他的背影是我最不能忘記的。」㊶是主謂句,其中賓語「小學到初中這個階段」可以提前至主語之前,而成為「小學到初中這個階段,是人的一生中,最適合吃冰的年紀。」

3.主謂(賓)句 ⇄ 主謂謂語句

㊷我吃了晚飯。(胡適〈母親的教誨〉)

㊸我尤愛他畫的少女和小孩。(杏林子〈生命之歌二則〉)

㊹我特別欣賞法國的印象派大師雷諾瓦。(杏林子〈生命之歌二則〉)

㊷主謂句「我吃了晚飯。」可以變換為主謂謂語句「晚飯我吃了。」㊸可以調整成「他畫的少女和小孩,我尤愛。」以達到強調凸顯得效果。㊹主謂句「我特別欣賞法國的印象派大師雷諾瓦。」,也可以調整成主謂謂語句「法國的印象派大師雷諾瓦,

我特別欣賞。」

4.主謂句 ⇄ 把字句

⑤我一伸手捉住了它。（杏林子〈生命之歌二則〉）
⑥她化解我們對數學的恐懼與不安。（陳幸蕙〈我再說一遍〉）
⑦他把瑟放下。（張蔭麟〈孔子的人格〉）

⑤「我一伸手捉住了它。」是主謂句，可以變換為把字句「我一伸手把它捉住了。」⑥「她化解我們對數學的恐懼與不安。」是主謂句，可以變換為把字句「她把我們對數學的恐懼與不安化解。」⑦「他把瑟放下。」是把字句，可以還原為主謂句「他放下瑟。」

5.主謂句 ⇄ 被動句

⑱風裡帶來新翻泥土的氣息。（朱自清〈春〉）
⑲他遇見穿喪服的人。（張蔭麟〈孔子的人格〉）
㊿她洞悉我們好逸惡勞、因循怕難的心理。（陳幸蕙〈我再說一次〉）

⑱「風裡帶來新翻泥土的氣息。」是一般主謂句，可以變換為被動句「新翻泥土的氣息被風（裡）帶來。」⑲「他遇見穿喪服的人。」是一般主謂句，可以變換為被動句「穿喪服的人被他遇見。」㊿「她洞悉我們好逸惡勞、因循怕難的心理。」是一般主謂句，可以變換為被動句「我們好逸惡勞、因循怕難的心理被

她洞悉。」

6.把字句 ⇄ 被字句

(51)我可以把好運帶來。(蔣經國〈生存與奮鬥的啟示〉)
(52)這樣的鳥聲把我從夢境喚起。(梁實秋〈鳥〉)
(53)那水鳥被人驚起。(劉鶚〈大明湖〉)
(54)大魚的肉體被一群群的小鯊魚吃光。(蔣經國〈生存與奮鬥的啟示〉)

(51)「我可以把好運帶來。」是把字句,可以調整成被字句「好運可以被我帶來。」(52)「這樣的鳥聲把我從夢境喚起。」是把字句,可以調整成被字句「我從夢境被這樣的鳥聲喚起。」(53)「那水鳥被人驚起。」是被字句,可以調整成把字句「人把那水鳥驚起。」(54)「大魚的肉體被一群群的小鯊魚吃光。」是被字句,可以調整成把字句「一群群的小鯊魚把大魚的肉體吃光。」

第二節　文言文的語法教學

中學生對於文言文的學習向來比較吃力,絕大多數的問題在於字義的訓詁上。不過,訓詁的問題不在本文討論範圍,以下僅就教學時語法所能提供的相關支援加以說明。

一、實詞方面

漢語因為單音節、孤立語的特點,詞的運用相當靈活,雖然經由文字學家、語法學家的探索,詞的基本功能大抵確定,不過

這只是相對的確定，並非絕對。因此，在文言文的教學上教學上，教師必須針對文言文中詞的運用現象詳加說明。在實詞方面，有下列幾點：

（一）詞類的活用現象

1.名詞的活用

　　①於是齊侯以晏子之觴而「觴」桓子。（錢公輔〈義田記〉）

　　②夫子莞爾而笑曰：割雞焉用「牛」刀？（《論語‧陽貨》）

　　③飄飄乎如遺世獨立，「羽」化而登仙。（蘇軾〈赤壁賦〉）

　　①「觴」本為名詞，古稱盛滿酒的酒杯為觴，句中活用為動詞，充當述語，作「罰酒」解釋。②「牛」為牲畜，名詞，句中活用為形容詞，充當定語，「牛刀」是指宰殺牛隻的屠刀。③「羽」本指鳥類的長毛，為名詞，句中活用為副詞，充當狀語，「羽化」是得道成仙的意思。

2.動詞的活用

　　④席不正不坐，「割」不正不食。（韓嬰〈韓詩外傳〉）

　　⑤「遷」客騷人，多會於此。（范仲淹〈岳陽樓記〉）

　　⑥陰風「怒」號（范仲淹〈岳陽樓記〉）

④「割」為動詞，以刀傷之為割，句中活用為名詞，充當主語，指所切割的肉塊。⑤「遷」本意為升高，作動詞，在句中活用為形容詞，充當定語，「遷客」是指被貶謫放逐的人。⑥「怒」有怨怒、生氣之意，動詞，今在句中活用為副詞，充當狀語，「怒號」解釋為好像很憤怒般地大聲號叫。

3.形容詞的活用

⑦益者三友：友「直」、友諒、友多聞。(《論語·季氏》)
⑧親賢人，「遠」小人。(諸葛亮〈出師表〉)
⑨視吾家所「寡」有者。(馮諼〈客孟嘗君〉)

⑦「直」為形容詞，作無偏無隱解，也就是正直的意思，今在句中活用為名詞，指正直無隱之人，充當賓語。⑧深長為「遠」，形容詞，今在句中活用為動詞，充當述語，作遠離解。⑨「寡」有少的意思，形容詞，今在句中活用為副詞，充當狀語，「寡有」意謂缺少。

（二）使動用法、意動用法、被動用法

1.使動用法

所謂使動用法，是指作為謂語的動詞所表示的動作，不是主語發出的，而是主語使賓語發出的。這個動詞，我們稱為使動詞。如：

⑩吾見申叔，夫子所謂生死而「肉」骨也。(《左傳·襄

公二十二年》)

⑪諸侯恐懼，會盟而謀「弱」秦。(賈誼〈過秦論〉)

⑫「舞」幽壑之潛蛟，「泣」孤舟之嫠婦。(蘇軾〈赤壁賦〉)

⑩「肉」是名詞，在句中活用為使動詞，充當述語，「肉骨」意思是使骨頭長出肉來。⑪「弱」是形容詞，有物不堅不能獨立的意思，今在句中活用為使動詞，充當述語，「弱秦」是使秦國衰弱的意思。⑫「舞」、「泣」均為不及物的動詞，不帶賓語，今在句中活用為及物的使動詞，充當述語，帶有賓語，分別作「使……舞動起來」、「使……哭泣起來」的意思。

2.意動用法

所謂意動用法，是指作為謂語的動詞所表示的意思，是主語主觀上認為賓語如何。這個動詞，我們稱為意動詞。如：

⑬「侶」魚蝦而「友」麋鹿。(蘇軾〈赤壁賦〉)

⑭不「遠」千里而來。(《孟子‧梁惠王下》)

⑮故聲聞過實，君子「恥」之。(《孟子‧離婁下》)

⑬人與人相連為伴為「侶」，故「侶」有伴侶的意思，作名詞，今在句中活用為意動詞，充當述語，「侶魚蝦」解釋作以魚蝦為伴侶的意思；另外，本句中的「友」字亦作意動用法，充當述語，「友麋鹿」解釋為以麋鹿為朋友。⑭深長為「遠」，形容詞，今在句中活用為意動詞，充當述語，「不遠千里」解為不以

千里的路程為遠。⑮「恥」有羞辱之意,動詞,今作意動用法,充當述語,「君子恥之」意謂君子以之(指聲聞過實)為恥辱。

3.被動用法

所謂被動用法,是指作為謂語的動詞的受事者(支配對象)不是賓語,而是主語;一般來說,白話中被動用法都用「被」、「讓」、「給」等字做標誌,文言中比較複雜。如:

⑯舜「發」於畎畝之中。(孟子〈生於憂患死於安樂〉)
⑰荷人鄭氏之事,「闕」而弗「錄」。(連橫〈臺灣通史序〉)
⑱涕泣謀於禁卒,卒「感」焉(方苞〈左忠毅公軼事〉)
⑲是法不信「於」民也。(《史記·張釋之執法》)
⑳子曰:年四十而「見」惡焉。(《論語·陽貨》)
㉑梅花「為」寒所勒,與桃、杏相次開發。(袁宏道〈晚遊六橋待月記〉)

⑯「發」為推舉、舉用、薦舉的意思,其受事者(舉用對象)是作為主語的「舜」,因此「發」為被動詞,全句解釋作「舜在田畝之中被推舉出來治理天下。」⑰「闕」即「缺」,解釋為遺漏,「錄」作記錄、登錄解,二者的受事者(紀錄的對象)是主語「荷人鄭氏之事」,故「闕」、「錄」均為被動詞,全句解釋為「關於荷蘭人以及鄭成功在台灣的相關史實,都刻意地被遺漏而不被記載。」⑱「感」有感動之意,其受事者(感動

的對象）是主語「卒」，因此「感」為被動詞，全句解釋作「禁卒被史可法的精神感動了。」⑲「於」為介詞，當「於」用在動詞後面，引進行為的主動者時，「於」表示被動[10]，如本句中「於」引進主動者「民」，全句可以還原成「民不信是法」，意思是「人民就不相信這種法律了。」如果按照原來的語序可以翻譯為「這種法律就不被人民所信賴了。」⑳「見」作介詞，用在動詞前，作被動的標誌，「見惡」意謂被厭惡。㉑「為……所……」是文言被動句最常見的固定句式，「為」為介詞引進施事者，其施事對象為主語，如本句可以翻譯為「梅花被寒氣抑制而延後開花」。

（三）稱呼的用法

白話文中對人的稱呼比較簡單，第一人稱用「我」，第二人稱用「你」，第三人稱用「他（她）」，複數時則加上「們」字，文言則比較複雜。另外，在表示對人的尊稱、對己的謙稱等用法上，文言也比起白話來的豐富。

1.人稱代詞

代替人、事或物的名稱的代詞叫做人稱代詞，文言中的用法特別豐富，例如：

㉒屬「予」作文以記之。（范仲淹〈岳陽樓記〉）
㉓與「爾」三矢，爾其無忘「乃」父之志。（歐陽脩〈新五代史伶官傳序〉）
㉔問「渠」那得清如許，為有源頭活水來。（朱熹〈觀

書有感〉〉

㉒「予」是文言第一人稱代詞，相當於「我」，是說話者稱呼自己的代詞；其他文言第一人稱的代詞如：「吾」、「余」、「咱」、「朕」、「俺」、「洒家」等；其中，「朕」在上古不論貴賤都可以用爲自稱，直到秦始皇之際，「朕」始爲帝王專用的自稱語，「俺」爲山東人的自稱，「洒家」是宋元時關西一帶人的自稱語。㉓「爾」、「乃」是文言第二人稱代詞，相當於「你」，是稱呼聽話者的代詞，其他作文言第二人稱代詞的還有「汝」、「女」、「而」、「若」等。㉔「渠」是文言第三人稱代詞，相當於「他」，適用來稱呼說話者和聽話者以外的人的代詞，其他文言第三人稱代詞的有「彼」、「其」、「之」、「厥」、「伊」等。

另外，白話文中對於人稱代詞複數的說法，是在人稱代詞的後面加上「們」字，比如說：「我們」、「你們」、「他們」，而文言的人稱複數的用法大致如此，只是不用「們」字，改爲「儕」、「等」、「曹」、「屬」、「輩」，比如說：「吾儕」、「君等」、「汝曹」、「爾屬」、「我輩」等。

2.表敬人的用法

說話者爲了表示對聽話者的敬意，白話文中會改「你」爲「您」。在文言文中，則不用一般的第二人稱代詞，改用比較尊敬的方式來呈現。大抵有三種方式，第一種是直接尊稱對方「公」、「君」、「子」、「氏」，有時會在前面加上姓或字號；第二種是稱呼對方的字號、地位、身份、職稱，或是比較具

有敬意的名詞性的尊稱詞，第三種利用一些具有敬意的動詞、形容詞或副詞來表示。如：

㉕「子」非魚，安知魚之樂？（《莊子·濠梁之辯》）

㉖此何可哉？此何可哉？「君」等休矣。（宋濂〈秦士錄〉）

㉗「謹」使臣良奉白璧一雙，再拜獻大王足下。（《史記·鴻門宴》）

㉘壽畢，「請」以劍舞，因擊沛公於坐，殺之。（《史記·鴻門宴》）

㉕、㉖中的「子」、「君」都是敬稱，屬於名詞，其他如：「公」、「卿」、「君侯」、「夫子」、「先生」、「台端」、「執事」、「尊駕」、「尊前」、「閣下」、「足下」、「陛下」、「殿下」、「左右」、「侍右」，以上都可以用來敬稱一個人。㉗、㉘中的「謹」、「請」都是表敬之詞，分屬於副詞、動詞，其他如：「奉」、「敬」、「幸」、「惠」、「垂」、「聖」、「御」、「辱」、「蒙」、「枉」、「忝」。在教學上，為了使學生能清楚的區分二者，不妨將第一種稱為「敬稱」，第二種稱為「敬詞」。

3.表謙己的用法

文言文中，說話者為了表示自己心中的恭敬、客氣，稱呼自己時不用一般的第一人稱代詞，會改用比較客氣、謙虛的說法，比如說直稱自己的名，或是改用其他特定的謙稱詞。如：

㉙「愚」以為宮中府中，事無大小，悉以咨之。(諸葛
亮〈出師表〉)

㉚快哉此風！「寡人」所與庶人共者耶？(蘇轍〈黃州
快哉亭記〉)

㉛「猥」以微賤，當侍東宮。(李密〈陳情表〉)

㉜臣聞吏議逐客，「竊」以為過矣。(李斯〈諫逐客
書〉)

㉙、㉚中的「愚」、「寡人」都是謙稱，都作名詞，其他
如：「臣」、「某」、「僕」、「妾」、「奴」、「婢」、「寡
君」、「鄙人」、「敝人」、「小人」、「在下」、「不佞」、
「小老」等也都是對己的謙稱。其中「妾」、「奴」、「婢」是
一般女子的謙稱。㉛、㉜中的「猥」、「竊」都是謙詞，分別是
副詞、動詞，其他還有「敢」、「私」、「鄙」、「微」、
「陋」、「賤」、「區區」、「犬馬」、「沒死」「冒死」、
「再拜」、「伏惟」、「不敏」。教學上，可以把屬於名詞的稱
為「謙稱」，其他屬於形容詞、動詞或副詞的稱為「謙詞」。

(四) 數詞

中學生對於文言中數詞的運用，至少應理解以下四種情況：

㉝「二十」忝科名，聞喜宴獨不戴花。(司馬光〈訓儉
示康〉)

㉞傳不云乎：「三」折肱而成良醫。(方孝孺〈指喻〉)

㉟蓋余之所至，比好遊者尚不能「十一」。（王安石〈遊
　　褒禪山記〉）

㊱「三五」之夜，明月半牆。（歸有光〈項脊軒志〉）

　　㉝「二十」是具體的數目，稱為實數。㉞句中「三」並非真
的指三次，而是「多次」的意思，這種用法是為虛數。表示「多
數」的虛數大抵有兩種方式，一種是利用三的倍數，比如說：
「女大十八變」、「孫悟空七十二變」，第二種是用「十」、
「百」、「千」、「萬」等，如：「十全十美」、「百戰百
勝」、「千呼萬喚」等。另外虛數也可以表示「少」的用法，比
如說「三家村」、「山前下起兩三點雨」。㉟中的「十一」是
「十分之一」的意思，是文言文表示分數的方法。㊱中「三五」
是「十五」的意思，文言文中對於倍數的用法有兩種，一種是用
兩個數目相疊，前面的數目小，後面的數目大，兩兩相乘，比如
「正見當爐女，紅妝二八年。」（李白〈江夏行〉）中「二八」
是指十六歲；一種是直接利用特定字，如「倍」表一倍，「蓰」
表五倍，「什」、「佰」或表十倍、百倍，如「夫物之不齊，物
之情也，或相倍蓰，或相什百，或相千萬。」（《孟子‧滕文公
上》），這段文字可以翻譯為：「貨物品質的好壞，原是貨物的
本值，所以彼此的價值，有的相差一倍或五倍，有的相差十倍或
百倍，有的相差十倍或百倍，有的相差千倍或萬倍。」

二、虛詞方面

　　文言文的閱讀，除了字義的訓詁外，又以虛字的使用最使學
生感到茫然。虛詞的使用，雖然在白話文與文言文中都相當的頻

繁，但白話文中虛詞的使用明顯得比起文言文來的簡單。關鍵在於白話文的詞語、句式均遠較文言文來得詳盡、自在，況且白話文又有標點符號的輔助，所以中學生在閱讀上顯得輕鬆。文言則不然，排除語句長、短、詳、略不談，我們可以說虛詞是文言文和白話文間最大的差別，因為文言文中並沒有標點符號的輔助，文言文的語氣絕大多數是由虛詞所主宰，俗語說：「之乎也者矣焉哉，用的成章好秀才。」這說明了想要閱讀文言文，甚至寫好文言文，首先要先了解虛詞在文言文中的用法。

不過話雖如此，中學生畢竟能力有限，身為教師不能夠把中學生視為研究語法的人來看待，教師在教學上必須有所選擇，擇要對學生進行講解，只要能讓學生掌握文言虛詞的基本共相以及少數文言虛詞的特殊的用法，能夠藉之閱讀淺近的文言文也就足夠了。在虛詞方面，白話文與文言文間的最大差異集中在「副詞」與「助詞」的用法上，以下略做說明：

（一）副詞

文言文與白話文中的副詞功能是一致的，都可以充當狀語或補語，用來修飾動詞或形容詞，以說明其動作或性質、狀態。不過文言文的副詞用字上比較複雜，分工上比較細緻，因此在教學上有需要時時給予學生適度的說明。如下：

1.時間副詞

時間副詞可以分為以下九小類[11]，分別是：

㊲「嚮」其先表之時可導也。(《呂氏春秋·察今》)

㊳以大杖擊二十，「垂」死，輿來庭中。（柳宗元〈段太尉逸事狀〉）

㊴燕趙之君，「始」有遠略，能守其土，義不賂秦。（蘇洵〈六國論〉）

㊵天子春秋「鼎」盛…德澤有加焉。（《漢書‧賈誼傳》）

㊶「久之」，左公被炮烙，旦夕且死。（方苞〈左忠毅公軼事〉）

㊷「卒然」臨之而不驚，無故加之而不怒。（蘇軾〈留侯論〉）

㊸欣然規往，未果，「尋」病終。（陶淵明〈桃花源記〉）

㊹石簣「數」為余言。（袁宏道〈晚遊六橋待月記〉）

㊺婦拍兒亦「漸」拍漸止。（蒲松齡〈口技〉）

　　㊲「嚮」解釋為「先前」，是說明「過去時間」的時間副詞，這一類的時間副詞有「昔」、「始」、「故」、「向」、「曩」等；另外，表示「已經」的時間副詞有「已」、「既」、「業」等；表示「曾經」的時間副詞，如「曾」、「嘗」等；表示「當初」的時間副詞，如「初」、「本」、「方」等；表示「剛才」的時間副詞，如「適」、「方」等。㊳「垂」解釋為「將要」，是屬說明「將來時間」的時間副詞，這一類的時間副詞，如「行」、「方」、「且」、「垂」、「其」、「會」等。㊴「始」解釋為「一開始」、「剛開始」，這是屬於說明「事件始末」的時間副詞，這一類的時間副詞可分為三小類：一是表示

「開始」的時間副詞，有「始」、「甫」等，二是表示「等到、到時候」的時間副詞，如「比」、「洎」、「及」等，三是表示「最後」的時間副詞，如「終」、「竟」、「卒」、「遂」等。⑩「鼎」是「正當」、「正值」的意思，是屬於說明「事件正在進行當中」的時間副詞，這一類的副詞有「正」、「方」、「適」、「今」等。⑪「久之」是「時間過了很久」的意思，這是屬於說明「一段長久時間」的時間副詞，「久之」中的「之」字為詞尾，屬無義的結構助詞，用來使語氣順適，這一類副詞有「素」、「永」、「常」、「長」、「雅」、「恒」等。⑫「卒然」意即「猝然」，是「突然」的意思，這是說明「時間極為快速」的時間副詞，這和作為動作快速的一般性狀副詞有別，關於這一類的時間副詞還有「立」、「即」、「奄」、「遽」、「聚」、「驟」、「急」、「速」、「趣」、「暴」、「忽」、「亟」等。⑬「尋」作為時間副詞，解釋為「隨即」、「不久」，這是用來說明「短暫時間」的時間副詞，相關的還有「旋」、「還」、「暫」、「已而」、「既而」、「俄而」、「未幾」、「頃之」、「須臾」、「剎那」、「轉瞬」等，其中「已而」、「既而」、「俄而」中的「而」字，與「頃之」中的「之」字都是無義的詞尾，均屬順適語氣的結構助詞。⑭「數」解釋為「屢次」，是表示「頻率或次數」的時間副詞，相關的頻率副詞還有「復」、「屢」、「亟」、「累」、「每」、「又」、「常」、「歷」、「頻」、「仍」等。⑮「漸」解釋為「逐漸地」、「漸漸地」，這是用來說明「事件漸進」的時間副詞，關於這一類的時間副詞還有「稍」、「少」、「徐」、「寖」等。

2.程度副詞

程度副詞分為三小類，分別是：

㊻不能使小人不為「極」惡大罪。(歐陽脩〈縱囚論〉)

㊼亦不能為五百人立傳，「滋」可痛矣。(孫文〈黃花崗烈士事略序〉)

㊽外人頗有公孫布被之譏，公宜「少」從眾。(司馬光〈訓儉示康〉)

㊻「極」有「深」、「大」的意思，是屬於「程度最高」的程度副詞，語氣上最為強烈，相關的還有「甚」、「頗」、「絕」、「最」、「殊」、「酷」、「至」等。㊼「滋」解釋為「實在是」、「更加是」，是屬於「程度次高」的程度副詞，語氣上比起前者稍遜一籌，相關的如「益」、「頗」、「愈」、「尤」、「更」、「彌」等。㊽「少」是「稍」的通假，有「稍微」、「稍稍」的意思，語氣上最為委婉客氣，相關的程度副詞如「微」、「略」等。

3.範圍副詞

範圍副詞可分為四小類，分別是：

㊾使吏召諸民當償者，「悉」來合券。(《戰國策‧馮諼客孟嘗君》)

㊿不為伊尹、太公之謀，而「特」出於荊軻、聶政之

計。(蘇軾〈留侯論〉)

(51)以為雖暫「相」別，終當久「相與」處。(韓愈〈祭十二郎文〉)

(52)罔不因勢象形，「各」具形態。(魏學洢〈核舟記〉)

㊾「悉」解釋為「全部」、「都」的意思，這是屬於「總括全部」的範圍副詞，這類相關的複詞有「悉」、「盡」、「舉」、「咸」、「畢」、「遍」、「徧」、「凡」、「一」、「竟」、「通」、「是」、「要」、「率」等。㊿「特」是「只」、「僅」的意思，是表示「侷限於少部分」的範圍副詞，這類相關的複詞有「止」、「唯」、「獨」、「但」、「徒」、「直」、「第」等。(51)「相」是「互相」之意，「相與」是「一起」的意思，這是屬於說明「彼此或共同」的範圍副詞，這類相關的複詞有「俱」、「具」、「並」、「共」、「同」等。(52)「各」是個別的意思，這是用來說明「獨自或個別」的範圍副詞，除了「各」之外還有「每」也具有這種用法。

4.語氣副詞

文言文中，關於「語氣」的表現方是有三種方式，其一是利用語氣副詞，其二是利用語氣助詞，其三是利用嘆詞。三者中以語氣副詞的使用最為頻繁，也最為豐富有特色。

語氣副詞分為以下七類，分別是：

(53)則斯役之價值，「直」可驚天地，泣鬼神。(孫文〈黃花崗烈士事略序〉)

(54)宗廟之事，如會同，端章甫，「願」為小相焉。(《論語·先進》)

(55)千金重幣也，百乘顯使也，齊「其」聞之矣！(《戰國策·馮諼客孟嘗君》)

(56)舟首尾長約八分有奇，高「可」二黍許。(魏學洢〈核舟記〉)

(57)吾師道也，夫「庸」知其年之先後生於吾乎？(韓愈〈師說〉)

(58)太史公疑子房以為魁梧奇偉，而其狀貌「乃」如婦人女子。(蘇軾〈留侯論〉)

(59)「如」使平民皆習於兵，彼知有所敵。(蘇軾〈教戰守策〉)

(53)中「直」可以解釋為「正」、「正可以」，是表現「肯定語氣」的語氣副詞，其他表現肯定語氣的副詞有「固」、「必」、「誠」、「良」、「實」、「信」、「蓋」、「定」、「決」、「當」等。(54)「願」解釋為「希望」，是表現「期望語氣」的語氣副詞，其他表現期望語氣的相關副詞有「唯」、「惟」、「幸」、「其」、「期」、「使」、「希」、「望」等。(55)中「其」可以解釋為「大概」、「應該」，是表現「推測語氣」的語氣副詞，相關的副詞還有「豈」、「或」、「殆」、「幾」、「恐」、「應是」、「莫非」、「庶乎」、「無乃」等。(56)「可」有「差不多」、「大約」之意，是表現「評估語氣」的語氣副詞，其他有關評估語氣的副詞有「蓋」、「略」、「約」、「且」、「率」、「殆」、「庶幾」等。(57)「庸」有

「何必」、「難道」的意思,是表現「反問、反詰的語氣」的語氣副詞,其他表現反詰語氣的相關副詞有「豈」、「寧」、「獨」、「其」、「顧」、「幾」、「固」等。⑱「乃」解釋為「竟然」、「居然」,是表現「驚訝、意外的語氣」的語氣副詞,其他表現驚訝、意外語氣的副詞尚有「直」、「曾」、「竟」等。⑲中「如」解釋為「如果」、「假如」,是表現「假設語氣」的語氣副詞,其他相關的有「果」、「則」、「要」、「若」、「使」、「其」、「而」、「向」、「自」、「即」等。

（二）助詞

助詞的分類,就白話文而言,有語氣助詞、時態助詞、結構助詞和代詞性助詞等四小類,若就文言文來看,除了時態助詞(著、了、過)外,其他三者皆具。其次,就助詞出現的位置來看,語氣助詞可以出現在句首、句中或是句尾,結構助詞、代詞性助詞絕大部分出現在句中。以下僅就中學生必備的助詞知識略加解說:

1.句首,發語詞

⑥「夫」人善於自見,而文非一體,鮮能備善,是以各以所長,相輕所短。(曹丕〈典論論文〉)

⑥「蓋」追先帝之殊遇,欲報之於陛下也。(諸葛亮〈出師表〉)

⑥「夫」是語氣助詞,用於句首,舊稱「發語詞」,是表示

下文要進行議論發表見解的用法，具有引起下文或者略作提示的功能，在現代的白話文中，並沒有這種用法。⑥「蓋」也是文言文中常見的發語詞，功能與「夫」相近，「蓋」有提出議論、闡釋道理或說明事實的作用，有時在翻譯時可以譯為「實在是」、「原來是」，不過因為「蓋」字作虛詞的意思比較多樣，還是要依賴上下文來作最佳的選擇。

2.句中，代詞性助詞

　　㉢「相」迎不道遠，直至長風沙。（李白〈長干行〉）
　　㉣生孩六月，慈父「見」背。（李密〈陳情表〉）

　　㉢「相」迎，是迎接「你」的意思，「相」是具有代替代詞功能的助詞，其本質是結構助詞，但在句中具有代詞的功能，就像男扮女裝的演員，本身是男人，但在舞台上化身為女人。㉣「見」背，是背「我」而去的意思，李密不忍直言父親死亡，而作如此說法。

3.句中，表示賓語提前

　　㉤鬼神非人實親，惟德「是」依。（《左傳·宮之奇諫假道》）
　　㉥句讀「之」不知，惑「之」不解。（韓愈〈師說〉）

　　㉤、㉥中的「是」、「之」均屬結構助詞，具有標誌性質，表示句子中的賓語已經調整至動詞的前面，理解時必須將賓語的位置給還原回來，如「惟德是依」應還原為「惟依德」，又如

「句讀之不知,惑之不解」應調整為「不知句讀,不解惑」。

4.句中,表提頓語氣,無義

所謂提頓語氣相當類似白話文標點符號中的逗號,因為文言文中並不使用標點符號,為了表現提示,或是語氣須略作停頓時,就採用這一類的語氣助詞來表現。

　　⑥⑥師「者」,所以傳道、受業、解惑也。(韓愈〈師說〉)
　　⑥⑦今之眾人,其下聖人「也」亦遠矣,而恥學於師。(韓愈〈師說〉)

⑥⑥「者」位於句中,有表示提頓語氣的功能。⑥⑦當「也」字出現在文言文的句中,往往是無義的提頓語氣助詞,如果是出現在白話文句中,則沒有這種用法,比如說「偶爾也望一望天邊的晚霞。」(吳晟〈負荷〉)「也」字雖出現在句中,但解釋為「同樣的」,是表示事件、動作的相同性,它不具有提頓語氣的功能。

5.句中,表順適語氣,無義

所謂順適語氣是指在句中加入語氣助詞,使文句讀來更加流暢的用法。順適語氣可以出現在詞頭,如「有熊」的「有」,也可以出現在詞尾,如「怡然」的「然」,「晏如」的「如」,「飄飄乎」的「乎」等等,這就是舊稱的「詞綴」,判斷上不成問題,必須詳加說明的是出現在句子中表示順適語氣的助詞。例如:

⑱彼「其」能有所忍也，然後可以就大事。（蘇軾〈留
侯論〉）

⑲誠既勇兮又「以」武，終剛強兮不可凌。（屈原〈國
殤〉）

⑱「其」在句中作無義的順適語氣助詞。⑲「以」在句中亦
為無義的順適語氣助詞。

6.句尾，疑問語氣

可作為疑問語氣的句尾助詞很多，如：「與」、「歟」、
「乎」、「耶」、「焉」、「哉」、「也」、「為」等等。例如：

⑳若是，則君侯已喻之矣，又何卜「為」？（劉基〈司
馬季主論卜〉）

㉑季康子問：仲由，可使從政也「與」？（《論語・雍
也》）

⑳「為」相當於「呢」，全句譯為「這麼看來，那麼君侯您
既然都已經明白了，又為何要來問卜呢？」這是表示疑問語氣的
助詞。㉑「與」即「歟」，相當於「嗎」，表示疑問語氣的助詞，
全句譯為「季康子問孔子：『子路這個人，讓他來從政行嗎？』」

三、句子方面

（一）古今語序的差異

　　謂語的提前是古今語序皆有現象，是故不構成差異。古今語
序的差異主要是在賓語的被提前。例如：

　　⑫無恥之恥，無恥矣。（顧炎武〈廉恥〉）

　　⑬泰山其頹，則吾將安仰？（《禮記·檀弓》）

　　⑭碩鼠碩鼠，無食我黍；三歲貫女，莫我肯顧。（《詩經
　　·碩鼠》）

　　⑮一言以蔽之，曰：「思無邪」。（《論語·為政》）

　　⑯雖董之以嚴刑，震之以威怒，終苟免而不懷仁，貌恭
　　而心不服。（魏徵〈諫太宗十思疏〉）

　　⑫「無恥之恥」中賓語「無恥」被提前，應還原作「恥無
恥」，譯為「以沒有羞恥心為可恥的事。」⑬「則吾將安仰」
中，作為賓語的疑問代詞「安」被提至動詞之前，應還原作「則
吾將仰安」，全句可譯為「高大的泰山已經崩頹了，那麼以後我
將仰望什麼呢？」⑭「莫我肯顧」中賓語「我」被提至動詞之
前，原句應還原為「莫肯顧我」，全句應翻譯為「大老鼠啊！大
老鼠啊！不要吃我的黍米；三年來我毫無怨言的服事你，你卻一
點也不肯照顧我。」⑮中「一言以蔽之」的「一言以」原為介賓
短語「以一言」，為了強調賓語「一言」，所以提前至介詞
「以」的前面，原句譯為「用一句話來概括《詩經》的精神，就
是思想純正無邪僻。」⑯文言中介賓短語以置於動詞、形容詞之
前為常式，但有時為了強調動詞、形容詞，則將介賓短語改置於
動詞、形容詞之後，如「董之以嚴刑」、「震之以威怒」二句便
是，還原成「以嚴刑董之」、「以威怒震之」，譯為「即使用嚴

刑去督責他們，用威勢來恐嚇他們，結果只能使人民苟且避免刑罰，而內心卻沒有存仁義的心理。」

（二）錯綜句

錯綜句是複句間分句位置的交錯調整，是求句式整齊的寫作策略。如：

⑦可以調素琴，閱金經，無絲竹之亂耳，無案牘之勞形。（劉禹錫〈陋室銘〉）

⑧朱鮪涉血於友于，張繡剗刃於愛子；漢主不以為疑，魏君待之若舊。（丘遲〈與陳伯之書〉）

⑦「可以調素琴，閱金經，無絲竹之亂耳，無案牘之勞形。」應調整為「可以調素琴，無絲竹之亂耳，閱金經，無案牘之勞形。」⑧「朱鮪涉血於友于，張繡剗刃於愛子；漢主不以為疑，魏君待之若舊。」應調整為「朱鮪涉血於友于，漢主不以為疑，張繡剗刃於愛子；魏君待之若舊。」其他的錯綜句如：「句讀之不知，惑之不解，或師焉，或不焉。」（韓愈〈師說〉）、「岈然洼然，若垤若穴。」（柳宗元〈始得西山宴遊記〉）、「西伯幽而演易，周旦顯而制禮；不以隱約而弗務，不以康樂而加思。」（曹丕〈典論論文〉）、「然後踐華為城，因河為池，據億丈之城，臨不測之淵以為固。」（賈誼〈過秦論〉）

（三）互文見義

　　「互文見義」又稱為「互文足義」，這是將一個複雜的單句調整為由兩個簡單分句所構成的複句的策略。複雜的單句表達上有時繁複難懂，以互文見義的方式來表現，則文意比較顯豁。例如：

　　⑲雄兔腳撲朔，雌兔眼迷離。（北朝民歌〈木蘭詩〉）
　　⑳不以物喜，不以己悲。（范仲淹〈岳陽樓記〉）

　　⑲原句為「雄兔雌兔之腳與眼皆撲朔皆迷離。」調整為「雄兔腳撲朔，雌兔眼迷離。」則顯得清晰不少。⑳原句應為「不以物、己為喜，不以物、己為悲。」調整為「不以物喜，不以己悲。」則顯得清晰。其他亦屬互文見義的句子，如：「朝暉夕陰」（范仲淹〈岳陽樓記〉）、「主人下馬客在船」（白居易〈琵琶行並序〉）、「秦時明月漢時關」（王昌齡〈出塞〉）、「東市買駿馬，西市買鞍韉，南市買轡頭，北市買長鞭。」（北朝民歌〈木蘭詩〉）、「當窗理雲鬢，對鏡貼花黃。」（北朝民歌〈木蘭詩〉）、「受任於敗軍之際，奉命於危難之間。」（諸葛亮〈出師表〉）、「叫囂乎東西，隳突乎南北。」（柳宗元〈捕蛇者說〉）

（四）固定句型

　　漢語的句型向來穩定，教學上除了教導學生認識一般的句型之外，適度地講解文言固定句型，對於中學生閱讀文言文是有必要的，一來，學生可以經由固定句法的學習，迅速掌握古人行文造句的規律；二來，在分析固定句法的同時，勢必對於該句型的內延與外延有所討論比較，可以幫助學生增進閱讀文言文的能

力。中學階段，以下八種文言固定句型宜提供給學生認識學習。

1.「……所以……」

此句型有兩種用途，一是用來說明原因、理由，二是用來表示所憑藉、依靠的對象。如：

⑦聖人之所以為聖，愚人之所以為愚。（韓愈〈師說〉）
⑧故釋先王之成法，而法其所以為法。（《呂氏春秋·察今》）

⑦中的「所以」說明原因，相當於「……的原因（的緣故）」，可以翻譯為「聖人成為聖人的原因，愚人變成愚人的原因。」⑧中的「所以」表示所憑藉的對象，相當於「……的方法（的工具、的方式……）」，翻譯為「因此要捨棄先王的法令條文，改而效法他們制訂法律的精神。」

2.「以……為……」

此句型屬於「認定語氣」，可以有兩種解釋，一種解釋為「認為……是……」，另一種解釋為「把……當作……」。例如：

⑦女以予為多學而識之者與？（《論語·衛靈公》）
⑧以叢草為林，蟲蟻為獸。（沈復〈兒時記趣〉）

⑦可以翻譯成「你認為我是一個博學強記（死讀死背）的人嗎？」⑧是把字句，翻譯為「把草叢當作是森林，（把）草叢中

的昆蟲螞蟻當作是猛獸。」

3.「得無（無乃）……乎」、「其……與（歟）」
這兩種句型均屬「推測語氣」。

�localhost81遷客騷人，多會於此，覽物之情，得無異乎？（范仲
淹〈岳陽樓記〉）
㊙㊙82嗚呼！此其所以為子房歟！（蘇軾〈留侯論〉）

㊵81句中「得無……乎」解釋為「能不……嗎」，全句翻譯為
「那些被放逐的官場中人和多愁善感的詩人常常聚集在這裡，他
們觀賞眼前景物的心情，能沒有不同嗎？」㊙82句中「其……歟」
解釋為「大概是……吧」，全句可以翻譯為「唉！這大概是子房
之所以為子房的原因吧？」。「推測語氣」和「反詰語氣」容易
混淆，前者答案是不確定的，是說話者心中主觀的推想，後者答
案是確定的，就在問題的反面，而且這個答案客觀，說話者和聽
話者都會接受。

4.「何……之有」、「何以……為」、「不亦……乎」、
「豈……乎」
這四種句型屬於「反詰語氣」。

㊓83孔子云：「何陋之有？」（劉禹錫〈陋室銘〉）
㊔84一室之不治，何以天下國家為？（劉蓉〈習慣說〉）
㊕85仁以為己任，不亦重乎？死而後已，不亦遠乎？

（《論語・泰伯》）

⑧⑥嗚呼！豈設君之道固如是乎？（黃宗羲〈原君〉）

　　⑧⑧句中「何……之有」是「有什麼……呢」的意思，整句翻譯為「孔子說，有什麼簡陋呢？」，劉禹錫的意思是「因為有德的君子居之，所以屋子不陋」。⑧⑧句中「何以……為」解釋為「憑什麼……呢」，翻譯為「一間小小的屋子都整理不好，憑什麼說要治理天下國家呢？」，劉蓉的父親說這番話的意思是要劉蓉不要其言誇誇，要從小處做起，養成好習慣。⑧⑧句中「不亦……乎」解釋為「不是……嗎」，整句的意思是「把行仁當作是自己的責任，這責任不是很重大嗎？一輩子作下去，一直到死了才放下責任，這路程不是很長遠嗎？」，曾子之意在強調君子一生責無旁貸的使命感。⑧⑥句中「豈……乎」是「難道……嗎」的意思，可譯為「唉！難道設立國君的的道理真的是這樣嗎？」，黃宗羲此言在反對國君以天下為私有的想法。

　　5.「如（奈、若）……何」
　　這是「詢問語氣」，語氣上比較委婉。

　　⑧⑦以君之力，曾不能損魁父之丘，如太行、王屋何？
　　（《列子・湯問・愚公移山》）

　　⑧⑦「如……何」解釋為「對……怎麼樣呢」，是詢問如何解決的辦法，翻譯為「憑你的力量，還不能削減魁父這樣小小的山丘，對於太行、王屋這兩座大山，你能怎麼樣呢？」

6.「……（者），……（也）」、「……之謂……」

二者為判斷、解釋的語氣。「……者，……也」中的「者」或「也」有時可以省略。

⑱法者，天子所與天下公共也。（史記〈張釋之執法〉）
⑲一之謂甚，其可再乎？（《左傳·宮之奇諫假道》）

⑱翻譯為「法律，是天子和天下人都要共同遵守的。」⑲句中「之謂」可解釋為「可說是」，全句譯為「借他一次路可說是很過分了，難道還可以再來第二次嗎？」

7.「與其……，無（毋）寧……」

這是表示「選擇」的語氣，表示二者之間只願意選擇後者。有時「無寧」可獨用「寧」。

⑳與其使我先死也，無寧汝先吾而死。（林覺民〈與妻訣別書〉）

⑳「與其……，無（毋）寧……」可解釋為「要是……，不如……」，譯為「要是讓我先死去，還不如你比我早死。」

8.「……孰與……」、「……孰若……」

這是用來表示「比較」的問句，用來詢問、比較人、事、物的高下或得失。

㉑夫無故而動民，雖有小恐，然孰與夫一旦之危哉？
（蘇軾〈教戰守策〉）

㉑「……孰與……」解釋為「……和……相比……怎麼樣？」，本句意為「無故而勞動人民，又悚以軍法，雖會引起小恐慌，但是和突然遭受危險相比，何者恐慌比較大呢？」

第三節　語法學習單的製作

一、製作語法學習單的理念與原則

語法是語文教學的支援學科，在中學語文教學時數，扣除書法、作文或中國文化基本教材（高中），可以用來針對範文教學的時間相當有限[12]。因此，語法教學固然重要，但也不能喧賓奪主，影響正常教學的品質。在這個前提下，適度的利用學習單，製作出關於該課相關的語法知識，教師在講授範文的同時，以學習單作統整、引伸，一來討論的主題明確，二來兼顧到學生學習，是相當可行的教學策略。

在製作語法學習單時，有以下原則必須注意：

第一，時間有限，不宜討論太大的主題。一張學習單應該在十分鐘之內操作完畢，因此，只要針對一個語法點完整交代就可以了。比如說「衍聲複詞」個主題就太大，不妨改成「聯綿詞」、「譯音詞」、「疊字詞」等三個語法點分次討論來的理想。

第二，板書無法詳加說明的，才製作學習單。有些語法點可

以透過板書就處理完畢，當然不必製作學習單，以免浪費時間與精力，但是又些語法點，在板書時不容易交代清楚，那就一定要製作學習單。比如說「句子的分析」，句子有長有短，短句板書便足以應付，遇到長句有時必須層層剖析，預先製作學習單，教學時才容易掌握。

第三，語法點之間不必有必要的聯絡[13]。語法是一門邏輯性強的學科，體系之間層級分明，理想的語法教學當然要清晰的架構出理論體系。不過，從語法教學作為語文教學的支援角色而言，筆者認為應該隨不同的範文內容而作相關的介紹即可。當然，按照語法體系一路講下去是最好的辦法，但是這必須有一個前提，那就是在範文的選擇與編排上，已經考慮到語法點的先後安排。在現行版本中，範文的選擇與編排，大多以名家名作為主，著重情意、文化的薰陶，並不重視文章中語法現象的安排。因此，與其強說硬套語法體系，還不如隨機提出來的恰當。

第四，化繁為簡，化煩為趣。語法理論本身一定是枯燥的，而且相當繁瑣，身為教師在學習單的製作上必須考量吸引學生的注意，誘發學生主動學習[14]。因此，學習單的內容必須加以設計，不能僅是資料的堆砌、整理。在主題的說明上，盡量利用一句有趣的話作為主題，透過這句話作引言，說一個有趣的故事或是相關的語言現象，藉此帶入討論主題。比如說在討論「語序變置」這個主題時，筆者將主題訂為「到底誰放屁」[15]，解說前，先將該則有趣的小故事略作說明，才進入真正要講的語法點「語序變置」。

第五，內容分為「說明」、「舉隅」、「演練」三部分。在「說明」方面，中學生對於定義的理解能力向來薄弱，最好的方

式是教師先行咀嚼，在化為簡單的白話文來解說，只強調最必要的區分就可以，比如說要區分「形容詞」、「副詞」，只要提出二者修飾對象上的差異即可，不必做過多性質上的剖析。在「舉隅」方面，盡量從學生的經驗、知識來考量，大抵是學生日常用語，課本內的範文例句，學生作文的文（病）句，這樣不僅符合建構教學的理想，學生在面對新的語法點時，才不會有旁騖的情形產生。最後的「演練」是對於學習成就的驗收，學習單不是課堂上的紙筆測驗，在演練題目的選擇上，也應該與「舉隅」部分的類題相符，讓學生不自覺得有興趣，主動參與演練。在題數上，四至五題為上限，一來時間有限，二來主題不大，不須做太多重複的練習，三來學生的耐性普遍如此。

第六，不同的對象，就應該有不同的設計。就學習單本身而言，設計上應該兼顧「記憶」、「理解」、「應用」、「評價」等教學目標，其中又以「理解」、「應用」最為重要。就學習單的主題性質而言，可分為「白話文的語法知識」與「文言文的語法知識」兩種。就學生而言，有國中生與高中生之分。因此，教師在設計學習單的時候，必須衡量使用對象的能力，而有相應的設計。筆者認為在國中階段，教學目標側重在語文能力的提昇[16]上，而且國中國文大多以白話文為範文，因此學習單的設計應該以「語法概念的外延」為主，對於語法點著重於重要的功能介紹與應用練習，以及必要的延伸。另外，在高中階段，文言文的比重明顯提昇，教學重點除了繼續提昇語文能力外，對於文言相關的知識介紹尤為必要[17]。因此，在高中階段，筆者認為學習單的設計應該以「語法概念的內涵」為主，對於一個語法點的介紹盡量做到定義的剖析與屬性的分類，作語法知識的深掘。

二、「語法學習單」示範

（一）從「語法概念的外延」來設計

臺中縣立龍井國民中學敦哥國文學習單

〔主題〕：**領帶夾** 介詞　　年級：　班別：　座號：　姓名：

一、說明

　　介詞是用在是用在名詞或名詞短語的前面，與之組成「介賓短語」來修飾動詞或形容詞，以表示該動詞或形容詞的對象、範圍、依據、目的、時間、方向、處所等關係的詞。例如：

　1.她「在樓上」準備功課。　2.艾咪「比小強」認真。

　　另外，「介賓短語」的位置也可以在動詞或形容詞的後面，例如：

　3.火車開「往台北」。　4.艾咪美「在那雙水汪汪的眼睛」。

　　介詞在文章中無論對意義的表達，還是對語句的順暢，都有重要的作用。

二、舉隅（請把介詞找出來）

　1.大門朝南。　　　　　　　2.大門朝南開著。
　3.我們比跳高。　　　　　　4.我們比三天前跳得更高。
　5.小強的心向著艾咪。　　　6.艾咪向小強撒嬌。
　7.我跟你說，這幾天我都緊跟著她，因為我跟她是好朋友。

三、病句分析

　1.小強向口袋裡掏出一封情書，拿給艾咪。
　析：
　2.從艾咪收到小強的情書，高興地跳了起來。
　析：
　3.姊姊拿洗乾淨的衣服掛進衣櫥裡。
　析：
　4.艾咪將愉快的心情參加這次班級桌球比賽。
　析：
　5.過了一會兒，小強就讓媽媽的叮嚀忘的一乾二淨了。
　析：

（二）從「語法概念的內涵」來設計

國立臺中第一高級中學敦哥國文學習單

〔主題〕：「豆」有此理　語氣副詞　　年級：　班別：　座號：　姓名：

一、說明

表現語氣的副詞就是語氣副詞，一般放在動詞前面。可分為七小類：

1. 肯定語氣：固、必、誠、良、實、信、蓋、定、決、直、當、一定。
2. 希望語氣：唯、惟、幸、其、期、使、願、希、望。
3. 推測語氣：豈、其、或、殆、幾、恐、莫非、庶乎、無乃、大概是。
4. 評估語氣：蓋、略、約、可、且、率、殆、庶幾、差不多。
5. 反詰語氣：豈、寧、獨、其、顧、幾、庸、固、焉、安、何、惡、烏。
6. 意外語氣：直、曾、乃、竟。
7. 假設語氣：如、果、則、要、若、使、其、而、向、自、即、誠。

二、舉隅

1. ＿＿＿＿＿：梁使三反，孟嘗君「固」辭不往也。
2. ＿＿＿＿＿：與爾三矢，爾「其」無忘乃父之志。
3. ＿＿＿＿＿：盡吾志也而不能至者，可以無悔矣，「其」孰能譏之乎？
4. ＿＿＿＿＿：舟首尾長約八分有奇，高「可」二黍許。
5. ＿＿＿＿＿：人之立志，「顧」不如蜀鄙之僧哉？
6. ＿＿＿＿＿：至都，太尉怒曰：「『果』不用吾言。」
7. ＿＿＿＿＿：「庶」劉僥倖，保卒餘年。

三、演練

1. 下列何者使用「假設語氣」？（A）方今之務，莫若使民務農而已矣（B）或有弗諱，寡人將誰屬國（C）孰謂少者歿而長者存，彊者夭而病者全乎　（D）苟能充之，足以保四海；苟不充之，不足以事父母（E）向使四君卻客而不內，疏士而不用，是使國無富利之實，而秦無彊大之名也。（84 推）

2. 下列文句，使用「祈使語氣」的選項是：（A）願陛下矜愍愚誠，聽臣微志；庶劉僥倖，保卒餘年（B）當獎率三軍，北定中原，庶竭駑鈍，攘除奸凶，興復漢室，還於舊都（C）臣亡國賤俘，至微至陋，過蒙拔擢，寵命優渥；豈敢盤桓，有所希冀（D）重念蒙君實視遇厚，於反覆不宜鹵莽，故今具道所以，冀君實或見恕也（E）錄大辟囚三百餘人，縱使還家，約其自歸以就死：是以君子之難能，期小人之尤者以必能也。（85 夜）

三、語法點的選擇建議

語法體系中，值得製作成「語法學習單」的語法點相當多，教師製作時必須多方斟酌，力求與範文教學結合。以下為重要的語法點：

（一）語素

★1.「字、語素、詞的辨識」

（二）構詞法

衍聲複詞方面：
2.「聯綿詞」
3.「外來譯音詞」
4.「狀聲詞」

合義複詞方面：
5.「聯合式與偏正式」
6.「主謂式與述賓式」
7.「重疊式與附加式」
8.「表意方式：同義、偏義、反義、變義」

（三）詞類

9.「名詞、動詞、形容詞」
10.「數詞、量詞」
11.「代詞」

12.「副詞」

13.「介詞、連詞」

14.「助詞、嘆詞、狀聲詞」

15.「詞類的活用」

★16.「文言特殊詞類」

（四）短語的構成

17.「聯合式、偏正式」

18.「主謂式、述賓式」

19.「介賓式」

20.「複合詞與短語的辨識」

（五）短語的分類

21.「名詞短語、動詞短語、形容詞短語」

22.「主謂短語、述賓短語」

（六）句子的成分

23.「主語、謂語、定語、狀語、補語、中心語」

★24.「複語、獨語、兼語」

25.「句子的組裝規律」

26.「句子的分析」

（七）單句

27.「語氣」

28.「主謂句」

29.「非主謂句」

★30.「雙賓句」

★31.「連動句」

★32.「兼語句」

33.「把字句」

34.「被動句」

35.「標點符號對句子的影響」

★36.「語序的變置」

★37.「文言的固定句型」

（八）複句

38.「單句、複句、段落」

聯合複句方面：

★39.「並列複句、選擇複句」

★40.「遞進複句、順接複句」

偏正複句方面：

★41.「因果複句、轉折複句」

★42.「假設複句、條件複句」

★43.「解說複句」

44.「病句的檢查」

★45.「語法對翻譯的幫助」

　　以上只是個人初步的看法，其中標示★處，不宜在國中階段

教授，因為國中學生的抽象思維能力尚待加強，等到了高中才予以講授。每一個語法點都可以再加細分，或重新組合，至於在實際教學中如何權變抉擇，則視教師的教學現況而定。可以肯定地說，還有無數的語法點正等待著我們去挖掘探索，這都需要教師親身在中學教學中去感受與實驗。筆者相信透過辛苦製作的學習單，師生之間將獲得更好的交流，當學生的素質提升，教師的教學便顯出價值與意義來。

註 釋 ────────────

1 這是一個句子，但中間被逗號給區隔，「人的一生」是定心式偏正短語作主語，「就是上天與社會的賜予」是述賓短語作謂語。

2 這也是一個句子，「我所想的」為主謂短語作主語，「是我在小學時代的幾個好朋友」是述賓短語作謂語。

3 這也是一個句子，「這種奇怪的心理狀態」為定心式偏正短語作主語，「一直是我心中的一個謎」是述賓短語作謂語。

4 「常」為頻率副詞，修飾介賓結構「從體育的運動場上」，亦為狀語成分之一。

5 參見國立編譯館：《國民中學國文教師手冊》第四冊（台北：國立編譯館，89 年 1 月，正式本，初版），頁 6。

6 這學生寫作時最常犯的毛病之一，介賓短語在句子中，一般僅能能充當狀語或補語。針對這點，蔡謀芳先生有詳細說明。參見蔡謀芳：《表達的技術──語法十七講》（台北：文津出版社，1996 年 3 月，初版），頁 3-6。

7 參見史錫堯：〈詞語組合的靈活性與表意的變異性〉一文，列入《語法、語義、語用》一書（北京：人民教育出版社，1999 年 11 月，第

一版），頁 66-75。

8　吳是文、林文金與史錫堯認為：「由於語法學、修辭學研究對象不同、研究目的不同、內部系統不同、性質不同，特別是研究對象與內部系統不同，決定了語法、修辭不能結合。」又說：「充其量，只能以語法或修辭中的一門科學的內部系統為綱，在某些地方，適當地、適量地、也必然是零碎地照顧到另一門科學的一些知識而已。我想，這不能稱為『結合』。」史錫堯：〈語法、修辭不能結合〉一文，列入《語法、語義、語用》一書，頁 63-64。另外，張煉強卻認為：「修辭活動離不開對語音、詞彙和語法三要素的例用。修辭活動是以語音、詞彙和語法為基礎的。因此，語音、詞彙和語法都是修辭的資源。」根據張煉強的看法，並非所有的語法結構都具有修辭上的意義，但也不能否定某些語法結構的確具有修辭上的意義。參見張煉強：《修辭論稿》（北京：人民教育出版社，2000 年 6 月，第一版），頁 103-114。

9　短語加上語氣、語調就成為句子，書面語對於「短語句」的呈現是在後面加上標點符號，如句號、問號、驚嘆號等。因此，這裡不加上標點符號，以標誌出短語的性質。以下皆同。

10　⑯與⑲中「於」字的語法環境看似相同，實則不同。在⑯中，「於」解釋為「在」，與「畎畝」組成介賓短語「於畎畝」表示處所，作被動詞「發」的補語。而⑲中的「於」帶上「民」，組成介賓短語「於民」表示動作的施事者，作動詞「信」的補語。我要強調的是，在⑯中，被動色彩是表現在被動詞「發」上，與「於」字無關；而⑲中，被動色彩是由「於」字展現，與動詞「信」字無關。

11　此處將時間副詞分成九小類是為了建立系統化，我認為教學上不宜

以此來要求學生，只要詳加解釋該時間副詞的意義、功能，讓學生
能辨識出時間副詞即可。以下各種分類皆同。

12　在《國民中學課程標準》中規定：「每學期每週教學節數均為五
節」，並將教學時間分配成「壹、範文教學，每二週七節，……貳、
作文、書法與課外閱讀等，每二週三節，……參、作文以每二週一
篇為原則，……。」參見國民中學課程標準編輯審查小組：《國民中
學課程標準》（台北：教育部編印，84 年，初版），頁 16。若以《國
民中學課程標準》的說法來計算，每個學期二十週，範文教學每二
週七節，二十週共七十節，扣除段考三次（各扣一節），可用來範文
教學的時數共六十七節，合計為三千零一十五分鐘。國中國文課本
平均十四點五課，外加兩個「語文常識」單元，合計十六點五個單
元，平均下來每個單元所分配到的時間為一百八十三分鐘。

13　倪文錦先生說：「語言知識的教學目的不在於追求知識系統本身的嚴
謹，而在於能夠靈活的運用。」參見倪文錦：《語文考試論》（廣
西：教育出版社，1996 年 12 月，第一版），頁 127。

14　在本文中，筆者不斷地強調一句話：「語法教學是語文教學的支援學
科」。換言之，語文教學的目標是什麼，語法教學的目標便是什麼，
絕不能喧賓奪主，倘若把語法學習單製作得讓學生產生反感，如此
便失去了它作為支援學科的意義。

15　這是一則有趣的故事，內容如下：三個學生寫好作文，呈給老師請
求評定優劣。結果三篇文章回來了，只見老師上面各寫著「放狗
屁」、「狗放屁」、「放屁狗」。三個學生不明究裡，請教老師，老師
說：「『放狗屁』主語不見了，這是罵人亂講話；『狗放屁』句子成分
完整，分明是『狗』放了屁，不過『狗』除了放屁，還會其他，至

於『放屁狗』是一個詞，『放屁』是說明這隻狗只會放屁，其他一無可取。因此，依序是第一名、第二名、第三名。」

16 《國民中學課程標準》在教學目標中作如此說明：「……參、繼續學習標準國語，加強聽、說及討論之能力，……肆、明瞭我國語文之特質，增進閱讀寫作之能力，及欣賞文學作品之興趣。……」參見國民中學課程標準編輯審查小組：《國民中學課程標準》，頁 15。在最新版的《國民中小學九年一貫課程暫行綱要》中，更將國語文能力細分為六，分別是：「注音符號應用能力、聆聽能力、說話能力、識字與寫作能力、閱讀能力、寫作能力」。參見國民教育各學習領域綱要研修小組：《國民中小學九年一貫課程暫行綱要》，頁 19-35。

17 《高級中學課程標準》中相關的說明有：「壹、提高閱讀、欣賞及寫作語體文的能力。貳、培養閱讀文言文及淺近古籍之興趣，……肆、閱讀優美、純正、勵志之課外讀物，增進文藝欣賞與創作之能力，……伍、……熟練語言表達能力。」參見高級中學課程標準編輯審查小組：《高級中學課程標準》（台北：教育部編印，85 年 6 月，初版），頁 37。

第七章

結 論

一、理想的實踐

台灣專為中學師生所寫的語法相關書籍很少[1]，主要原因在於兩方面：一方面，參與實際教學工作的中學語文教師，對於「語法」的本質、功能與操作缺乏相應的了解，所以沒有這方面的需求；二方面，研究「語法」的專家學者，關心「理論語法」（專家語法、描寫語法）的程度遠超過「教學語法」。雖然說，「理論語法」就像燈塔般引領迷航的船隻，具有標竿的意義，不可或缺；但「教學語法」卻能教授實際操舟的本領，對於中學師生而言，二者之緩急輕重，不言而喻。

語法教學並未獲得普遍地重視，筆者身為中學國文教師教師，對於中學中「語法教學」淪為雞肋的現象頗為憂心。中學的範文教學固然以情意教學、義理教學為主要範疇，但是漢語的「孤立語」本質，截然不同於「膠著語」、「曲折語」，漢語意義的表現純在語序的變化之上，不了解語法，如何辨識語序？又如何體悟情意？又如何闡釋義理？不講授語言的規則性，出發點便已經偏頗，又如何能達到所謂的「教學目標」呢？

筆者認為語法教學的「理論與實際」是可以結合的。「理論」固然奧妙複雜，但是經由「實際」的檢查修正，二者可以取得一個平衡點，關鍵在於作為「理論」的說法是否為「實際」設

想？是否提供足夠的操作模式？架構「理論」者是否有足夠的「實際」操作能力與經驗？是否為「形而上」與「形而下」之間搭上橋樑？如此，作為「理論」的責任才算完足。另一方面，作為「實際」的操作者，是否諳熟「理論」，是否實際地操作演練？是否能辨識分析操作後所得到的「反饋」所帶來的意義？而藉以修正操作模式，或者指摘出「理論」的盲點，更進一步豐富理論，這樣來談語法教學的「理論與實際」的結合才有意義。

　　本文就是在這個理念下所產生的。在「理論」方面，筆者嘗試將台灣現有的中學語法體系，分成「國中部分」與「高中部分」進行討論，分析其間差異，並普查了歷屆升學考試中所出現的語法試題，歸納出重要的語法點，然後在這個基礎上，重新建構一套可行性高的「中學教學語法體系」，以作為中學語法教學的基礎。在「實際」方面，筆者運用前面所得到的「中學教學語法體系」進行實際的教學演示，提出中學的白話文教學及文言文教學中語法所能提供的教學策略。透過本文。筆者希望能展現「語法理論」與「教學實際」結合的一面，達到語法教學的理論與實際結合的理想。

二、過去成果的檢討

（一）教學現況

　　教師是教學的執行者，而「課程綱領」、「教師手冊」便是教師教學活動的發動者。「課程綱領」應該具有引領教師教學方向的功用，「教師手冊」應該有規範指導教師如何教學的功能，

二者應該像經緯線一般建立起嚴密的教學規範，這是無庸置疑的
事。對於這點，就目前的資料看來明顯不足，「課程標準」中大
多對於語法的定位語焉不詳，教師手冊中盡是把教學中心擺在
「章法」、「義理」、「詞章」以及「趣味掌故」的說明之上；
對於以「語法」進行教學的分析利用罕有提及，若有，也泰半著
重於文言特殊詞法、句法。這樣就造成了教師普遍的錯誤認知：
一來實在難懂，少講為宜；二來沒有硬性規定，乾脆不說。因
此，造成了惡性循環，講究語法、研究語法似乎成了異類，是找
人的麻煩。如果身為教育界一份子的我們有這種心態，又如何苛
責年輕人使用不合語法的語言呢？語法教學有其實用價值，過去
的不重視，清楚地反映在今日年輕人的語文表達能力上。有人會
把語法教學與繁複抽象的思維術聯想在一起，把語法教學視為洪
水猛獸般敬而遠之，其實這是一種誤解。在中學裡，語法教學應
該定位在「輔學習」上，把它理解為一套教學者與學習者之間溝
通的橋樑，教師能夠以語法術語協助教學，學生能夠以術語輔助
學習，師生之間能夠流暢的以語法術語進行溝通，這樣的教學不
是既清楚又有效率嗎？語法教學對於學生絕對有幫助，關鍵在於
教學者的心態與技巧，如果教師能夠扭轉觀念，開始嘗試著將學
生帶進語法的領域，學生將會發現，原來朦朧的語感背後，原來
都是有其一定的理論作為支持，自然對於學生能夠產生吸引力，
這樣的語文教學才算成功。

（二）語法體系

「語法體系」是語法教學的依據，一套確定的語法體系對於
教學的進行以及教學後的評量具有相當的意義[2]。台灣目前的中

學教學語法的體系相當多元：有繼承、調和與吸取三種面向。

在繼承方面，以繼承呂叔湘、許世瑛兩位先生的語法體系為主，國立編譯館所主編的國、高中教學語法體系可作為代表；其特色是在語法層級、語法術語完全接受傳統的說法。

在調和方面，主要以民國八十八年新修訂的高中「文法與修辭」課本為主，如「三民版」、「大同版」，這兩個版本中，對於層級、術語的態度參酌各家的意見，嘗試著調和出適用於中學生的體系出來，可以說是中學教學語法近二十年來最大的變革之一，對於中學教學語法的研究工作具有引領的價值。

在吸取方面，以「翰林版」為代表。「翰林版」接受了大陸語法學界的看法，將原先「詞」、「詞語結構」、「句子」三個層級，加入「語素」的說法，並將「詞語結構」改稱為「短語」，而成「語素」、「詞」、「短語」、「句子」等四個層次，本書的優點是解說清晰、操作容易，擺脫傳統的包袱將台灣中語法教學推向一個新的境界。

這三類語法從理論的角度，很難判定誰是誰非，因為語法本身就是一種內在的自足，如果它的系統足以解釋各種繁複的語言現象，那麼它就是正確的；不過就作為中學教學語法體系而言，使用者學生的因素就必須加以考量，對於學生幫助大的，方便學生操作的，就是好的中學教學語法體系。基於以上考量，筆者認為一套好的中學教學語法體系，應該具備以下條件：

1.層級分明，體系完備。「語素」對於語文教學是否有用，是首先必須研究的一點，過去針對「語素」的研究，大都偏向從「語法學」的角度來觀察，「語素」自然有其必要性存在。筆者的看法是如果「語素」對於語文教學，特別是範文教學，並無實

質意義時，就不須強將「語素教學」放入其中。「結構」、「詞組」、「短語」三種說法，歷來各有主張，爭執點在於三者切入不同，因此所得自然不同[3]。但名稱的歧異，並不影響語言本身的存在，選擇哪一種說法都不影響它對於語言本身的詮釋。不過一套教學語法體系，一定只能確定一種名稱、一種說法才行，以避免使用者彼此溝通產生歧義。

2.定義清晰，界說分明。一個語法點的確定，產生在它與其他語法點間的不同。因此，對於語法點的定義必須清晰，能夠清楚地呈現該語法點本身的內涵，讓使用者能夠透過內涵的掌握，學習該語法點。對於語法點間的界說也必須分明，讓使用者能夠透過界說區別不同點，進而掌握語法全貌。

3.舉例扼要，配合能力。舉例是輔助使用者認知定義，了解界說的重要手段。它應該能夠因勢利導，幫助學習，絕對不能超出學習範圍，造成學習阻力。因此，作為中學教學語法體系，所舉用的例子一定要有規範性、侷限性，最好是結合中學生日常最常接觸的語言環境，如課本、作文簿、日常交談語言等等，如此收效才大。

4.區分文白，深入淺出。過去的「文言語法研究」相當大的程度可說是文言書面語的研究，細看之下與「白話語法」有所不同，因為「白話語法」在白話書面語外，還兼顧到白話口語。可見，「文言語法」與「白話語法」從理論語法的角度來看，有極大的差異。不過，這裡我所謂的「區分文白」並不是這個意思，我認為在國中階段只要講授「白話語法」就足夠了；到了高中，等到學生具備了一定的表達能力，才在國中既有的基礎上，適度地講解「文言語法」與「白話語法」間的歧異之處，這樣才不會

造成中學生多頭馬車、顧此失彼的學習偏差。

（三）語法試題

　　語法教學的目的不在於教導學生應付考試。因為語法是屬於語言知識，語法並不求知識體系本身的嚴謹，它應該是一種技能，著重在語用時對於語言的選用、安排的能力。不過就教學而言，考試是重要的手段，它具有「導向的」、「評價的」、「診斷的」、「反饋的」、「預測的」、「激勵的」等功能[4]，其中就語法教學而言，「導向的功能」、「診斷的功能」、「反饋的功能」最為重要。說明如下：

　　1.導向的功能。就像樂團指揮手中的指揮棒一樣，教師可以透過語法試題的設計，引領學生掌握教學語法中的重點，讓學生的學習方向感正確，才不會有久學無功，徒費心力之嘆。不過，教師絕不能將語法試題的導向功能運用在追求升學率上，一味的設計出符合升學考試題行的試題，這樣將會造成學生的學習偏差，造成升學率提升了，學生的素質反而下降的後果。

　　2.診斷的功能。一份好的語法試題應該具有一定的鑑別度，可以清楚地診斷出學生彼此能力間的差異，或者是學習上的不足，語法試題的設計不應該以刁難學為出發點，應該就原先教學時所設計的教學目標來進行試題設計，在合理的難易度配置下，兼顧原先的教學目標，盡量做到面面俱到。如此，事後的教學診斷工作才能進行。

　　3.反饋的功能。一份優良的語法試卷，所能反饋給教師的，絕不只是試卷上所呈現的分數而已，它還同時留下了學生答題思索的過程。教師可以針對學生對於試題某部分掌握的情況，做出

判斷：是學生本身能力不足？還是教師教學策略產生問題？哪些環節必須給予糾正？哪些地方必須再加以說明？透過試題的反饋，教師能夠更清楚的掌握學生對於語法的學習狀況，隨時修正，中學語法教學才容易成功。

就目前而言，教師對於語文試題的設計仍欠缺一定的水準，特別是關於語法試題的設計更是如此。原因是複雜的，首先是缺乏命題設計的指導，其次，是對於語法教學目標認知不清，其三，是對於教學語法體系未能充分掌握。以上諸多原因使得現今語法試題良莠不齊，倘若不予以重視，不僅達不到上述功能，嚴重者將會對語法試題帶來負面的效果，抵消了教學上所做的努力。近幾年來，大考中心與學測中心在命題上主張透過「雙向細目表」（表一）[5]來審核每一道題目，很值得推廣至各校。

所謂「雙向細目表」是指導教學活動與評量的藍圖。在編製試題前，先對「教育目標」與「學習內容」進行分析，將二者組成雙向交叉的表格，一方面可做為教師教學活動的參考，一方面可作為編製評量試題的依據。比如說，教師打算編製一份共五十題的國文科試題，就可以依照細目表預先審視教學內容，務求細目表中的每一目標皆編有題目，並且不偏不倚地關注每一層次，避免偏重於某一知識或技能，使得本次命題能充分地檢查出受測學生的學習成就。請參看表（二）[6]：

雙向細目表（一）

教育目標 教學內容	知識	理解	批判性思考
字			
詞			
句			
文			
工具知識			
文化常識			

雙向細目表（二）

教育目標 教學內容	知　識	理　解	批判性思考	總　和
字	2	2	3	7（14%）
詞	2	4	3	9（18%）
句	3	5	4	12（24%）
文	4	6	5	15（30%）
工具知識	1	1	1	3（6%）
文化常識	1	2	1	4（8%）
總　　和	13（26%）	20（40%）	17（34%）	50（100%）

以「雙向細目表」作為命題藍圖的優點，是教師可以透過「雙向細目表」掌握學科的知識結構，以及學生所應具備的能力。如此，使得教學活動的每一步驟變得更加清晰，更容易掌

握，讓「命題內容」、「為何命題」及「如何命題」產生令人信
服的理由，可以說是一種科學化的命題方式。[7]

三、語法體系的建立

本文在第五章中，所建構的「中學教學語法芻議」是以「短
語」作為本位的體系[8]，其中將語法單位分為「語素」、
「詞」、「短語」、「句子」四個層級。「語素」是語言中最小
的語音與義結合體，是最低一級的語法單位，不能再切分，具有
構詞能力。「詞」由語素所構成，是能夠獨立運用的最小的語法
單位，型態固定，不能擴展；能夠單說，能夠組成短語，若加上
語調、語氣便成句子。「短語」是比詞高一級的語法單位，短語
在漢語中具有中樞地位，短語本身由詞所組成，加上語調便成句
子，也可以成為句子的成分。「句子」是由詞或短語依照語言規
律所組成的獨立語法單位，是最高一級的語法單位；不管是「主
謂句」、「非主謂句」或「獨語句」，必定具有一定的語氣、語
調，並且在語境中表達出一個完整的意思，才算是一個句子。

在本章中，筆者由「語法單位」的介紹開始，先確定整個體
系的架構，接著便依照「語素」、「詞」、「短語」、「句子」
的順序一一介紹，在介紹中筆者特別著重三點：

首先，在構成方式上，力求協調統一，減少複雜不必要的方
式介紹。比如說，在短語的構成上，只介紹了「聯合式」、「偏
正式」、「主謂式」、「述賓式」、「介賓式」等五種方式，其
他如：「同位短語」、「方位短語」、「數量短語」、「連鎖短
語」、「兼語短語」、「的字短語」、「所字短語」、「比況短

語」等，筆者認為都只是以上五種構成方式的細膩區分，對於中學生而言，只要掌握了「聯合式」、「偏正式」、「主謂式」、「述賓式」、「介賓式」這五種基本的短語構成方式，已經足以應付絕大多數的語文狀況，學習上並不會產生太多的問題。

其次，所有的例子絕大多數從現行國、高中課本中尋找而來，目的是為避免中學生學習上的困擾，減低在學習語法概念的同時所受到的干擾。如此，才能切合中學生的學習能力，並且符合學習心理。

第三，以大量的說明來取代描寫。傳統的語法書籍描寫太多，分類過於細膩，從「理論語法」（專家語法）的角度來看，的確有其必要。但作為中學教學語法，筆者認為與其將枝繁葉茂的語法現象作淋漓盡致地描繪，還不如教導學生如何將樹的枝幹敷上色彩，也就是能以語法的相關術語來說明語言現象，掌握語言現象的特點及定位，不僅「知其然」還要能「知其所以然」。學生學會語法就要能改善語文的表達與理解，不能僅是朦朧的，有理說不清的，他應該能掌握枝幹，增刪成分才是。因此，筆者對於語法點只作扼要的分類，但在例證上，則加以詳細的說明示範，讓學生有所依循參考。

四、語法教學的落實

本文第六章是針對語法教學的支援性所做的實際演示。

首先，在白話文方面，筆者將重心擺在「句子的教學」上，原因有二：

第一，傳統的句子教學侷限在簡單句上，除了「敘事句」、

「有無句」、「表態句」、「判斷句」的區別外，對於其它的句型似乎毫無能力；教師除了一再地向學生宣示「中學不需要學得太複雜」外，面對範文中、生活中層出不窮的各種語句，究竟要如何解釋，「中學生不需要學得太複雜」是不是成了不重視的藉口。如果一套簡易的教學語法，足以幫助中學生解決大部分的問題，那麼為何不嘗試著用呢？可見，目前的問題不在於「中學生不需要學得太複雜」，而是缺乏一套簡易的中學教學語法[9]。

第二，如果將白話文的教學中心擺在詞語的分析上，則又顯得支離破碎。白話詞語的構成固然重要，但是詞語的意義是展現在詞語構成之後，當詞與詞構成「詞」或「短語」時，它便敷上一層新的意義，與原來的詞義可能有關，也可能無關，不管有關還是無關，它都不影響後來所構成的詞語意義上的傳達，這與文言文教學側重詞彙的解析不同。中學生對於文言文的閱讀必須先經過「轉譯」的動作，也就是先將文言詞彙轉換成可以理解的白話詞彙，而文言文的詞彙中絕大多數是單詞，有時候兩個單詞湊巧在相鄰的位置上，倘若學生不察，仍然以現今白話文的複詞來理解，就容易造成混淆了。

其次，在文言文方面，我認為文言語法實際上與白話語法，在基本的邏輯上是相同的，不同之處僅在少數特殊環境下的產物。因此，學生只要熟悉白話語法，教學過程中遇到文言文中特殊的語法現象時由教師隨機提出，多作比較即可，筆者並不主張教給中學生兩套語法，一來重疊性高，二來會造成學生的學習迷航。

另外，筆者提出了製作語法學習單的建議，語法教學絕對不是中學語文教學的主體，它的支援色彩濃厚，機動性要強，製作

學習單一方面提綱挈領，學生容易掌握；二方面省卻板書，節省
時間，因此，是相當可行的教學策略。

五、未來的展望

台灣，對於中學語法教學的漠視已久，已經到了該正視的時
刻，對於中學語法教學的未來，以下幾點必須馬上進行：

（一）語法點的尋找

教師以語法進行語文教學的支援，不能是漫無目標的講授，
它應該針對所講解的範文內容，尋找出相應有價值的語法點來進
行講授。這牽涉到兩個方面，第一，作為教學主體的範文，其造
詞、用語、行文是否具有典範性，拿來教學是否恰當？如果不足
以做為代表，可以作為修正討論的對象。第二，任何語言現象都
有相應的語法知識潛藏其中，取捨的依據應以學生程度及語法體
系先後作立體綜合的考量。如果在編輯課本的時候，可以略作安
排調整，這是最理想的；不然在學期開始，教師也應該大略檢視
所有課程，每課尋找一、二語法點，並按照學生能力略加安排，
循序漸進給予講解，不斷的利用學生所學過的範文來說明，再三
地重複重要語法觀念，學生自然牢記心中。

（二）語法規範的建立

學習語法絕非為了應付考試，學生學會了語法最主要的意義
在於理解語文具有規範性，進而學習這個規範性[10]。因此，傳統
的語文教學重視大量閱讀是有意義的，它的意義展現在經由大量

閱讀後，學生所獲得的語感之上。讀的越多，慣性就越強，對於語言文字的感受力就越強，修正的能力就會增加。我們都知道語文學習必須積累大量的語言材料，不管是文字、詞語、句子，還是段落、篇章都是如此。只有語言文字積累豐富，讀寫聽說才能左右逢源，觸類旁通。在這個基礎上學習語文知識，才能真正領悟，真正管用。現在的學生普遍語文能力降低許多，真正的原因就在於閱讀的機會少了，語感也跟著變薄弱了。這個問題不能全怪學生，因為學生所要面對應付的學科實在太多，專門用來閱讀的機會就大量減少，語感薄弱是自然的結果。語法教學是可以彌補這個缺漏的，在語文教學中適時穿插典範句型的介紹，並且透過現場演練修正，就可以建立起正確的語文規範，培養學生正確的語感。

（三）病句的整理

病句的整理可以幫助教師掌握學生的學習狀況與教學內容。不斷重複出現的病句樣式，意味著教學上必須強化導正的地方，也意味著教師必須調整教學策略。目前，在台灣尚未出現針對中學生病句作整理、分析、研究的相關資料，因此，對於病句的了解都僅止於各個教師個人的心得體會。這些都是非常珍貴的資源，倘能有系統的蒐集整理，進行全面的中學生語病調查，我相信，這對於語文教學的助益一定很大。

一件事的成功總需要主、客觀因素的配合，作為理論依據的教學語法體系，必須不斷的有人投入心血，進行加工與開發，才能因應時代的變遷而成長茁壯。語言本身就是一個不斷變遷的現

象，雖然它具有一定程度的穩定性[11]，但是不斷變化的現象也不
能忽視；一旦忽視，文化的傳承便將產生罅隙，久而久之，文化
就將產生斷層。因此，作為語言操作主體的我們，也應該有一定
的使命感去接續與繼承，所謂人生的「價值」、「意義」就在
此。

在台灣，關於語文教學的各種支援學科的研究，以語法最為
貧乏，這是不爭的事實。市面上關於語法的相關著作並不多，其
中大多以理論語法為主，專以教學語法作考量的雖有甚稀，絕大
多數散見國內報章雜誌，多為單一主題的討論；而其中集結成書
的作品，也大多缺乏整體的考量[12]，目前尚未有針對中學語法進
行研究的專著出現。因此，對於中學語法教學的研究工作，還有
一條很長的路子要走，這也是中學語文教師責無旁貸的責任。

註 釋 ──────────────────

[1] 目前，台灣中學師生可以參考的語法書籍有以下幾本：許世瑛：《中
國文法講話》（台北：台灣開明書局，1988 年 10 月，修訂十九版）、
張春榮：《一扇文學的新窗》（台北：爾雅出版社有限公司，1995 年
3 月，初版）、蔡謀芳：《表達的技術──語法十七講》（台北：文津
出版社有限公司，1996 年 3 月，一刷）、李炳傑：《國文教學漫談》
（台北：學生出版社，1997 年 1 月，第一版）、楊如雪：《文法
ABC》（台北：萬卷樓圖書有限公司，1998 年 9 月，初版）、劉崇義
先生：《文言語法基礎篇》（台北：建宏出版社，1998 年 9 月，初
版）。另外，書林出版有限公司也引進了幾本對於中學語法教學有幫
助的書，如：布裕民、陳漢森：《寫作語法修辭手冊》（台北：書林
出版有限公司，1994 年 3 月，一版）、上海師範大學中文系漢語教研

室:《語法初階》(台北:書林出版有限公司,1997 年 3 月,一版)、
朱業顯:《文言語譯》(台北:書林出版有限公司,1998 年 10 月,一
版)、盧羨文:《閱讀理解》(台北:書林出版有限公司,1998 年 10
月,一版)。還有,大陸學者侯雲龍的《文言文知識表解》(台北:
新學識文教出版中心)一書,對於中學(特別是高中)的文言文教
學幫助很大。

2 在《國民中學課程標準》柒、「教學評量」中對於「範文評量」提到
「語句組織應詳加考察」;對於「作文評量」提到「文法方面——語
法正確,含義明白」。參見教育部國民中學課程標準編輯審查小組:
《國民中學課程標準》(台北:教育部,1995 年 5 月,初版),頁
34-35。

3 參見張靜:《漢語語法疑難探析》(台北:文史哲出版社,1994 年 4
月,初版),頁 70-74。

4 參見倪文錦:《語文考試論》(廣西:教育出版社,1996 年 12 月,第
一版),頁 30-36。

5 參見「國民中學學生基本學歷測驗」推動工作委員會 試題發展組
國文科編製:《國民中學學生基本學歷測驗——國文科試題編寫手
冊》(台北:國立台灣師範大學 心理與教育測驗研究發展中心 國民
中學學生基本學歷測驗推動工作委員會,2000 年 9 月),頁 8-9。

6 此圖表採自「國民中學學生基本學歷測驗」推動工作委員會 試題發
展組 國文科編製:《國民中學學生基本學歷測驗——國文科試題編
寫手冊》,頁 9。在圖表下方,學測中心特別強調:「上表僅作舉例之
用,非本測驗實際試題題型比例。」

7 參見「國民中學學生基本學歷測驗」推動工作委員會 試題發展組

國文科編製：《國民中學學生基本學歷測驗——國文科試題編寫手冊》，頁 2。

8 對於語法層級間，何者為「本位」的看法向來分歧，馬慶株先生與項開喜先生合著的〈二十世紀的中國現代語法學〉一文中，作了以下整理：「對於基本語法單位的不同選擇形成了不同的研究側重點。既有單本位的語法體系，又有複本位的語法體系。在單本位體系中，除了馬建忠的詞本位體系和黎錦熙的句本位體系，徐通鏘又提出了語素（或『字』）本位體系，朱德熙提出了詞組本位體系，邢福義凸出了小句本位體系（小句中樞說）；在複本位體系中，除了張志公的詞與句複本位體系，馬慶株又提出了詞和詞組複本位體系，等等。」參見馬慶株、項開喜：〈二十世紀的中國現代語法學〉，收入《二十世紀的中國語言學》一書（北京：北京大學出版社，1998 年 6 月，第一版），頁 457。

9 何容先生曾經說過：「假如我們的文法學有不被重視的話，那是因為缺乏近乎於理想的文法書。」參見陳蔚先生所撰《國語文法淺說》一書序文。陳蔚：（台中：中台印刷股份公司，1964 年 1 月，再版），頁 2。

10 比如說：以「連詞」為例，它具有以下規範：規則一：「和」、「以及」可以放在最後兩項之間，也可以放在兩類之間，但是不能隨便放在其他位置。規則二：連詞同介詞應分工。規則三：一個連詞短語最好只用一個連詞。規則四：「和」表示並列關係，「或」表示選擇關係，二者不能混用。規則五：連詞應當起連接作用，表示一定的邏輯關係；如果連詞不起任何作用，則應當不用。規則六：必要的連詞不能欠缺，欠缺連詞會造成關係不明。規則七：兩組不同的

關聯詞不能雜揉在一起。以上的規則，不僅指導我們如何正確地寫出句子，我們還可以利用它來檢視有關於「連詞」的句子是否產生病句。參見李裕德，《現代漢語實用語法》（北京：教育科學出版社，1995 年 8 月，第一版），頁 168-169。

11 漢語的穩定性表現在以下幾點：①語素以單音節主，它在語言裏的活動能量很大，組合能力也很強。②漢語是聲調語言，每個音節的主要母音都有一個聲調，它有區別語素的作用。③漢字和漢語相適應，一個漢字表示一個單音節語素，即是說它有一個固定的形態，讀成一個單調的音節，表示一個最小的語義單位。④漢語是一種非形態語言，它不靠詞的形態變化表示語法，而是借助語序和虛詞。⑤由詞到句有一定的構成方式，不同的構成方式絕大多數表現出不同的意義。

12 國內對於中學教學語法投入最多心血的有以下四位先生：湯廷池先生、李炳傑先生、劉崇義先生、楊如雪女士。以上四位先生對於中學教學語法均持續的發表文章，並集結成冊，對於中學語文教師的幫助良多。不過四位先生至今尚未有完整的專著問世。

【參考書目】

一、語法專書

1. 上海師範大學中文系漢語教研室：《語法初階》（台北：書林出版有限公司，1997 年 3 月，一版）。
2. 王力：《中國現代語法》（台中：藍燈文化事業公司，1987 年 9 月，初版）。
3. 王力：《中國語法理論》（台中：藍燈文化事業公司，1987 年 9 月，初版）。
4. 王正白：《文言實詞知識》（安徽：教育出版社，2000 年 10 月，第三版）。
5. 王年雙：《國語語法》（未刊本，1999 年版）
6. 呂叔湘：《中國文法要略》（台北：台灣商務印書館，1977 年 3 月，台一版）。
7. 呂冀平：《漢語語法基礎》（北京：商務印書館，2001 年 1 月，第一版）。
8. 李裕德：《現代漢語實用語法》（北京：教育科學出版社，1995 年 8 月，第一版）。
9. 汪麗炎：《漢語語法》（上海：上海大學出版社，1998 年 12 月，第一版）。
10. 邢福義：《漢語語法學》（吉林：東北師範大學出版社，1996 年 11 月，第一版）。
11. 邢福義：《漢語複句研究》（北京：商務印書館，2001 年 1

月,第一版)。

12.周法高:《中國古代語法——造句篇(上)》(台北:中央研究院歷史語言所,1961 年 4 月,初版)。

13.周法高:《中國古代語法——構詞篇》(台北:中央研究院歷史語言所,1962 年 8 月,初版)。

14.周法高:《中國古代語法——稱代篇》(台北:中央研究院歷史語言所,1959 年 8 月,初版)。

15.林語堂:《中國話的語法》(台北:台灣學生書局,1994 年 9 月,學一版)。

16.竺家寧:《漢語詞彙學》(台北:五南圖書出版有限公司,1999 年 10 月,初版)。

17.侯雲龍:《文言文知識表解》(台北:新學識文教出版中心,1990 年 1 月,初版)。

18.胡適:《國語文法概論》,列於《胡適學術文集概論·語文文字研究》一書(北京:中華書局,1988 年 2 月,第一版)。

19.高名凱:《漢語語法論》(台北:台灣開明書局,1993 年 2 月,台二版)。

20.張先亮:《理論語法研究與比較》(浙江:教育出版社,1998 年 4 月,第一版)。

21.張誼生:《現代漢語副詞研究》(上海:學林出版社,2000 年 6 月,第一版)。

22.莊文中:《中學教學語法與語法教學》(北京:語文出版社,1999 年 1 月,第一版)。

23.許世瑛:《中國文法講話》(台北:台灣開明書局,1988 年 10 月,修訂 19 版)。

24.許仰民:《古漢語語法新編》（河南：河南大學出版社，2001
年 8 月，第一版）。

25.許菱祥:《中文文法》（台北：大中國圖書公司，1995 年 9
月，再版）。

26.陳　蔚:《國語文法淺說》（台中：中台印刷股份公司，1964
年 3 月，再版）。

27.黃六平:《漢語文言語法綱要》（台北：漢京文化事業有限公
司，1983 年 4 月，初版）。

28.廖振佑:《古代漢語特殊語法》（內蒙古：人民出版社，2001
年 4 月，第一版）。

29.劉景農:《漢語文言語法》（北京：中華書局，1994 年 6 月，
第一版）。

30.劉蘭英、孫全洲主編:《語法與修辭》（上）（台北：新學識文
教出版中心，1993 年 6 月，再版）。

31.黎錦熙:《國語文法》（台北：台灣商務印書館，1983 年 11
月，台四版）。

二、語法專題（論文集）

1. 王海棻:《馬氏文通與中國語法學》（安徽：教育出版社，
1991 年 2 月，第一版）。

2. 史錫堯:《語法、語義、語用》（北京：人民教育出版社，
1999 年 11 月，第一版）。

3. 朱崎祥:《殷墟卜辭句法論稿》（台北：台灣學生書局，1990
年 3 月，初版）。

4. 朱德熙：《朱德熙文集》1-4 集（北京：商務印書館，1999 年 9 月，第一版）。

5. 朱德熙：《現代漢語語法研究》（北京：商務印書館，1980 年 5 月，第一版）。

6. 江必興、胡家賜、段德森主編：《同義詞辨析》（台北：新學識文教出版中心，1991 年 2 月，台初版）。

7. 祁致賢等著：《國語基本句式》（台北：中國語文月刊社，1981 年 8 月，第三版）。

8. 吳在野：《河洛閩南語縱橫談》（台北：東大圖書股份有限公司，1999 年 2 月，初版）。

9. 吳孟復：《古籍研究整理通論》（台北：貫雅文化事業有限公司，1991 年 11 月，初版）。

10. 呂文華：《對外漢語教學語法體系研究》（北京：語言文化大學出版社，1999 年 10 月，第一版）。

11. 呂叔湘：《漢語語法論文集》（北京：商務印書館，1984 年 4 月，第一版）。

12. 宋國明：《句法理論概要》（北京：中國社會科學出版社，1997 年 6 月，第一版）。

13. 周國光：《漢語句法結構習得研究》（安徽：安徽大學出版社，1997 年 9 月，第一版）。

14. 洪敏麟、洪英聖：《找台灣的根》（台中：台灣省文獻委員會，1993 年 3 月，再版）。

15. 孫錫信：《近代漢語語氣詞——漢語語氣詞的歷史考察》（北京：語文出版社，1993 年 3 月，第一版）。

16. 徐芷儀：《兩文三語——語法系統比較》（台北：台灣學生書

局，1999 年 6 月，初版）。

17. 徐烈炯：《生成語法理論》（上海：外語教育出版社，1988 年
11 月，第一版）。

18. 徐啟庭：《古今漢語語法異同》（高雄：調和文化事業股份有
限公司，1997 年 12 月，初版）。

19. 祝敏徹：《近代漢語句法史稿》（河南：中州古籍出版社，
1996 年 9 月，第一版）。

20. 袁暉、戴耀晶主編：《三個平面：漢語語法研究的多維視野》
（北京：語文出版社，1998 年 6 月，第一版）。

21. 張志公：《張志公文集》（廣東：廣東教育出版社，1991 年
版）。

22. 張志毅、張慶雲：《詞匯語義學》（北京：商務印書館，2001
年 4 月，第一版）。

23. 張靜：《漢語語法疑難探解》（台北：文史哲出版社，1994 年
4 月，初版）。

24. 啟功：《漢語現象論叢》（台北：台灣商務印書館，1993 年 3
月，初版）。

25. 許逸之：《中國文字結構說彙》（台北：台灣商務印書館，
1991 年 3 月，初版）。

26. 許極燉：《台灣語概論》（台北：前衛出版社，1998 年 11 月，
初版）。

27. 郭志良：《現代漢語轉折詞語研究》（北京：語言文化大學出
版社，1999 年 11 月，第一版）。

28. 陳必詳主編：《古代漢語三百題》（台北：建宏出版社，1994
年 9 月，初版）。

29. 陳光磊：《漢語詞法論》（上海：學林出版社，1994 年 9 月，第一版）

30. 陳寶條：《國語構詞法舉例》（高雄：復文圖書出版社，1992 年 6 月，初版）。

31. 湯廷池：《肯定和否定的對稱與不對稱》（台北：台灣學生書局，1992 年 7 月，初版）。

32. 湯廷池：《國語語法研究論集》（台北：台灣學生書局，1996 年 10 月，初版）。

33. 湯廷池：《國語變形語法研究》（台北：台灣學生書局，1990 年 10 月，再版）。

34. 湯廷池：《漢語詞法句法論集》（台北：台灣學生書局，1988 年 3 月，初版）。

35. 湯廷池：《漢語詞法句法續集》（台北：台灣學生書局，1989 年 12 月，初版）。

36. 湯廷池：《漢語詞法句法三集》（台北：台灣學生書局，1992 年 10 月，初版）。

37. 湯廷池：《漢語詞法句法四集》（台北：台灣學生書局，1992 年 10 月，初版）。

38. 湯廷池：《漢語詞法句法五集》（台北：台灣學生書局，1994 年 9 月，初版）。

39. 馮春田：《近代漢語語法研究》（山東：教育出版社，2000 年 4 月，第一版）。

40. 馮勝利：《漢語韻律句法學》（上海：教育出版社，2000 年 4 月，第一版）。

41. 葉斯伯森著　傅一勤譯：《語法哲學》（台北：台灣學生書

局，1994 年 3 月，初版）。

42. 詹伯慧：《現代漢語方言》（台北：新學識文教出版中心，1991 年 9 月，台初版）。

43. 詹秀惠：《世說新語語法探究》（台北：台灣學生書局，1973 年 3 月，初版）。

44. 管變初：《左傳句法研究》（安徽：教育出版社，1994 年 12 月，第一版）。

45. 臧汀生：《台語書面化研究》（台北：前衛出版社，1996 年 4 月，初版）。

46. 潘文國：《漢英與對比綱要》（北京：語言文化大學出版社，1997 年 5 月，第一版）。

47. 鄭貴友：《現代漢語狀位形容詞的「系」研究》（湖北：華中師範大學出版社，2000 年 1 月，第一版）

48. 繆錦安主編：《漢語的語義結構和補語形式》（上海：外語教育出版社，1990 年 11 月，第一版）。

三、語言學

1. 于根元：《二十世紀的中國語言應用研究》（山西：書海出版社，1996 年 12 月，第一版）。

2. 于根元主編：《世紀之交的應用語言學》（北京：廣播學院出版社，2000 年 12 月，第一版）。

3. 王力：《中國語言學史》（台北：谷風出版社，1987 年 8 月，初版）。

4. 王紹芳等編：《中學英語語法》（台北：曉園出版社，1991 年

3 月，初版）。

5. 台灣大學英文系編：《台大英文作文手冊》（台北：萬人出版
   社，1997 年 4 月，初版）。

6. 申小龍：《語文的闡釋》（台北：洪業文化事業有限公司，
   1994 年 1 月，初版）。

7. 列夫‧謝苗諾維奇‧維果茨基著　李維譯：《思維與語言》
   （台北：昭明出版社，2000 年 6 月，第一版）。

8. 余光雄：《英語語言學概論》（台北：書林出版有限公司，
   1993 年 5 月，增訂版）。

9. 李幼蒸：《人文符號學》（台北：唐山出版社，1996 年 8 月，
   初版）。

10. 李幼蒸：《文化符號學》（台北：唐山出版社，1997 年 3 月，
    初版）。

11. 李幼蒸：《哲學符號學》（台北：唐山出版社，1997 年 2 月，
    初版）。

12. 李幼蒸：《語義符號學》（台北：唐山出版社，1997 年 3 月，
    初版）。

13. 李葆嘉：《混成與推移──中國語言的文化歷史闡釋》（台北
    ：文史哲出版社，1998 年 4 月，初版）。

14. 周慶華：《語言文化學》（台北：生智文化事業有限公司，
    1999 年 4 月，初版）。

15. 竺家寧：《中國的語言和文字》（台北：台灣書局，1998 年 3
    月，初版）。

16. 胡明揚：《西方語言學名著選讀》（台北：書林出版有限公
    司，1996 年 12 月，一版）。

17. 張德明：《語言風格學》（高雄：復文圖書出版社，1995 年 10 月，初版）。

18. 程祥徽：《語言風格初探》（台北：書林出版有限公司，1991 年 1 月，一版）。

19. 程祥徽主編：《語言與傳意》（香港：海峰出版社，1996 年 6 月，第一版）。

20. 黃仲珊、張陵馨：《書林簡明語言與修辭學詞典》（台北：書林出版有限公司，1998 年 11 月，一版）。

21. 葉蜚聲、徐通鏘：《語言學綱要》（台北：書林出版有限公司，1993 年 3 月，初版）。

22. 趙有培：《思想與語文》（台北：中國語文月刊社，1985 年 9 月，初版）。

23. 劉宓慶：《翻譯與語言哲學》（台北：書林出版有限公司，2001 年 1 月，一版）。

24. 劉厚醇：《中英語文的比較》（台北：中國語文月刊社，1980 年 2 月，再版）。

25. 劉堅主編：《二十世紀的中國語言學》（北京：北京大學出版社，1998 年 6 月，第一版）。

26. 蔣炳榮：《英文文法與修辭》（台北：中華電視股份有限公司，1998 年 2 月，增訂版）。

27. 戴煒華、戴煒棟：《實用英語語言學》（台北：書林出版有限公司，1991 年 9 月，一版）。

28. 濮之珍：《中國語言學史》（台北：書林出版有限公司，1990 年 11 月，初版）。

29. 謝國平：《語言學概論》（台北：三民書局，1992 年 10 月，

六版）。

四、語文（法）教學研究

1. 于大成：《文字文學文化》（台北：文鏡文化事業有限公司，1986 年 3 月，五版）。

2. 于根元、張朝炳、韓敬體編：《語言的故事》（台北：洪葉文化事業有限公司，1996 年 8 月，初版）。

3. 王力主編：《古代漢語》（修訂本），第一冊（台中：藍燈文化事業股份有限公司，1989 年 1 月，初版）。

4. 布裕民、陳漢森：《寫作語法修辭手冊》（台北：書林出版有限公司，1994 年 3 月，一版）。

5. 學海出版社編輯部：《怎樣閱讀古文》（台北：學海出版社，1988 年 6 月，三版）。

6. 朱紹禹：《中學語文教學法》（北京：高等教育出版社，1988 年 4 月， 第一版）。

7. 朱業顯：《文言語譯》（台北：書林出版有限公司，1998 年 10 月，一版）。

8. 李炳傑：《國文教學漫談》（台北：學生出版社，1997 年 1 月，第一版）。

9. 李炳傑：《國語文教材文法解析》（台北：益智書局，1982 年 9 月，初版）。

10. 李國炯：《容易用錯的詞語句》（四川：四川教育出版社，2001 年 1 月，第一版）。

11. 林守為：《作文典》（台南：大孚書局，1994 年 6 月，初版）。

12. 林保淳等著：《創意與非創意表達》（台北：里仁書局，1997年10月，初版）。

13. 林鍾隆：《國文教學談叢》（台北：益智書局，1980年7月，初版）。

14. 林獻情：《個別化教學法在國語文教學上的應用》（高雄：春暉出版社，1999年10月，初版）。

15. 邱燮友等：《國文科教學輔導論文集》（台北：國立台灣師範大學中等教育輔導委員會，1991年6月，初版）。

16. 洪炎秋：《語文雜談》（台北：國語日報附設出版部，1978年10月，初版）。

17. 胡性初：《修辭助讀》（台北：書林出版有限公司，1998年10月，一版）。

18. 倪文錦：《語文考試論》（廣西：廣西教育出版社，1996年12月，第一版）。

19. 徐芹庭：《破譯古文的方法》（台北：聖環圖書有限公司，1996年10月，一版）。

20. 凌芝：《實用學生作文手冊》（台北：書林出版有限公司，1991年12月，初版），頁66。

21. 康家瓏：《中國語文趣話》（台北：雲龍出版社，1993年10月，初版）。

22. 張中行：《文言漫步》（台北：書林出版有限公司，1997年3月，一版）。

23. 張中行主編：《文言常識》（北京：人民教育出版社，1998年5月，第一版）。

24. 張至公：《修辭概要》（台北：書林出版有限公司，1997年3

月，一版）。

25.張春榮：《一扇文學的新窗》（台北：爾雅出版社，1995 年 3
月，初版）。

26.張春榮：《修辭新思維》（台北：萬卷樓圖書有限公司，2001
年 9 月，初版）。

27.張煉強：《修辭論稿》（北京：人民教育出版社，2000 年 6
月，第一版）。

28.教育部人文及社會學科教育指導委員會：《高中國文教材鑑賞
分析》（台北：五南圖書出版公司，1994 年 4 月，初版）。

29.梁實秋等著：《寫作研究》（台北：中國語文月刊社，1976 年
5 月，再版）。

30.陳光磊：《修辭論稿》（北京：語言文化大學出版社，2001 年
5 月，第一版）。

31.曾宗華：《作文命題與批改》（台北：國立台灣師範大學中等
教育輔導委員會，1992 年 6 月，初版）。

32.湯廷池：《語言學與語文教學》（台北：台灣學生書局，1993
年 9 月，初版）。

33.程祥徽、田小琳：《現代漢語》（台北：書林出版有限公司，
1992 年 2 月，初版）。

34.黃錦鋐：《中學國文教材教法》（台北：教育文物出版社，
1988 年 10 月，再版）。

35.楊如雪：《文法 ABC》（台北：萬卷樓圖書有限公司，1998 年
9 月，初版）。

36.葉保民等著：《古代漢語》（台北：洪葉文化事業有限公司，
1992 年 9 月，初版）。

37.達僕、賀陽、董小玉:《漢語修養與寫作實踐》(北京:首都師範大學出版社,1999 年 9 月,第一版)。

38.劉崇義:《文言語法基礎篇》(台北:建宏出版社,1998 年 9 月,初版)。

39.蔡謀芳:《表達的技術──語法十七講》(台北:文津出版社,1996 年 3 月,初版)。

40.鄭清風:《基礎文言學習辭典》(台北:文橋出版社,1988 年 6 月,初版)。

41.黎運漢、張維耿:《現代漢語修辭學》(台北:書林出版有限公司,1991 年 9 月,初版)。

42.盧羨文:《閱讀理解》(台北:書林出版有限公司,1998 年 10 月,一版)。

43.關紹箕:《實用修辭學》(台北:遠流出版事業股份有限公司,1993 年 2 月,初版)。

44.饒杰騰:《語文學科教育學》(北京:首都師範大學出版社,2000 年 1 月,第一版)。

五、方法學

1. Alfred Tarski 著　吳定遠譯:《邏輯及演繹科學方法論概論》(台北:台灣商務印書館,1987 年 6 月,三版)。

2. P.蘇佩斯著　宋文淦等譯:《邏輯導論》(北京:新華書局,1984 年 7 月,第一版)。

3. 何秀煌:《思想方法導論》(台北:三民書局,1974 年 2 月,初版)。

4. 何秀煌：《記號學導論》（台北：水牛圖書出版事業有限公司，1990 年 8 月，三版）。

5. 何秀煌：《語言與人性——記號人性論闡釋》（台北：台灣書局，1998 年 3 月，初版）。

6. 何英燦、彭漪漣主編：《邏輯學引論》（上海：華東師範大學出版社，1988 年 8 月，第一版）。

7. 吳家麟、湯翠芳：《輕輕鬆鬆學邏輯》（台北：稻田出版有限公司，1996 年 10 月，第一版）。

8. 宋楚瑜：《學術論文規範》（台北：正中書局，1993 年 11 月，二版）。

9. 林慶章：《學術論文寫作指引》（台北：萬卷樓圖書有限公司，2000 年 9 月，初版）。

10. 韋斯塔著　徐韋曼譯：《科學方法論》（台北：台灣商務印書館，1975 年 5 月，台一版）。

11. 香港科技大學人文學部主編：《邏輯思想與語言哲學》（台北：學生書局，1997 年 12 月，初版）。

12. 孫玲：《智慧的邏輯》（台北：尼羅河書房，2001 年 11 月，初版）。

13. 國立台灣大學理則學教學委員會編著：《理則學新論》（台北：正中書局，1990 年 11 月，初版）。

14. Irving M. Copi 著　張身華譯：《邏輯概論》（台北：幼獅文化事業公司，1981 年 10 月，12 版）。

六、工具書

1. 中國社會科學院語言研究所古代和語言研究室編：《古代漢語虛詞詞典》（北京：商務印書館，1999 年 2 月，第一版）。
2. 北京大學中文系 1955、1957 級語言班編：《現代漢語虛詞例釋》（北京：商務印書館，1996 年 7 月，第一版）。
3. 文史哲出版社編輯部：《文言虛詞》（台北：文史哲出版社，1975 年 5 月，初版）。
4. 朱翊新：《文言虛字用法》（台北：文史哲出版社，1990 年 11 月，再版）。
5. 李炳傑：《國文虛字釋例》（台北：學生出版社，1981 年 1 月，三版）。
6. 周何主編：《國語活用辭典》（台北：五南圖書出版公司，1993 年 8 月，二版）。
7. 倪志僩：《論孟虛字集釋》（台北：台灣商務印書館，1981 年 12 月，初版）。
8. 許世瑛：《常用虛字用法淺釋》（台北：復興書局，1986 年 10 月，十一版）。
9. 陳霞村：《古代漢語虛字類解》（台北：建宏出版社，1995 年 4 月，初版）。
10.閔龍華主編：《現代漢語用法詞典》（台北：文橋出版社，1997 年 2 月，初版）。
11.裴學海：《古書虛字集釋》（台北：漢京文化事業有限公司，1983 年 9 月，初版）。

七、中學課程標準

1. 國民教育各學習領域綱要研修小組研定:《國民中小學九年一貫課程暫行綱要》,(台北:教育部,2001 年 1 月)。

2. 教育部國民中學課程標準編輯審查小組:《國民中學課程標準》(台北:教育部,1995 年 5 月,初版)。

3. 教育部高級中學課程標準編輯審查小組:《高級中學課程標準》(台北:教育部,1996 年 6 月,初版)。

八、語法體系

1.《國民中學國文教科書》,第五冊(台北:國立編譯館,1993 年 8 月,改編本三版),頁 33-37。

2.《國民中學國文教科書教師手冊》,第五冊(台北:國立編譯館,1993 年 8 月,改編本三版),頁 110-155。

3.《國民中學國文教科書》,第四冊(台北:國立編譯館,2001 年 8 月,正式本,四版),頁 23-27。

4.《國民中學國文教科書》,第四冊(台北:國立編譯館,2001 年 8 月,正式本,四版),頁 51-54。

5.《國民中學國文教師手冊》,第四冊(台北:國立編譯館,2000 年 1 月,正式本,初版),頁 79-106。

6.《國民中學國文教師手冊》,第四冊(台北:國立編譯館,2000 年 1 月,正式本,初版),頁 172-186。

7.《高級中學文法與修辭教科書》,上冊(台北:國立編譯館,1997 年 8 月,三版)。

8.《高級中學文法與修辭教師手冊》,上冊(台北:國立編譯館,1997 年 8 月,三版)。

9. 何永清：《文法與修辭》，上冊（台北：三民書局，2000 年 8 月，初版）。

10. 何永清：《文法與修辭教師手冊》，上冊（台北：三民書局，2000 年 8 月，初版）。

11. 楊如雪：《文法與修辭》，上冊（台中：大同資訊企業股份有限公司，2001 年 2 月，初版）。

12. 楊如雪：《文法與修辭教師手冊》，上冊（台中：大同資訊企業股份有限公司，2001 年 2 月，初版）。

13. 黃春貴：《文法與修辭》，上冊（台北：翰林出版事業股份有限公司，2002 年 8 月，初版）。

14. 黃春貴：《文法與修辭教師手冊》，上冊（台北：翰林出版事業股份有限公司，2002 年 8 月，初版）。

15. 田小琳、黃成穩、莊文中：《中學教學語法系統提要（試用）》（北京：人民教育出版社 中學語文室，1981 年 7 月）。

九、國中課本

1. 《國民中學國文教科書》，第五冊（台北：國立編譯館，1993 年 8 月，改編本三版）。

2. 《國民中學國文教師手冊》，第五冊（台北：國立編譯館，1993 年 8 月，改編本三版）。

3. 《國民中學國文教科書》，第一冊（台北：國立編譯館，2001 年 8 月，正式本，四版）。

4. 《國民中學國文教科書》，第二冊（台北：國立編譯館，2001 年 1 月，正式本，三版）。

5. 《國民中學國文教科書》，第三冊（台北：國立編譯館，2001年8月，正式本，三版）。

6. 《國民中學國文教科書》，第四冊（台北：國立編譯館，2001年1月，正式本，再版）。

7. 《國民中學國文教科書》，第五冊（台北：國立編譯館，2001年8月，正式本，再版）。

8. 《國民中學國文教科書》，第六冊（台北：國立編譯館，2001年1月，正式本，初版）。

9. 《國民中學國文教師手冊》，第一冊（台北：國立編譯館，2000年1月，正式本，再版）。

10. 《國民中學國文教師手冊》，第二冊（台北：國立編譯館，1998年1月，初版）。

11. 《國民中學國文教師手冊》，第三冊（台北：國立編譯館，1999年8月，再版）。

12. 《國民中學國文教師手冊》，第四冊（台北：國立編譯館，2000年1月，正式本，初版）。

13. 《國民中學國文教師手冊》，第五冊（台北：國立編譯館，1999年8月，正式本，初版）。

14. 《國民中學國文教師手冊》，第六冊（台北：國立編譯館，2000年1月，初版）。

十、高中課本

1. 董金裕主編：《高級中學國文》第一冊（台中：大同資訊企業股份有限公司，1999年8月，初版）。

2. 董金裕主編：《高級中學國文》第二冊（台中：大同資訊企業股份有限公司，1999 年 10 月，初版）。

3. 董金裕主編：《高級中學國文》第三冊（台中：大同資訊企業股份有限公司，2000 年 8 月，初版）。

4. 董金裕主編：《高級中學國文》第四冊（台中：大同資訊企業股份有限公司，2000 年 10 月，初版）。

5. 董金裕主編：《高級中學國文》第五冊（台中：大同資訊企業股份有限公司，2001 年 3 月，初版）。

6. 董金裕主編：《高級中學國文》第六冊（台中：大同資訊企業股份有限公司，2001 年 9 月，初版）。

7. 董金裕主編：《高級中學國文教師手冊》第一冊（台中：大同資訊企業股份有限公司，1999 年 8 月，初版）。

8. 董金裕主編：《高級中學國文教師手冊》第二冊（台中：大同資訊企業股份有限公司，1999 年 10 月，初版）。

9. 董金裕主編：《高級中學國文教師手冊》第三冊（台中：大同資訊企業股份有限公司，2000 年 8 月，初版）。

10. 董金裕主編：《高級中學國文教師手冊》第四冊（台中：大同資訊企業股份有限公司，2000 年 10 月，初版）。

11. 董金裕主編：《高級中學國文教師手冊》第五冊（台中：大同資訊企業股份有限公司，2001 年 3 月，初版）。

12. 董金裕主編：《高級中學國文教師手冊》第六冊（台中：大同資訊企業股份有限公司，2001 年 9 月，初版）。

13. 李振興等編：《高級中學國文》第一冊（台北：三民書局，1999 年 8 月，初版）。

14. 李振興等編：《高級中學國文》第二冊（台北：三民書局，

2000 年 1 月，初版）。

15. 李振興等編：《高級中學國文》第三冊（台北：三民書局，2000 年 8 月，初版）。

16. 李振興等編：《高級中學國文》第四冊（台北：三民書局，2001 年 2 月，初版）。

17. 李振興等編：《高級中學國文》第五冊（台北：三民書局，2001 年 8 月，初版）。

18. 李振興等編：《高級中學國文》第六冊（台北：三民書局，2001 年 2 月，初版）。

19. 李振興等編：《高級中學國文教師手冊》第一冊（台北：三民書局，1999 年 8 月，初版）。

20. 李振興等編：《高級中學國文教師手冊》第二冊（台北：三民書局，2000 年 1 月，初版）。

21. 李振興等編：《高級中學國文教師手冊》第三冊（台北：三民書局，2000 年 8 月，初版）。

22. 李振興等編：《高級中學國文教師手冊》第四冊（台北：三民書局，2001 年 2 月，初版）。

23. 李振興等編：《高級中學國文教師手冊》第五冊（台北：三民書局，2001 年 8 月，初版）。

24. 李振興等編：《高級中學國文教師手冊》第六冊（台北：三民書局，2002 年 2 月，初版）。

25. 邱燮友主編：《高級中學國文》第一冊（台南：南一書局，1999 年 8 月，初版）。

26. 邱燮友主編：《高級中學國文》第二冊（台南：南一書局，2000 年 2 月，初版）。

27. 邱燮友主編:《高級中學國文》第三冊(台南:南一書局,2000 年 8 月,初版)。

28. 邱燮友主編:《高級中學國文》第四冊(台南:南一書局,2001 年 2 月,初版)。

29. 邱燮友主編:《高級中學國文》第五冊(台南:南一書局,2001 年 8 月,初版)。

30. 邱燮友主編:《高級中學國文》第六冊(台南:南一書局,2002 年 2 月,初版)。

31. 邱燮友主編:《高級中學國文教師手冊》第一冊(台南:南一書局,1999 年 8 月,初版)。

32. 邱燮友主編:《高級中學國文教師手冊》第二冊(台南:南一書局,2000 年 2 月,初版)。

33. 邱燮友主編:《高級中學國文教師手冊》第三冊(台南:南一書局,2000 年 8 月,初版)。

34. 邱燮友主編:《高級中學國文教師手冊》第四冊(台南:南一書局,2001 年 2 月,初版)。

35. 邱燮友主編:《高級中學國文教師手冊》第五冊(台南:南一書局,2001 年 8 月,初版)。

36. 邱燮友主編:《高級中學國文教師手冊》第六冊(台南:南一書局,2002 年 2 月,初版)。

37. 宋隆發主編:《高級中學國文》第一冊(台南:翰林出版事業股份有限公司,1999 年 8 月,初版)。

38. 宋隆發主編:《高級中學國文》第二冊(台南:翰林出版事業股份有限公司,2000 年 2 月,初版)。

39 宋隆發主編:《高級中學國文》第三冊(台南:翰林出版事業

股份有限公司，2000 年 8 月，初版）。

40.宋隆發主編：《高級中學國文》第四冊（台南：翰林出版事業股份有限公司，2001 年 2 月，初版）。

41.宋隆發主編：《高級中學國文》第五冊（台南：翰林出版事業股份有限公司，2001 年 8 月，初版）。

42.宋隆發主編：《高級中學國文》第六冊（台南：翰林出版事業股份有限公司，2002 年 2 月，初版）。

43.宋隆發主編：《高級中學國文教師手冊》第一冊（台南：翰林出版事業股份有限公司，1999 年 8 月，初版）。

44.宋隆發主編：《高級中學國文教師手冊》第二冊（台南：翰林出版事業股份有限公司，2000 年 2 月，初版）。

45.宋隆發主編：《高級中學國文教師手冊》第三冊（台南：翰林出版事業股份有限公司，2000 年 8 月，初版）。

46.宋隆發主編：《高級中學國文教師手冊》第四冊（台南：翰林出版事業股份有限公司，2001 年 2 月，初版）。

47.宋隆發主編：《高級中學國文教師手冊》第五冊（台南：翰林出版事業股份有限公司，2001 年 8 月，初版）。

48.宋隆發主編：《高級中學國文教師手冊》第六冊（台南：翰林出版事業股份有限公司，2002 年 2 月，初版）。

49.何寄澎主編：《高級中學國文》第一冊（台北：龍騰文化事業股份有限公司）。

50.何寄澎主編：《高級中學國文》第二冊（台北：龍騰文化事業股份有限公司）。

51.何寄澎主編：《高級中學國文》第三冊（台北：龍騰文化事業股份有限公司）。

52.何寄澎主編：《高級中學國文》第四冊（台北：龍騰文化事業股份有限公司）。

53.何寄澎主編：《高級中學國文》第五冊（台北：龍騰文化事業股份有限公司）。

54.何寄澎主編：《高級中學國文》第六冊（台北：龍騰文化事業股份有限公司）。

55.何寄澎主編：《高級中學國文教師手冊》第一冊（台北：龍騰文化事業股份有限公司）。

56.何寄澎主編：《高級中學國文教師手冊》第二冊（台北：龍騰文化事業股份有限公司）。

57.何寄澎主編：《高級中學國文教師手冊》第三冊（台北：龍騰文化事業股份有限公司）。

58.何寄澎主編：《高級中學國文教師手冊》第四冊（台北：龍騰文化事業股份有限公司）。

59.何寄澎主編：《高級中學國文教師手冊》第五冊（台北：龍騰文化事業股份有限公司）。

60.何寄澎主編：《高級中學國文教師手冊》第六冊（台北：龍騰文化事業股份有限公司）。

中學語法教學

著　　　者　林士敦

發　行　人　楊愛民

出　版　者　萬卷樓圖書股份有限公司

　　　　　　地址：臺北市羅斯福路二段 41 號 6 樓之 3

　　　　　　電話：(02)23216565・23952992

　　　　　　傳真：(02)23944113

　　　　　　劃撥帳號：15624015 萬卷樓圖書股份有限公司

　　　　　　網址：http://www.wanjuan.com.tw

　　　　　　E-mail：wanjuan@tpts5.seed.net.tw

出版登記證　新聞局局版臺業字第 5655 號

總　經　銷　紅螞蟻圖書有限公司

　　　　　　地址：臺北市內湖區舊宗路二段 121 巷 28 號 4F

　　　　　　電話：(02)27953656(代表號)

　　　　　　傳真：(02)27954100

　　　　　　E-mail：red0511@ms51.hinet.net

承 印 廠 商　晟齊實業有限公司

定　　　價　360 元

出 版 日 期　民國 92 年 3 月初版

ISBN 957－739－434－5